《博罗民俗》编辑委员会

政协博罗县委员会文史委员会

博罗县档案局

博罗文史·第十四辑

博罗民俗

毛锦钦 著

暨南大學出版社
JINAN UNIVERSITY PRESS

中国·广州

图书在版编目（CIP）数据

博罗民俗/毛锦钦著．—广州：暨南大学出版社，2014.7
ISBN 978－7－5668－0936－0

Ⅰ.①博…　Ⅱ.①毛…　Ⅲ.①风俗习惯—介绍—惠州市　Ⅳ.①K892.465.3

中国版本图书馆 CIP 数据核字(2014)第 033418 号

出版发行：暨南大学出版社

地　址：中国广州暨南大学
电　话：总编室（8620）85221601
　　　　营销部（8620）85225284　85228291　85228292（邮购）
传　真：（8620）85221583（办公室）　85223774（营销部）
邮　编：510630
网　址：http：//www.jnupress.com　http：//press.jnu.edu.cn

排　版：广州市天河星辰文化发展部照排中心
印　刷：深圳市新联美术印刷有限公司

开　本：787mm×1092mm　1/16
印　张：13.75
字　数：300 千
版　次：2014 年 7 月第 1 版
印　次：2014 年 7 月第 1 次
印　数：1—3000 册

定　价：48.00 元

序

廖秀勋

民俗，顾名思义，就是世代相传的民间生活习俗。它的发生与延续，是历史的必然。

博罗，自秦始皇三十三年（公元前214）建县以来，一直是东江中下游的重镇（古邑），中原古俗与岭南风俗交融发展，凝聚成不同的历史时期民俗文化的遗存，结集为具有浓郁的岭南色彩的民俗瑰宝，形成了客家古邑民俗的特异风貌。那些源远流长、世代流传的乡风民俗，在漫长的岁月中，曾无微不至地照料着我们的生活，慰藉着我们的心灵，安顿着我们的肉体，编排着我们的悲欢离合、生老病死。风俗就是生活，人的生活离不开风俗，就像鱼离不开河流、鸟离不开树林。

历史是岁月风雨剥蚀的残碑，需要后人很费力地加以辨认。民俗风情，是历史烽火留下的一堆金矿。历史烽火的焚烧中，有烈焰腾起的人间烟火。我们要做的，就是让这烟火的余温给我们保留一股温存的气息。这势不可挡的气息催开了21世纪新文化盛事的美好春天，喜看姹紫嫣红的文化百花园里，又多了一朵《博罗民俗》的文化奇葩。

博罗优秀的民俗文化固然是岭南民俗文化的一部分，但二者并不存在从属和等于的关系。因为，博罗民俗文化本身是一种非地域的文化，它的一部分可以与岭南文化相互叠合，形成风格迥异、色彩斑斓的民族风情画卷。博罗民俗植根于博罗，集结了客家文化、广府文化、潮汕文化等，经博罗人世世代代锤炼、淘洗和传承，呈现出丰富多彩的面貌。它积淀着厚重深邃的底蕴，凝聚着博罗人的性格和博罗精神，是博罗人彼此认同的重要标志。

将丰富淳厚、历史悠远的博罗民俗整理编撰，使博罗人对自己优秀的传统文化产生更深刻的认同感和热爱、眷恋之情，使珍贵的非物质文化遗产得以更好地传承和发展，这是我们的历史责任，也是我们的荣耀。

《博罗民俗》是一部具有民俗研究价值的地方民俗志。它的撰写与出版，证明了博罗县政协对民俗文化的高度重视，把有限的文化经费用在了刀刃上，诚可谓功在当代、利在千秋。该书的作者毛锦钦同志，确实尽到了一名“博罗歌者”的责任，他用了一年多的时间，广泛搜求资料，废寝忘食，克服了很多困难，终于完成了此书的撰写。

毛锦钦同志，是博罗这块土地上的文化捍卫者。这种文化自觉性表现在他对博罗文化有自知之明，并对其发展历程有充分的认识；也表现在他对博罗文化的自我觉醒、自我反省和自我创建中；更表现在他对博罗文化的人文关怀和强烈的社会责任感，对博罗文化价值的认同和对其丰厚的精神内涵、历史底蕴的全面挖掘。其恪尽职守、乐于奉献的精神，孜孜不倦、有所追求的态度，值得后继的文化工作者学习。

《博罗民俗》的每一段文字都尽力做到翔实可靠、脉络清晰，再加上图文并茂的编排，使其具有很高的阅读价值和艺术感染力。其中包括居家、交通、服饰、饮食、节庆、风味、特产、生产、游艺、婚嫁、寿诞、丧葬、信仰、禁忌等，具象完整，覆盖广泛，处处闪现着民俗和地域特色，且融生活性、艺术性、传承性于一体，让我们仿佛看到一幅幅温馨淳美的民俗风情图。

正是这种价值，使《博罗民俗》一卷在手，自会兴趣盎然。《博罗民俗》将有其不俗的表现。

二〇一四年五月

目　录

序 / 1

第一篇　居家民俗 / 1
一、传统民居的建筑样式 / 1
二、传统民居的特点 / 5
三、居家民俗 / 7
四、民居建筑程序 / 10

第二篇　交通民俗 / 15
一、交通环境 / 15
二、交通工具 / 17
三、交通设施 / 26

第三篇　服饰民俗 / 32
一、服装 / 32
二、服饰 / 37
三、其他 / 44

第四篇　饮食民俗 / 46
一、传统年糕 / 46
二、传统粄食 / 51
三、“四大天王” / 58
四、美味佳肴 / 60

第五篇　节庆民俗 / 71
一、过年 / 71
二、元宵节 / 73
三、清明节 / 73
四、端午节 / 75
五、七月十四 / 76
六、中秋节 / 77
七、重阳节 / 79
八、过冬 / 79

九、田园节 / 81
十、做会 / 81
十一、庙会 / 83
十二、打醮 / 85
十三、做社 / 87

第六篇　风味特产 / 90
一、传统风味 / 90
二、传统特产 / 94

第七篇　生产民俗 / 105
一、传统农具 / 105
二、传统工具 / 113
三、传统用具 / 122
四、传统手艺 / 125

第八篇　游艺民俗 / 139
一、欣赏游艺 / 139
二、竞技游艺 / 147
三、斗赛游艺 / 153
四、儿童游艺 / 155

第九篇　婚嫁民俗 / 164
一、说亲 / 164
二、合“八字” / 164
三、相亲 / 165
四、定亲 / 165
五、过礼 / 166
六、择日 / 167
七、送嫁妆 / 167
八、迎亲 / 168
九、婚宴 / 168
十、闹洞房 / 169
十一、斟茶 / 169

十二、回门 / 170
十三、转外家 / 170

第十篇　寿诞民俗 / 172
一、诞生礼 / 172
二、寿诞礼 / 178

第十一篇　丧葬民俗 / 181
一、送终 / 181
二、报丧 / 182
三、设孝堂 / 182
四、守灵 / 182
五、哭丧 / 182
六、买水 / 183
七、接棺 / 183
八、入殓 / 184
九、出殡 / 184
十、头七 / 185
十一、捡金 / 185

第十二篇　信仰民俗 / 186
一、宗教信仰 / 186
二、俗神信仰 / 189
三、兴祠建庙 / 194
四、尊神仙方术 / 196

第十三篇　禁忌民俗 / 198
一、衣食礼节禁忌 / 198
二、出行禁忌 / 202
三、婚嫁禁忌 / 203
四、生育禁忌 / 205
五、丧葬禁忌 / 208
六、祭祀禁忌 / 209
七、语言禁忌 / 210

八、节日禁忌 / 211
九、农耕禁忌 / 212
十、性别禁忌 / 212

后　记 / 214

第一篇
居家民俗

博罗民居，是中国南方建筑重要的组成部分，是古代民居的一朵奇葩，它以历史悠久、风格独特、规模宏大、结构精巧等特点，独立于南粤民居建筑的艺术之林。博罗民居以宗族而群居，风格各异，类型有别，不过功能和习俗上都大致相同。

一、传统民居的建筑样式

由于受自然环境和人文环境等因素的影响和制约，博罗传统的建筑风格和形式，在不同的历史时期和不同的地区有不同的变化。常见的民居建筑样式大致分为以下几种：

（一）竹篙式

在博罗客家地区，最简单也是最基础的建筑样式是“一”字形“一条龙”式的民居，乡间称这种建筑为“竹篙屋”。竹篙屋最简单的形式是“三间起”，即三开间的房屋，屋顶前后两落水，中间为堂，是全栋建筑的中心，左间为大房，右间为二房。若两端再各加一间，则称之为“五间起”。

另外，竹篙屋也被称为“穿堂屋”，因为中间开一个无后墙的厅作穿堂，厅的两侧对称为住房，不另建大门和围墙。

三开起

在三开间两端各增建一间，称为“五间起”

（二）单伸手

在客家“竹篙屋”的“一条龙”式房屋的单边（一端）加上一段垂直方向的厢房，平面呈L形，状似“一条龙”伸出一只手，这种房舍被称为“单伸手”民居。伸出来的“手”，一般用作草间、茅厕等。

单伸手

（三）三合院

三合院有两种形式：门堂屋（简式三合院）和两伸手（繁式三合院）。

如果在一排三间或五间的“竹篙屋”的“一条龙”式的住宅前面加围墙，围成“⊓”字形院落，左右对称，围墙正中为门，就会形成一个简单的“三合院”式民宅，这种简式三合院，被称为“门堂屋”。

如果在“竹篙屋”的“一条龙式”的住宅的正座横屋两侧加建垂直方向的厢房，朝厅一面筑以围墙，围成“⊓”字形院落，人从侧面而入，形成一个比“门堂屋”（简式三合院）较为复杂的民居，它被称为“两伸手”、“单堂式”围屋。

三合院院端常可再加单坡式屋顶的简单房子，被称为“斜阁”，多用于蓄养猪牛，亦可在屋侧搭寮，以饲养家禽和用作茅厕。

（四）四合院

由于人丁兴旺，乡间民居形式从“竹篙屋”到“单伸手”，再到“三合院”，渐次发展为“口”字形的四合院式。四合院是二堂二横的结构，一般客家人将此类建筑称为“双堂式”两进围屋。前进为门堂或前堂，后为上堂，中间为天井。依堂屋开间数分为“上三下三”（上三间屋、下三间屋）或“上五下五”（上五间屋，下五间屋）。

四合院式民居在乡间被称为“四点金”，之所以叫“四点金”，是因为后面两边房子的屋顶是向下的“双泄水”，像“金”字上面的“人”字，前面也是两个这样的屋架，四面都像个“金”字。如果左右两边再加厢房，就变成

"四伸手"民居。

（五）殿堂式

殿堂式，也称厅堂式，即厅屋组合式。在博罗，当地人一般称堂为"厅"，"堂"专指祠堂，称一栋房子为"屋"。"厅"是"屋"的中心，许多栋"正屋"和"横屋"连在一起便组合成一栋大房子，许多栋大房子连在一起便组成"大围村"（大屋场）。这种民居建筑方式实质上脱胎于古代中原汉族的"府第式"民居，罗浮山地区以此为主流，"殿堂式"民居广泛分布各地。

（1）单堂式。它也称"四扇三间"（即单栋四扇墙三间屋）、"三间过"。"三间过"，即"一厅两房"，中间为厅，左右为室。一般在旁边搭建或另建厨房、牲舍、厕所等，这是"殿堂式"民居最简单的单元组合形式，多为分家者或贫者所居。

（2）两堂式。此结构是"单堂式"的扩展，即前后两栋单堂式，中间隔一横向天井，并通过腋廊将前后两栋连在一起。两栋屋的中间处便是前厅（门厅）和后厅（上厅），前后厅也合称为"正厅"。前厅次间为厢房（杂房），后厅次间为正房（房间），这样便构成了一幢封闭式的由两个单元组合而成的"正屋"，通称为"两堂式"，俗称"上三下三"。"两堂式"的基本特点是以上下厅为中心，围绕天井，房屋对称组合，四周外墙少窗。

（3）多堂式。四面合围的"两堂式"是博罗乡间民居的核心样式，它灵活性很大，可以随着家族人口的不断增多及所处的地势，向横向或纵向扩建，在"单堂式"或"多堂式"的基础上，在正屋两侧扩建"横屋"。横屋的进深与正屋等齐或前部凸出两间，平面呈倒"凹"字形。正屋与横屋间留一通衢，称之为"巷"。通衢前后对开小门，巷中相应留竖向天井，以采光排水。横屋各房间的门均朝巷道开，正屋从腋廊处开门通往巷道。这样便以正屋的正厅为中轴线，加上两侧的巷和横屋，构成了一幢通称为"两堂两横"式的房屋，即两进屋，前为第一进，后为第二进，中间为天井。这种民居如果还想要扩建的话，可在横屋外侧继续对称地增加类似的巷和横屋，相应称为"两堂四横、六横……"式，也可在前进或后进隔以天井、腋廊，再建一进，同时再将两侧的巷和横屋向前推齐。这种由三进正屋和两排横屋组成的房屋，便被称为"三堂两横"式，这是此类民居中最具代表性的形式。随着宗族的发展和人口的增长，"三堂两

横”式还可扩建为“三堂四横”、“三堂六横”等，直至发展为民间所说的“九井十八厅”或“九厅十八井”这样的大屋场。“九井十八厅”或“九厅十八井”虽说法不一，但从规模上说，都是对进深和面阔方面的拓展，是博罗人建房追求的最高境界。

以上所描述的多堂式民居的建筑模式，只是一个大致概念，因为在实践中，“多堂式”民居是一个按总体规划来进行建设的庞大工程。

多堂式民居的另一个特色是，在屋前开挖一口池塘。这既有利于屋内排水，又可养鱼、灌溉和防火；屋后山坡种植林木，以保护房屋免受风沙侵袭和调节气候。这种殿堂式建筑用料讲究，采用三合土或青砖作墙，雕梁画栋，工艺精美。一座大型的殿堂式民居有上百个房间，可供一二十户上百口人居住。厕所、柴草间、畜栏一般都在离住屋两侧有一定距离的地方。具有代表性的殿堂式民居建筑有许多，如博罗县杨村镇井水龙村。

（六）围屋式

围屋，顾名思义，就是由厚厚的外墙包围着的屋子，是扩大了的殿堂式。罗浮山围屋的形式主要是四角楼。四角楼的主要特点是长方形，围屋四角加建碉楼。四角楼的外形和内部结构比较复杂，它的突出特点是增强村屋的自卫功能，防匪防盗，打击外敌 是山区民居建筑的一大杰作。

围屋亦有多种形式：

（1）三堂两横四角楼围屋。其整体结构与府第式客家民居无太大差别，一般都以中轴为中心，设上、中、下“三堂”，左右两边建横屋，堂屋背后加建一排“枕头屋”，与横屋相连成围。外墙厚实高耸，不开窗，对外封闭，对内开敞，大门前均有宽阔的晒坪和半月形池塘。

（2）多堂多横四角楼围屋。它的主要特征是在左右横屋的前面第一间和后面第一间（即房屋的四个角）朝外凸出1米左右，加建高出房屋一至二层的炮楼，炮楼内设枪眼，可居高临下地对房屋四周进行监护，便于防御外敌、打击盗匪、保护自身。公庄镇横岭村林氏光裕堂始建于清道光年间，坐东向西，三堂、二横组合，呈井格形排列，左右对称。围屋共有房屋约52间，中轴为三堂屋，有左右横巷通向两侧横屋。

（3）混合式围屋。混合式围屋是集家、祠和堡于一体的设防性民居。围内设有水井和专门囤积粮草的房间，从某种意义上说，它具有割据性，只要将围门一关，几乎就是一个独立的王国。最有代表性的是博罗县公庄吉水围村，村内有由数十座殿堂式或由其他形式组成的屋场。四周有高8米、厚70厘米的围墙；围墙的四角有15米高的炮楼；围屋内有祠堂、水井和仓储间等。又如博罗县公庄官山楼角。

（七）排列式

此形式在罗浮山南麓平原地区较为常见。“排列式”即以祠堂为中心，向前、向后扩展建筑物。祠堂为独立单元的“多堂式”结构，其他房屋以行列式的组合方式在祠堂的左、右、后方有序地建造。以若干房间为一排（一般为10间），屋按次序排列，前排的地势稍低，而后排略高出，后面有龙山。排与排之间留小巷，若干排为一列（组），列（组）与列（组）之间留大巷。屋与屋之间均为连体共墙，前后开窗门，屋间比“殿堂式”的高、长、宽。在过去，一户人住一间屋，前端打灶作厨房，后端为房间住人，楼上堆放柴火和杂物，虽然房屋狭窄，但很紧凑。

排列式建筑群一般都居住着百户人家以上，一排排清一色青砖瓦房，鳞次栉比；一条条深幽的大街小巷，纵横交错。在村里游走，不经意间，一座特有的罗浮山建筑，迎面而来。

二、传统民居的特点

博罗地区的古民居，一般都有200年以上的历史。它们历经风雨的洗刷、台风的袭击，百年不倒。在现代人看来，在当时人力因素欠缺、建筑材料普通和建筑水平还不高的情况下，这几乎是不可能完成的事，但是博罗人创造了一个实实在在的奇迹，也留下了一个又一个谜。

（一）坚固性

除了屋址的精心选择、设计的科学合理外，民居的坚固性更与建筑材料的原生化及独具匠心的施工技术分不开。民居的建筑虽然是石、砖、木材的土木结构，但在用材上讲究“用真料，用好料”。如龙华郎民居的“麻石半墙，青砖到栋，桁桷粗厚，粉墙黛瓦”，又如公庄官山楼角等围屋的“复合墙体”，上部结构为夯土墙，下部结构为石砌。夯土墙，俗称“舂墙”，它以黄土作为主要材料，掺上细沙、石灰、糯米饭、红糖、竹片、木条等，用木桩反复舂压、夯筑，便筑起了犹如钢筋混凝土结构的土墙，外面再抹上一层防风雨剥蚀的石灰，因而坚固异常，具有良好的防风、抗震能力。

墙体的结构为下大上小，底部最厚，往上渐薄并略微内倾，形成极佳的预应力向心状态，在一般的地震作用或地基不均匀下陷的情况下，建筑物整体不会发生破坏性变形。绝大多数的做法是用大块卵石筑基，其高度设计在最高洪水线以上。土墙在石基以上夯筑，墙顶则设计长达 3 米左右的大屋檐，以确保雨水甩出墙外。

（二）安全性

历史上，居住在博罗的居民本是中原汉人。他们南迁至此，大多居住在山区，并以此作为安身立命之地。为防止土著和盗匪的打劫及猛兽的袭击，他们建造的营垒式围屋皆防范严密，甚为安全。例如，宛如古城堡似的围楼，一、二层不设朝外的窗子，或只设枪眼似的细长石窗。围楼大门的门框、门槛都是条石，门板厚约 10 厘米。有的在大门上斜挖了几个嵌有竹筒的护门孔，倘有土匪攻门，可往下射击和浇开水。有的土楼大门还安装了防火水柜、水槽，若来犯之敌放火烧门，只要一按开关，水就顺门而下，以灭火护门。围楼内还有各种齐全的生活设施：设于天井的深水井，是被围困时的水源；楼内有砻、碓等加工粮食的设备。这一切都使匪敌束手无策。至于那些四角建有高耸碉楼的“四点金”，更是令盗匪望而却步。

（三）协调性

首先，注重整体布局的协调性，使建筑物与周围的自然环境相结合。在民居兴建前，一般都要精心选择屋址，通过科学的设计，使建筑体形与环境相协调。尽管许多传统民居形态各异，但都是利用自然山势错落的地形，形成不同的建筑风格。既充分利用自然，又对自然有强烈的归属感，在整体布局上都会根据山势走向、地势高低等因素，全面考虑采光、风向和水源等因素，强调民居要坐北向南、向阳背风、柴近水便和视野开阔，故而民居与自然环境和谐统一。人们自然流露出对山水的文化情结和精神寄托，并在长期的传承、总结的过程中，形成了具有地方色彩的建筑选址和营建思想。

其次，民居的建筑材料追求原生化。所谓原生化，也称原生态，实际上是一种现实意义的环保。民居的建筑材料主要是自然界中现成的土、石、木。由于三者均是自然生成，故建筑材料既卫生又环保。由于建筑材料的原生化，加之构造上考虑依靠自然采光和通风来维持较为舒适的生活环境，所以建造的是原始意义上的生态建筑。这种与山水同呼吸的本土民居建筑与环境构成一个和谐的生态系统。

（四）合理性

合理性，即结构的合理性，包括两个方面：

一是多层次的空间组合。博罗地区民居建筑空间构成的最大要素是整体秩序法则，就建筑空间而言，它的公共特征远远大于居住特征，乡里人在建造房间时十分强调“明堂暗屋”的效果，堂为家族共享，屋为家庭私有，堂是建筑体的主体，“重祖堂，轻住屋”成为一种颇具特色的民居文化。“二进”的堂式结构，通常半封闭的上、下堂为祭祀、待客场所，四个角封闭的房间为住屋。堂开敞明亮、气势宏伟，屋间因陋就简、封闭狭小，体现了一种固有的聚居完形特征。传统民居注重天井的运用，天井的大小、宽窄，完全根据房屋的大小和高矮而建，有正方形、长方形，还有长条形。走进老宅大厅，最先看到的是从天井中洒下的阳光，一缕一缕的，让老宅充满生机；从天井抬头看那头顶苍穹，满目白云，阳光刺眼；俯视地面，看那被雨水冲刷得斑痕累累的石条青砖和一颗颗溜光圆滑的鹅卵石，那悬之于空的天井，确实给现代人一种别有洞天之感。这种设计使得屋内光线充足、空气流通。将自然引入建筑内部，充分体现了“天人合一”的传统的空间哲学思想。

二是严谨的平面形制。博罗地区聚居建筑以“堂”、“横”、“围”为基本形制，在平面布局上，层次分明，左右对称。它有一条明显的中轴线，主要的建筑物都在中轴线上建造，陪衬建筑均设于主建筑物的两旁。这种建筑以祖堂为核心，形成严格的家族秩序对称性布局，功能分区明确。这反映了儒家礼制宗法观念在建筑物上的传承，使得建筑空间具有向心性，也使居民更有凝聚力。

三、居家民俗

住宅建筑不仅要处理好人与大自然的关系，也要处理好人与人之间、家庭与家庭之间的关系，同时还要与习俗、信仰保持一致。和谐是问题的关键，民间认为，只有这样才能家业兴旺、子孙昌盛，否则，就会不可避免地出现家道衰败、子嗣无继、灾祸横生之事。

民居民俗有三个宗旨：第一，选择房屋宅基地，强调物质和精神上的最大满足；第二，追求房屋的使用要求、外部造型、内部布局、结构形式的理想化；第三，避凶趋吉，追求平安吉祥。

（一）宅基选址

从古至今，《周易》中的“天人合一”即人与自然和谐共处的“居住环境风水论”盛行于世，成为民居习俗的一大特色，所以建房之初，非常重视宅基的选择。

（1）“龙”，是指所依之山的山势脉络，山势是支撑房屋的骨架，贵在雄伟。龙脉的形与势决定了住宅能否藏风聚气。所以住宅要傍山而建，应山势来排列布局。以山为依托，也就是有“靠山”，表示事业稳定、财帛有聚、家庭安定。后山要山势雄伟，犹如龟背，且来势辽远，有“玄武”之气。前堂要开阔秀丽，有“朱雀”之象。山势逶迤，左右环萦，龙虎相护，更是上乘之地。

（2）“局”，是指房屋的地基与周围的自然环境，能和谐相生。依山而建，虽然有了靠山，但人们还要追求最理想的居家环境，确保“藏风聚水”。其中最重要的是植树绿化、环境美化。树木不仅为住户提供氧气，也在改变着人与自然的关系。对有些山势略为不足的住宅，人们往往在屋后的山坡营建风水林，以补山势之不足，或以挡空穴来风。山坡之树只许栽培，不许砍伐，以藏风得水。先辈认为“林木兴则宅必发旺，林木败则宅必衰落”，这是一种人为的“配风水”。

（3）“水”，是指宅基前面的水势，贵有湾环围托。“前有小河，后有山坡”，通常被认为是最理想的居家环境。因为后有山坡当靠山，可以藏风聚气，地形也是前低后高，稳如泰山；前有明堂宽广，视野开阔，小河弯弯，恰似“有情水”。

“东有流水达江海”，这才是一种理想的水道，风水谓此水道为“青龙”。这既解决了生产生活的饮用水问题，也给住宅增添了美丽和谐的自然景观。但是，在实际的风水选择上，不可能两全其美。找“靠山”容易，配“水势”较难，因此，要用人造自然的文化行为来补充天然的“水”，在住宅的前面置一口半圆形的池塘。它不单为日常生活提供方便，还含有完善基地阴阳、配偶、山影门庭的潜在意识。

宅基选址既要遵循“觅龙、观局、察水”的步骤，又要坚持三个原则：

（1）“居址向为贵”原则：根据房主的生辰八字来定朝向，或坐北向南，或坐西向东，或坐东向西，也有坐南向北。

（2）“藏风聚水”原则：选择“前有抱（塘），后有靠（山丘），左流水，右有道”的富贵之地。

（3）“顺势”原则：要选择坐高朝低，依山面水，左青龙、右白虎、前朱雀之地势，后玄武更佳。

总之，就是根据地理、气候等自然环境，选择避风、向阳、临水的地势，令住宅在自然和周围建筑中取得和谐。

（二）住宅布局

住宅布局是指住宅的位置、住宅内的功能分区、住宅的形态以及室内摆设等整体状况。

住宅建筑不仅要处理好人与大自然的关系，强调宅基选址；同时，还要注重住宅布局，强调“精、气、神”，以实现“阻隔外界，包容自我，静默养气，安身立命，使个人的私密生活与精神气质有所依托”之首要功能。

住宅中的三要（门、房、灶）及六事（门、路、灶、井、床、厕），便是住宅内部布局的重点，其布局是否合理是判断其吉凶的主要依据。

住宅的布局好坏，受门的影响甚大。因为门是住宅的“气口”、“气道”，是连接私人空间与大千世界的咽喉，通过门，上接天气，下接地气，迎吉避凶。若门的朝向正确，常年会有紫气东来，祥瑞降临；若门开得不好，轻则诸事不顺，重则诸凶毕集。

住宅的门分为大门和小门。大门是住宅的重要部位，是家的颜面。大门是住宅的气口，好像是一个人的嘴巴、鼻子一样，是饮食呼吸之处，其重要性可想而知，因此，门户的方向，就是进气的方向，是兴衰的标志，一直很受风水家的重视。

大门的方位如何为佳？一般住宅大门的开启有三种选择：

一是开中门，也称朱雀门。住宅以门前为明堂，如果前方有一片宽敞绿茵、一口池塘等，即有明堂。这样，外气聚于前时，就用中门接收，门便适宜开在宅前方中间。

二是开左门，也称青龙门。如住宅前无明堂，则以开左方门较佳。因为左方为青龙位，青龙在左宜动，为吉。此外，风水学以路为水，如果宅前道路右边地势高，左边地势低，地气以右方向左方流去；或大门前方有街、走廊，右方路长为来水，左方路短为去水，上述两种情况宜开左门来收截地气，称为“青龙门收气”。

三是开右门，也称白虎门。白虎在右宜静，为劣位。但如果大门前方有街或走廊，左边地势高，右边地势低，地气就会从左方向右方流去；或左方路长为来水，右方路短为去水，此两种情况宜开右门来收截地气，称为“白虎门收气”。

大门设置有哪些讲究？

进门宜“三见”：

一宜开门见红，也叫开门见喜。即一开门就见到红色的墙壁或红色的装饰品，入屋放眼则有喜气腾腾之感，令人精神振奋、心情舒畅，感到温暖。

二宜开门见绿。开门见绿即一进门就见到绿色的植物，生机盎然，进门后的仓促感随之缓和，一种赏心悦目的感受油然而生。

三宜开门见画。若一开门就见到一幅精致而吉利的字画，既能体现居者的涵养，又能提振家居气色，营造富贵吉祥的氛围。

出门宜“三见”：

一宜出门见“水”。水为财，门前有一口大池塘，里面蓄着一池清水，起到聚气聚财的作用。出门见水，会使人感到心境开朗平和，有利于事业平稳发展。

二宜见“明堂”。宅前平坦广敞的空地称为“明堂”，即取义于此：龙气住结，前面馀气开阳而成堂局，四周的峰峦墩阜，攒簇聚会，就像人君视朝，百官献奏。

三宜开门见“远山”。开门见“远山”，说的是看见远处的山，因为缥缈遥映而美；如果开门见“近山”，山像墙壁一样立着，正对着、挡在门口，那就容易令人产生压抑的情绪。

四、民居建筑程序

过去，老百姓把盖房子看作是关系到成家立业、子孙兴衰的百年大计，所以，民间建造住宅十分讲究，从选择宅基、动土建筑、上梁落成到进宅居住，都有一系列的仪式和活动。

（一）择地

博罗人受道教文化的影响，非常看重建筑的择地。盖房造屋，这是头等大事，如果选择了宝地，这一家必定平安发达、万事如意；如果选择了不利的地块，这一家就会有霉运。

（二）择日

建房与其他活动一样，很注重日期的选择。宅基地确定后，要选择“吉日”动土开工，俗称“盖房查日子”，以求个好兆头。其动工日一般都是请风水先生择日，现代民间的建房择日大都参考“农历”上标注的宜动土盖房的日期，一般选择农历的“双日”开工，也可择单日的阳数“九”，如初九、十九、二十九等，其他单日不用作开工日。动工日确定后，人们不仅严格按时辰举行，同时，还备有三牲、酒水、香、纸等物品隆重地祭祀祖先神灵，以求得平安吉祥，更希望建成新居后能兴旺发达。

（三）开线

选好吉日后，接着就是开线动土，开线动土要举行开工仪式：由泥水师傅按房主需要建造房屋的间数及每间的大小、长短，立椿开线，沿线画好石灰图。放线开基前，先在宅基竖起写有“开工大吉”的红纸字符的牌子，然后用三牲、纸钱、茶、酒、金针和发菜供奉。时辰一到，便燃香鸣炮、主人朝拜，以谢土神，祈求保佑，随即破土开挖。

一般来说，首先由师傅挖几下土，然后由小工接着挖。师傅则走到东家面前拱手祝贺："今日动土做新屋，保佑年年大富足；今日良辰起新居，祝贺东家代代着朝衣。"房主则回师傅道："多谢师傅金言。"随即掏出一个事先准备好的红包给师傅。开线动土时忌挖到棺材、尸骨，因为如果挖到这些，就意味着这地方曾经是"阴宅"，唯恐其阴魂不散，对住户有所骚扰。因此，每当碰上这种情况，就焚香烧纸钱，恭恭敬敬地将其迁到别的地方，不可乱扔。

按当地风俗，建房、嫁娶、丧葬是家庭的三件大事，其中又以建房为头等大事，开线动工这一天，房主要摆宴席。亲友或乡亲们都会自觉地义务帮忙。房主只给师傅付工钱，对帮忙的只管饭。现在大部分乡村建房，东家已是宁可给工钱，也不管饭了。

（四）起脚

砌宅基，俗称起脚。房屋基础槽坑挖好以后，泥水师傅务必按房主所定的时辰，开始下石起脚。起脚，一般有三种情形：一是起脚时，按前朱雀后玄武、左青龙右白虎的顺序，依次下石砌基，但不是全砌，只是象征性地；二是先按东南西北四角来砌，也是象征性地先砌一点；三是按当年的大吉大利方向砌起，如乙亥年大利南北，则基脚从南、北起砌。

泥水师傅在建屋期间，与屋主一样有许多的忌讳，如不得说"跌死"、"倒塌"之类的不吉之词；工匠的工具如尺、墨斗、木架等不得被妇女踩踏或跨越，否则不吉利，尺寸将会出现误差等现象，当然，这具有迷信色彩，却也从另一侧面反映出建屋者的心理，即祈建屋顺吉。

（五）立门

立门，也称"安门"。所谓立门，就是安装门框和窗框。墙壁建至人头高时，即安门，大门、房门同一时辰安装，先安大门，要在门头板两端下面压上红布，门头板贴红纸，上面写"安门大吉"。大小门户安置妥帖后，户主率一家老小进门，跨大房、小房各一遍，还要烧纸上供，放鞭炮，以图吉利。

（六）上梁

上梁，也称"升梁"。上梁是建屋中最重要的一环。民间多认为上梁顺利与否和建宅后的生活好坏密切相关，所以，上梁之前先择吉日。上梁择定的时辰，风雨不改，一定要把梁"升"上去。上梁之前，要在墙壁上贴上写着"上梁大吉"、"进丁进财"等的小条幅，意在吉祥如意。上梁时先将红布跨悬于梁中，谓之"披红"，两边分别吊装有"五谷"的小红袋，以求"丁才两旺"；还要用蓑衣包裹梁木，以求辟邪。然后点燃香烛，燃放鞭炮，以辟邪魔。

在鞭炮声中，梁木徐徐上升到屋脊。上梁这天要摆“上梁酒”，宴请建筑工人并发给他们红包。

此外，房屋的棚（楼棚）桁以单数为吉，如以7、9根为宜；瓦桁（承载屋顶）亦是一样，以11、13根为宜。承载瓦片的桷子，则以双数吉利，桷子间的距离在6.2寸至6.5寸之间，而不能是6.1寸或6.6寸。当放置和钉住桷子时，泥水师傅要边念“天、地、人、富、贵、贫”，边依序放置桷子，最后要合天、地、富、贵四字方吉，忌人、贫二字，俗谓“钉天钉地莫钉人，钉富钉贵莫钉贫”；再有，桁木的放法也有讲究，即头尾朝向不一样，一般说，桁木应桁头朝左，桁尾朝右，对着厅堂的桁木，则应全是桁头，桁尾一律朝外，以示屋主对祖先的敬重，以祈合族兴旺发达；上厅堂承瓦的桷子料，讲究用料一根到底，中间不对接，取自同一根杉木，一根锯成四片使用，不能多也不可少，取“和合”之意，中央桷子若是用同一根杉木所锯，不掺入其他杉木桷子，屋主更喜，取“千年和合”之意。

（七）筑栋

筑栋，即筑栋头和筑瓦檐。屋梁归位后，接下来便是排瓦桁、钉瓦桷、盖瓦，最后是筑栋头和筑瓦檐。到此，建造新屋的外部工程全部结束。剩下的就是外墙粉刷和内部装饰了。“筑栋头”，即做屋脊。“筑瓦檐”也就是做瓦头滴水，俗称“做出水”，即使瓦面的水能顺利地流出屋檐外面，因此它又叫“落成”。对于筑瓦栋和做出水，东家是要包红包的，象征工程完工。这一天，为了表示庆贺，东家要举行“完工酒宴”，宴会上，东家喜气洋洋地把红包、工钱和礼物，一一拱手敬给师傅们。师傅则起身双手接过，高举封赠道：“新屋新居，大发大贵。”

（八）砌灶

砌灶，在乡村中一直是一项重要的民俗活动。民间认为，灶台是“管事”的，它影响着一个家庭的兴衰，因此，人们对砌灶都很看重。不仅有人在建新房子时砌灶，也有人因家事不顺，如养禽畜发瘟、家中有人去世等，认为旧灶不吉利，将灶台拆毁重砌的，祈望重砌灶后困境能得到改变。

博罗民间的镬灶有单眼灶、双眼灶、三眼灶之分。选择哪种形式完全根据一家人口多少、经济条件如何来定。灶由灶身、灶面、灶门、灶膛和烟囱组成。铁镬有一尺八、二尺二、二尺四和二尺八等不同规格。镬与镬之间还埋有汤罐。外镬、中镬多用于烧菜煮饭，里镬最大，平时用于煮猪食，逢年过节红白喜事时用于做豆腐、上蒸笼、煮大件。

民间对砌灶非常看重。砌灶前要定出建灶位置、背向和水池位置，选出打灶日期、起手与出烟时辰。

灶体砌好之后，要是到了“出烟”的时辰，哪怕灶台外围还未粉饰，也要尽快生火。生火时先要燃放一挂鞭炮，以迎接财神。出烟时灶并非已完工，要用文火慢慢烧，使灶体渐渐干燥。烟囱出烟不久，要煮汤圆，供于灶司前，以求全家安康，要送与左邻右舍品尝，以示亲切和睦。晚上，主人在新灶上办一餐丰富的新灶宴，以示庆贺。吃新灶宴的一般都是砌灶师傅、主人的至亲，如兄弟姐妹、岳父岳母、小舅大姨等，也有近邻。

随着时代变迁，厨房和炊具都发生了巨大的变化，煤饼炉、煤气灶、电饭煲、电炒锅和微波炉相继进入了寻常百姓家。打大灶的人越来越少，这些砌灶习俗也许会在不经意间慢慢地在我们生活中消失。

（九）迁居

新居建成后，一家人就要搬进去了。博罗人称入宅为“落新屋”、“搬新屋”和“返新屋”。由于从旧宅搬入新房是家庭喜事，届时亲戚朋友均会前来祝贺，故人们习惯称之为“乔迁之喜”，俗称“入火”。按照传统习俗，入宅时要举行迁居仪式。自古以来，乔迁仪式都十分隆重。

(1）择定吉日。根据新居的坐向、房主的生辰八字，确定迁居日子。很多人选择初八、十八、二十八日的黄道吉日，如果“黄道吉日”安排有限，双日即可。

(2）新居布置。在大门、堂屋、神位和厨房等处张贴大红楹联与横幅，有的还在大门上贴“福”字，装饰的匾额必须由内亲贺赠。

(3）净地旺宅。入宅前把新宅打扫干净，每个房间放一盏新煤油灯，以示主人迁居后“添丁”；入宅前一晚，先用土地衣、金银衣纸和地府冥钱，以及屋契、地契祭拜五方土地，同时应加少许真钱烧化，以示该宅是用真金白银建造而成的。

(4）添置餐具、用具。入宅时应买新的碗筷，兆示日后有添人口之意；还要买一对新水桶，内装大半桶水，再放入两棵有头生菜，摆在入门处，表示以后生财有道，财源滚滚。

(5）送接“火种”。要在原来的老灶中移火种到新灶中，俗称“接火种”。出门时鸣鞭炮，老邻居也来鸣鞭炮，俗称“送火”。到了新宅，自己鸣鞭炮，新邻居也来鸣鞭炮，俗称“接火”。

(6）粮草先行。搬迁时，六样物品必须先进新居，如米、钱、水、碗筷、火炉和扫把，所谓“兵马未到，粮草先行”。

(7）举办酒席。为贺乔迁之喜，主家还要摆席设宴，俗称“迁居宴”。“迁居宴”仅次于婚宴，宴请对象比较广泛，有兄弟叔侄、同宗乡亲、亲戚朋友、同学战友等。宴请前，主人要发送请柬。“迁居宴”要丰盛美味，办得大方得体，尽量让客人能“大口吃肉，大碗喝酒”，宴席上尊母族、妻族为上宾。

在农村，喝乔迁新居的喜酒时，亲朋要送一份礼物，礼物的厚薄一般以与房主关系的亲疏而定。除了送礼金，也有送家具，还有送对联、贺匾、镜屏、字画、鞭炮等。现在送礼的品位越来越高，送家电或高级日用品更为普遍。在选送礼物之前，越来越多的人重视事先了解主人的爱好和需要，使礼物为主人喜爱且适用。重要的礼物一般要早些时候送到，以便主人能及时布置到新居里。

第二篇
交通民俗

交通是指借助一定的交通设施、交通工具，实现人或物从一地到另一地的位移。一定的交通设施和交通工具是实现交通目的的两个基本因素。交通民俗便是在交通设施、交通工具中产生和发展起来的。

一、交通环境

由于交通设施、交通工具本身源于自然或其材料取自于自然，因而，交通民俗深受不同地区地理环境和自然条件的影响，具有明显的地方特色。

博罗县处于东江中下游北岸。地理环境由“四山二河一江”构成。

（一）主要山脉

（1）罗浮山。它矗立在博罗西部，东连茶山，西北接三帽岭，北有横河的嶂背、长宁的酥醪等山，西有福田的栏门、牛岭诸山。有大小山峰432座，主峰飞云顶，突兀于群山之中，形成以主峰为中心的山地结构。山势向东、向南倾斜，构成了福田、长宁、湖镇、横河山地、丘陵地势和石湾、园洲、龙溪、龙华等平原地貌。

（2）丫髻山。它属河源桂山山系，由桂山北峰丫髻山向西、向东呈放射状倾斜；丫髻山沿西向南行有隘子山、亚公岃顶、双髻岽、三帽岭诸峰；三帽岭转南走有官山坳、天子嶂等山；丫髻山沿东南行有观音嶂、姚婆嶂；转西南为驾浪山、红花嶂、鸡笼山。丫髻山的环形走势，构成公庄盆地和麻陂、石坝、杨村的平川地带。

（3）茶山。它位于博罗县北部，东行有平安白水寨，白水寨北有横河黄竹坳；东北接公庄的西山；东南连公庄的天子嶂；西北为大、小源坑和相思坑；茶山诸多山脉构成了东瞰平安、柏塘，西顾响水、横河两地的分水岭。响水、横河之水流入沙河，平安、柏塘之水经黄江河注入公庄河。

（4）象头山。自东至西横亘于博罗县中部。中部，东起泰美罗村、柏塘石湖；西止龙溪太屏山；南有红花顶、凉帽顶、黄岭、白沙堆诸山，山中之雷公顶、寨顶、蟹眼顶、将军帽、南天嶂、太屏头诸峰林立；东西延亘60余公里，南北绵延40公里，构成博罗中部南北地区的分水岭，使南部的雷公河、良田河、小金河和榕溪沥等溪水注入东江；北部响水、平安、柏塘之水汇入公庄河。

（二）主要河流

（1）沙河。它位于博罗西南部，由罗浮山沟壑溪水汇集而成。沙河干流全长88千米，河道最宽为80～90米，最窄为15米，通航水深1米以上。沙河流经横河、湖镇、龙华，然后在龙溪银岗白勘角分支流，分别经园洲马嘶和九潭，再经石湾流出东江。沙河是博罗西部、中部古代和近代的重要水上运输河流。1949年前沙河有七八十艘15～20吨的木帆船从事水上运输，直通横河、响水。

（2）杨村河。杨村河亦称公庄河，即东江中游支流公庄水。杨村河源于龙门县桂山的糯斗柏山，经龙门县平陵镇至博罗县公庄河，中间为主干，流经杨村，于泰美镇沐村注入东江。流域范围包括公庄、石坝、麻陂、平安、柏塘、杨村、泰美等地。干流长79.2千米，河道最宽处为85～100米，窄处为24米。明清时期杨村河是博罗县东部地区水运的重要航线。其时，上游林木茂密，水源丰富，水深常年保持1米以上。干流西至平安的黄岗河、东至石坝（麻陂）的石坝河，会合杨村后顺流东江，皆可通航。在古代，公庄没有公路，南来北往的商人都乘船走水路，桔子圩大沥码头每晚都有上百号龙船停泊于此，因而，大沥当年曾有“小惠州”之称。

（3）东江。东江，古称循江、湟水、龙江。东江自江西寻乌桠髻钵山

（另一源头为安远县三百山）至石龙，全长520千米。东江干流自东向西，流经龙川、河源、紫金、惠阳、惠城、博罗、增城、东莞，至东莞石龙后分为南北两支，再同注入狮子洋经虎门出南海。

自东向西流的东江河，水资源丰富，河床平坦，水流平缓，使得沿岸两地在水路交通上具备运输方便快捷的良好条件。东江流域的先民早就善于利用舟楫，在江河上航行。东江流经博罗县境内的航道有195千米（包括仍图、汝湖），县内大小河道29条支流注入东江，内河航道有240千米，通东江各港口和珠江部分港口。

（三）交通特色

"四山二河一江"的地貌结构，形成了东北高西南低、自东北向西南倾斜的地势；地貌复杂，山地、丘陵、平原及河谷台地皆备；北部为山地丘陵，间有山谷平原，中部为丘陵台地，南部为沿东江自东向西的冲积平原。

地理环境是交通的要素组成及依附。平坦的地形是理想的交通地形，崎岖陡峭的地形是交通的障碍，但同时又使其交通呈现种种特色。纵横交错的江河湖泊使其交通特色得到更加充分的体现。

古人云："上善若水，田畴非水何以灌溉，商贾非水何以利涉百物。"博罗沿江（河）流域，自古以来就是一方水乡。密集如网的河涌，星罗棋布的水泽地，涟漪潋滟的湖泊，成为山明水秀、环境优美、稻谷金黄、鱼儿肥美的乐土。故先民很早就懂得利用江河沿岸的自然、经济、资源、交通等优越条件进行生产、繁衍生息。乡民在耕植之外，亦操舟楫，从事粮食等农产品的长途贩运，一艘艘运粮船、贩米船、捕鱼船活跃于东江、珠江流域，不少米商、盐商甚至沿着水路冲出"两广"，远至湘闽江浙。

"水上驾船，陆路肩挑车推"，在博罗民间谚语中，水上航运和陆上肩挑车推的交通运输方式相提并论，说明人力肩挑和人力（畜力）推车同等重要。

旧时，博罗人出行陆路一般为步行，去城里和集镇皆靠行走，运载物品主要靠肩挑背扛。除了肩挑背扛，能提高生产效率的是人力抬轿、推车和畜力拉车。生活在这里的人民，很早就形成了以人力、畜力驮拉物品等为主的交通运输方式。独轮车、手推车、牛车和轿子等交通工具，不仅是主要的代步工具，也是重要的生产、生活工具。

二、交通工具

博罗的交通环境与特色，决定了其交通方式及其主要的交通工具。

（一）木船

过江靠船，过涌用艇。木船、小艇，成为当地人生产、生活的"脚"，没有它，村里的人走不出去，村外的人也进不来。农夫劳动耕植，打鱼网虾，生产、生活资料的进出，咫尺往来，皆需舟楫。直到数十年前，在博西地区，出村无船路不通，船仍是当地唯一的交通工具。出门见水，举步登舟，靠水吃饭，也靠水出行，曾是罗浮水乡的写照。

木船，大者为船，小者称艇。木船构造简单，大船体长七八米，宽近两米，载重量可达数十吨；小艇如一片轻叶，小巧玲珑，方便操作。早时的船有两种：一种是帆船，船体中装有桅杆，借风驶船，没风时靠人力撑篙摇橹，用以中、长途运输；一种是橹艇和桨划小艇，大型橹艇常需 1 ~ 2 人撑篙，一人摇橹，而带篷的经济艇多是载客的。另外，在交通要道江边有“横水渡”，一江两岸定点对开，这些船多是棹浆的木船。

木船主要以杉木为主原料，辅以铁钉、麻丝、石灰、桐油等。造木船要选择天然的老龄杉木，要求树龄必须在 30 年以上，这样的木材材质结实、有韧性，所造之船吃水浅、浮力大、能载重，轻巧灵敏，而且坚固耐用。船造好之后，为了防止船板腐烂，保证船体经久耐用，必须用桐油油船三遍，新船油好后经过一段时间，等桐油完全干透就可以下水了。

据《博罗县志》记载，1935 年前，县城仅有十余艘小木船从事东江干流货物运输。其他支流仅行驶操桨小船，沙河渡甚多，以小舟载货出入。县东黄麻陂、显村、公庄、柏塘、平安、杨村等船由莫（木）村而达于江（东江）；县西显冈、响水、横河、郭前、湖镇、人和、龙华、罗公、罗阜、铁场等船由石湾或礼村而达于江（东江）往返邻近码头，作短途运输。石龙渡、苏村、礼村具有……此后，建造了 10 至 20 吨载重量的木帆船和机动拖驳船，在东江干流和沙河、公庄河运输货物。运出的货物主要有粮食、土糖、柴炭、山货等。1949 年县内已有四艘机动船和一百多艘木帆船，大宗外运货物还要靠外船的运输。（新《博罗县志》，第 300 页）

新中国成立后，随着水运事业的不断发展，政府把县内分散的船舶组成集体组织——水上运输公社（后改为水上运输联社）。到 1959 年全县有各类船舶 236 艘，2 415 吨位（新《博罗县志》，第 301 页），以木帆船为多。运出的货物多是粮食、糖蔗、矿物，运入的货物多是化肥、农药、煤炭、建材及日用工业品。此外，乡村集体和民用船只不计其数，小小船艇在农村生产和生活中充当重要角色。如每逢蔗季，各地的土糖寮和石坳、杨村、观音阁糖厂的甘蔗基本上靠这些船只运输。

庞大的运输体系促进了造船业的发展。20 世纪 80 年代前，县和部分公社（镇）建有造船厂，能够制造大、中、小型木船并对其进行维修。当时的造（修）船厂是当地主要的社办企业，造船工人的地位甚高，是当地的工人阶级，他们靠集体的智慧和辛勤的劳作，制造出经济实用的木船，支援农业生产。

如今公路、铁路运输十分便利，昔日“独领风骚”千百年的水运早已退出历史舞台。虽然以汽车为主的陆地交通运输方式彻底改变了过去落后的运输格局，但是，那漂泊中的木船小艇，那烟雨中的小桥流水，如一首沉甸甸的史诗，永远在人们的记忆中挥之不去。

（二）火船

数十年前，在公路交通尚不发达的情况下，流经博罗县境内的东江河是人们远行和货物运输的唯一选择。上至河源，下到广州，千百年来，滔滔的江水，百舸争流，千帆竞发，从远古的摇橹拉纤、划桨、风帆，发展到使用机器驱动，它承载着罗浮山人的艰辛与梦想。

清末有惠州轮船，由博罗往返府城，货运或载客；还有“省城渡”，清道光中设，往返广州，当时轮船往返的时间是：“秋船下广州一夕，返则二夕以上。”（民国版《博罗县志》卷三《经济·交通》，1988 年内部刊物，第 235 页）此外，还有礼村、宁和至石龙渡；民国时有机横船四只，从沙河出东江到石龙，分航班往返，运输业较为畅顺兴旺。

新中国成立后，从事客运的轮船由惠阳航运部门统一经营，有惠阳至石龙、广州，惠阳至龙隆、河源等航线。惠阳至石龙、广州航线，途经博罗河段沿岸载客。1956 年增开了惠阳至博罗、博罗到惠阳横沥的航线。1959 年后，有一段时间由龙川增设的航班至广州、石龙，途经博罗河段沿岸搭客。

这时，一种新型小客轮——“火船”，横空出世，航行于惠州、广州等地。所谓“火船”，是一种蒸汽机动力轮船，靠生火烧锅炉产生蒸汽来作动力，故船中有烟囱，被当地人称为“火船”。后来，“火船”改为内燃机动力，运输层次提高，但人们仍然称它为“火船”。

至今，“火船”这一“传统”的水运交通模式，在上了年纪的人的脑海中，依然是那么清晰、那么令人留恋……

当时，航行在东江河的“火船”主力军是“红星号”，有“红星 174”、“红星 175”等船，“红星”客轮长 30 多米，宽六七米，吨位 200 吨左右。“火船”有三层，上层为三等舱，中层为四等舱，底层为五等舱兼装货舱，旺季时客舱通道还有帆布躺椅作加铺。客舱都是大通铺式，每层都分上下床，共有 200 多个铺位，每一床位宽约 60 公分，有草席和枕头，天冷时还有一张毯子。“床”与“床”之间是一块 15 公分高、可移动的板条间隔；每个铺位的上方挂着一个“游水排”（救生圈）。船上设有厕所、浴室和厨房。在厕所如厕，大小便直接被排进东江河，在当时是一种趣闻。在浴室用自来水洗澡，热水源自船上机器循环冷却水，虽然是浑浊的江水，但有热水洗澡，在当时来说是极为高级的享受。船上定时供应茶水、饭。船上吃饭方便、便宜，半斤粮票五毛钱，就可以买到一饭一汤一菜，由船工送至船位。坐在船铺有饭吃，这种待遇也是空前的。虽然是颜色发黄的糙米饭、清如河水的味精汤、薄如白纸的肥猪肉，但乘客边吃饭边看风景，悠然自得，惬意无比。四等舱票价最便宜，它在船的底舱，没有窗户，同样分上下两层。三、四等舱之外的散铺没有固定铺位，由旅客自行在轮船上选择空处歇息。四等舱和散铺由于价格便宜，一般都是对舒适度没什么要求的短途者选择较多。

那时候，对于乡下人来说，出远门乘船是一件最为光彩和高兴的事情，令人羡慕。

轮船"红星号"的主要航线是：惠州—河源，惠州—广州，两班对开，沿江有观音阁、惠州、博罗、石龙船站，还途经若干处"码头"。或上惠州，或下广州，乘客要提前到"码头"候船。

"码头"，亦称"渡口"，实际上是一个露天的船站，简陋至极，几张用大木头做成的长板凳就是全部的家当。这些"码头"的"趸船"的构造也很简单，或由木头、竹排组合撑"跳板"，或用石条垒结成。码头上，平时静悄悄的，当客轮将至的时候，狭小的码头空地上就挤满了人，有乘船的，有等家人的，有接亲友的，也有等托运货物的，但更多的是看热闹的。熙熙攘攘，纷繁喧嚣。

当客轮行至江心，渐渐向码头方向驶来（若是逆流走向的客轮则在江中缓缓掉转方向）的时候，接着的是险象环生的一幕：火船行至巨渡口一公里处的江中心，鸣笛示意，减速缓行。与此同时，乘客在船工的吆喝催促下，匆匆登上了摇摇晃晃的"驳艇"。

当轮船再次拉响了汽笛时，小艇与大船紧靠，小艇的船工用尽吃奶的力气，用手紧紧拉住"火船"栏杆或船舷的边沿，大船上的船工用缆绳、撑杆套住小船。此时，艇和船"亲密接触"，小艇依（拍）在大船的右（左）舷，大船紧偎（拖）小艇的左（右）舷，在江中转悠着，情侣"拍拖"（谈恋爱）一词大概出于此吧。接着又是一阵忙乱：乘船的人争先恐后地登上轮船，争好铺位，下艇的旅客则迫不及待地下驳艇，归心似箭。在忙乱中，那安全，那礼让，似乎难以觅见，然而相互帮助、扶老携幼的场面，仍是屡见不鲜。

"嘟，嘟，嘟"，轮船再次拉响了汽笛，船艇分开，船工挥手告别。

远离渡口的轮船，"突突突"地冒着黑烟，沿着熟悉的"水道"缓缓前行，平静的水面激起白花花的水浪……船上又掀起新一轮的骚动：入铺位、放行李、打开水、购船票的人在来回走动；卖饭票、买东西的声音此起彼伏……

渡口又恢复了平静，显得空荡荡的，沐浴在阳光中的轮船码头享受了短暂的安静和空闲，过不了多久，另一艘客轮又至，渡口又将掀起一阵新的热闹和喧嚣，重演着刚刚险象环生的一幕。

“火船”的航速虽然缓慢，但坐船不无乐趣。你若听厌了船上的乘客操着乡音传播的各处奇闻，大可透过船窗饱览两岸景色，船行一路，近观远眺，“崇山峻岭，茂林修竹；清流激湍，映带左右”。宁静的乡下气息，秀丽的山光水色，仿佛一幅幅连绵不断的风景画。你若是困了，就卧铺酣睡，带着眼前的美景和心中的美事，渐渐地进入梦乡，一觉醒来，也许美梦成真，也许留下遗憾，但你已经到了应该要去的地方。

（三）横水渡

古渡、流水、小舟，构成了旧时罗浮山下的美妙风景。

“渡头余落日，墟里上孤烟”，这是上了年纪的博罗人对渡口的印象。

一船穿越南北，天堑变通途。船，成为连接江河两岸唯一的交通工具。与两岸点对点对接的船——横水渡，肩负着“迎来送往”两岸乡里人的重要职责。横水渡的上落点为“渡口”，横水渡的船叫“渡船”，一般有两条渡船对开，摆渡着人们往返于两岸之间，或过江耕种，或探亲访友。每逢对岸圩日，渡头挤满了过渡的人。上午挑着番薯、芋头过江，中午买回了猪崽、鹅苗……同船过渡，人们一趟趟的往返，就像江水长流，年复一年重复着同样的故事，一代一代生生不息。

昔日，过渡者（乘横水渡船的人）喜忧参半。天晴时，天朗气清，惠风和畅。岸上杨柳垂岸，翠竹婆娑；江中清流急湍，渚清沙白；船里江风飒飒，笑声盈盈。过江就是一种享受，在短暂的驿站中，讲春播秋收，说家长里短，听奇闻逸事，望江中风景，其乐无穷也。有时船至江中，遇狂风暴雨，船在浪中飘，人在船里摇，惊涛骇浪中“渡公”从容不迫，拿稳着舵，奋力摇橹，劈涛斩浪，千转百折，险象环生……

渡船极为简易，船板厚实，船体有七八米长、一米多宽，能载二十多人和数吨货物。有些船还竖有帆杆，顺风时可拉帆趁风行船。船里没有任何救生设备，凭运气“抢渡”。乘客过河时坐在艇仓两侧的长板上，船舱中央可放置菜担、柴担、单车等物。“渡公”（撑横水渡船的船夫）一般有两至三人，前者稳站船头，用长竹竿撑船，在“指点江山”；后者雄踞船尾，尽力摇橹，在“鞠躬尽瘁”。他们紧密配合，手脚麻利，操作游刃有余，渡船进退自如，乘客任凭风浪起，稳坐“钓鱼船”。

千百年来，无奈的博罗人在这艘“横水渡”上“同舟共济”，历史上因摆渡过江葬身鱼腹的例子并不鲜见，“横水渡”也因此装满了罗浮山人的血泪辛酸。

（四）鸡公车

鸡公车是一种历史非常悠久的独轮车，据说在三国时就已经有了。

鸡公车，由全木头制成，主要由车身、车轮组成。车身是由坚硬、质韧的木材劈凿刨制而成的，车杠粗壮，长2米，前窄后稍宽，前半部分即安装车轮处约有60厘米，手推部分约有70厘米，车轮为一寸多厚硬木块做成的圆盘，直径60～80厘米，支承木和转动轴用硬木两条，车辕30°角安置，车轮上高出的部分穿凿有车架，两边用硬木穿凿耸起，避免摩擦到车轮及所运货物。

鸡公车之得名，大概因为其形状有点像鸡公：一只轮子高高耸起，像昂扬的鸡冠；两翼是结实的木架，堆放货物；后面两只木柄，被推车人提起置于胯旁，自然像张扬的鸡尾了。

过去，百姓外出多步行，富户坐轿或骑马。陆路运输大部分依赖人力肩挑，辅以少量鸡公车驮运。运输时，驾驶鸡公车者把两根分别套在车把手上的绳索套在肩上，用手平稳推着鸡公车，靠人体来平衡车体，载货而行。鸡公车由于车身短小，操作灵活，不需要很宽的道路，只要是平缓的人行小道即可通行，即使是小田埂也能通过。这是一种胜过人力担挑和畜力驮载的既经济又实用的交通运输工具，是人类交通史上的一项重要发明。据说，当代日本学者在研究自行车发展史时，认为鸡公车是自行车的始祖。

一个木轮，两支扶手，一节套肩的绳索，支撑起漫长的岁月，载动着沉重的生活。田埂之上，羊肠小道，薄雾之中，听见一阵“叽嘎叽嘎”的声响，那便是鸡公车行进的节奏，伴随着人和车的轻松律动，由远而近……推鸡公车的有农民，也有商贩；车上装着的有到市场出售和购买回来的商品，有从田野里运回的农产品，也有回娘家的俏皮的新娘……

鸡公车的最佳行驶地点是宽不过一尺的田埂和小路，在那上面，其他的车辆都望而却步，唯有独轮的鸡公车游刃有余。所以鸡公车注定是为小路而存在的，当越来越多的大路延伸到县、到乡、到村，农民的交通工具也从手推车、马车、拖拉机变成了今天的摩托车、汽车。现在就连农村的青年也不知道鸡公车是何物了，反而在城市的度假村里，有时还看得到它的身影。它作为一种陈列品，点缀着现代人的生活，营造出一种田园情调："采菊东篱下，悠然见南山"。其实真正采菊的人不会吟诗，而吟诗的人永远不会去采菊，由此看来，怀念鸡公车的人其实也与鸡公车无关。

（五）牛车

牛车，顾名思义，就是牛拉的车子。博罗县西部没有高山峻岭，地势平坦，自古以来，当地人民都是用牛车作为陆路的交通工具的。

在交通落后的年代，牛车是最理想的运输工具，被称为农民最忠实的肩膀。车轮直径有 1.8 米，车身窄，用的全是上好木料。造牛车的木工，功夫可算一流，尺寸精密，斧凿纯熟。高轮牛车，外箍铁轮，拖起来，又笨又重，把路碾成沟、碾成河，这沟、这河成米深，有时下雨，牛车陷于泥沟中，也是有苦难言。大热天，牛喘磊气车生火，过去没有润滑油，车轴一摩擦，热上加热，车心起火是常事，害得赶牛车人要找水来淋，或者尿泡尿。这种牛车一直沿用到 20 世纪 60 年代，才改成低轮车，铁轮外箍橡胶皮。

过去，博罗地区只有耕种田地较多的农家才有牛车，也有穷苦人家借债置一架牛车载货搞长途运输的。凡操此业者则要再加一个用竹笏和笠叶制作而成的像龟背形的牛车篷，防雨防风，并备有瓦煲、碗、筷等餐具及米、盐、油、咸鱼等食物，在沟边拾石头砌灶，拾柴枝烧火煮饭吃，过着风餐露宿的生活，十分艰苦。

要掌握赶牛车的技巧，可不是平常的差事，这赶牛车人不用考执照，不用审批，但赶牛车，也有他的套路。牛不同于人，牛有好使的，也有性硬的。遇上刹人牛——挂上轭猛地冲，你不知晓，会吃亏。不过，这种狂野的公牛，一般要请乡村牛医生把它阉了，这样，猛牛就乖顺得多。牛车没有刹车，上坡下坎很困难，尤其是下坡，常有滑行失控、车翻人亡的事故发生。

合作化时期，私人牛车全部入社，从此牛车也作了很大的改进，车体由大改小，车轴用铁和滚珠制作，车轮由高改矮（部分钉橡胶片）。改进后的牛车较为灵活、轻便、耐用，载货量也比以前大大增加了。

（六）胶轮车

胶轮车，是装有橡胶充气轮胎的人力运输工具。

1949 年前，中国农村使用的传统人力车有单轮和双轮两种，通称为手推车，由木轮和滑动轴承构成。

20世纪50年代初，在一些大城市开始有小型铁工厂为农村生产装橡胶充气轮船和滚动轴承的钢丝辐条车轮，俗称胶轮。手推车换装胶轮后，与木轮相比，振动和行驶阻力减小，运输效率成倍提高。

到了20世纪60～70年代，在一些平原地区开始使用双轮胶轮车。博罗县西部的龙溪、龙华、园洲、石湾、福田和长宁等地区，村庄星罗棋布，人口密集，田野平坦，道路四通八达，胶轮车成为农村田间和短途运输工具。

胶轮车主要由车轮、轮胎和车架三部分组成。车轮由轮辋、辐条、条帽、轴承、防尘密封圈和轮轴等构成。轮胎分内外胎，均为橡胶制品。其规格为26×(2×1/2)，这表示轮胎的外径为26英寸，其断面宽度为1/2英寸。车架部分可因地制宜。国标GB3936.1－83《胶轮力车》规定了手推胶轮车的型号规格，单轮车型号为JL325，双轮车型号为JL650，其中规格是以轮轴的总长度表示的。车厢长1.2米，宽约0.9米，使用轻便，省力、经济、方便，载重量为300～500公斤。

使用胶轮车一般由人力驾驶，胶轮车车行速度慢，载重较小，没有制动机构，靠人力控制加减速或停车。在丘陵山区用的胶轮车一般车架较长，车尾部钉有突起的摩擦块，使用时用人力在前面拉，下坡时扬起车把，使车架尾部与地面发生摩擦而减速。

（七）轿舆

如果说车与船是属于人类共有的交通工具的话，那么轿舆则是一种独特的代步工具。在车马盛行的年代，人们借助车可以驰骋于平原之上，但如遇陡峭险峻的山路，就只能利用轿舆这种可翻山越岭的交通工具了。司马迁在《史记》中曾提到，大禹治水“山行乘檋”，“山行即桥”。《史记·河渠书》集解引徐广曰：“檋，一作桥。”因檋是过山之用，负在一前一后两人肩上，远望过去“状如桥中空离地也”（《癸巳类稿·轿释名》），所以又可称为“桥”。而“桥”、“轿”二字古时可相通。这是古文献中对轿舆类的最早记载，只是远古的事荒邈难稽，人们已无从考证夏代轿舆的形制了。

轿子一般特指有盒形坐箱者。其中，坐箱框架上不蒙帷帐者为凉轿（亮轿、显轿），蒙帷帐有盖者为暖轿（暗轿）。暖轿的框架一般是木制竖长方形，中间两侧固定两根圆柱形的木制轿杆，底下用木板封闭，上放靠背坐箱。轿顶以及左右后三侧用帷帐封上，以遮风雨和保护乘客隐私。前方有可掀动的轿帘，以便乘客和轿夫交流。另外两侧的轿帷上部还经常另开能拉开窗帘的小窗。

明代以来，轿舆在博罗广为使用，常见的有大轿和小轿。

大轿，也称官轿、衙轿，供官使用。官轿不仅是官员出行时的交通工具，同时也是一种权势和地位的象征。人们根据轿子颜色、帷幕用料、装饰物及轿夫数量，就可以区分乘轿人的不同身份。古代官轿大致分为三种颜色：金黄轿顶、明黄轿帏的是皇帝坐轿；枣红色的是高官坐轿；低级官员以及取得功名的举人、秀才则乘坐绿色轿子。

清代的宗亲、朝臣、命妇等达官显贵乘坐轿子有严格规定，不准逾制。三品以上及京堂官员，轿顶用银，轿盖、轿帏用皂，在京时轿夫为8人，出京时轿夫为8人；四品以下文职官员轿夫为2人，轿顶用锡；直省总督、巡抚轿夫为8人；司、道以下，教职以上官员轿夫为4人；杂职乘马。钦差大臣三品以上轿夫为8人。这些坐轿官员主要指文官，至于武职，虽官至一品也不准坐轿，只能骑马。将军、提督、总兵等年过七旬不能骑马者，要想坐轿也必须事先奏请恩准。一般官员出外长途跋涉则另乘眠轿，即将日用品置之轿中，可做卧床使用。这种轿子要比普通轿子大一些。官员乘轿出行时还要鸣锣开道，对于开道的锣声也有严格规定。知县出行鸣锣七响，意思是“军民人等齐闪开”，共7个字；知府出行鸣锣九响，意为“官吏军民人等齐闪开”，共9个字；一品大员和钦差大臣出行时则鸣锣十一响，意思是“大小官吏军民人等齐闪开”，共11个字。现在，人们说：“大小是个官儿，屁股就冒烟儿。”“屁股冒烟儿”，就是轿车的代词。据说，有文件规定，什么级别的干部，要坐什么级别的轿车，不能乱来，否则，就是僭越，要被追究责任的。为什么现代人称豪华封闭的小汽车为轿车呢？原来，这类封闭豪华的出行工具最早是官员的坐器，这自然要和轿联系在一起了，轿车者，现代之轿，车轿也。

小轿，包括民轿和花轿。

民轿亦称舆，舆比轿结构简单，俗称竹椅轿。以竹制成，形如靠背椅，椅下悬一块踏板，两旁附有两根长竹竿，供人抬行，夏天上置遮阳幔子，配有轿夫2人，在封建社会多为绅商、贵妇、华侨、大夫所用，现在多在旅游区供游客使用。

花轿装饰华丽。花轿的主要用途是接新娘到丈夫家举行婚礼。新郎如果去迎亲，多骑马，有时也可乘坐蓝、绿甚至红色的小轿子。但婚礼尚未举行，一般新郎、新娘这时候不会同乘一轿。

花轿多为4人抬，有的时候加2人替换，或者在前后打伞、放鞭炮等。在新娘娘家起轿、新郎家下轿的时候，都会有一些有关的民俗仪式，但具体情况则因地域而不同。去新娘娘家的路上，花轿一般不可以空着，而是坐一名男孩，称为压轿孩。

在传统意义上，只有初嫁女子可坐花轿，寡妇再嫁最多是在普通椅子上扎些彩布或纸，称为彩轿。至于纳妾，有些地方可以坐花轿，有些地方不能坐轿或者坐其他的轿。但总的来说，旧时女性一生最多只坐一次花轿，因此是件很有特殊意义的事。

三、交通设施

（一）道路

（1）古道。

博罗县域陆路通各乡、接邻县。以博罗县城为中心，由增城至县界凤凰山，经官陂、花园、徐衙冈、石田20里至今县城，路长110公里，又由今县向东行，经小铁之瀛（仍）图入横沥达梁化屯，约60里，或出鹧鸪径至响水，或由龙溪苏村通礼村经九潭泊头到石头湾。从县城东除沿江至白沙龙母庙过江入归善（惠阳）境十里至府治外，亦有至汤泉冷水坑、汝湖小铁，再到瀛（仍）图之道。又由汝湖良洞经南坑径出径心至泰美小岭（民国版《博罗县志》卷三《经济八·交通》，1988年内部刊，第228页）。

在北面，由黄田牌逾礤头，西至响水，东至柏塘。往东北有山道进官山至公庄入龙门平陵；或由泰美小岭经杨村、显村至公庄入龙门平陵；或由泰美经三径，北通显村，西达柏塘。

（2）公路。

关于公路建设，新《博罗县志》作了如下记载（新版《博罗县志》第九篇《陆路交通·公路》，第293页）：

1928年，博罗修建横贯县内的广（州）汕（头）公路博罗段50.9公里、广（州）梅（县）公路博罗段72.5公里，1936年建成通车。

1930年，博罗建成长25公里的博（罗）惠（州）公路和全长23公里的博（罗）响（水）公路。

1931年，建成全长35公里的博（罗）横（河）公路和响水至柏塘的响柏公路。

1936年，又建成全长37公里（县内29.9公里）杨村至龙门平陵的杨平公路。

1938年，日军侵入广东，国民政府下令毁路、毁桥，以阻止日军进攻，限期把已建成通车的公路，挖掘成品字形的大陷阱，仅响水7公里的路段便挖有42个深1丈多、宽2丈的大洞，因此所有公路全部瘫痪。

新中国成立后的1950年冬，中国共产党和人民政府动员全县人民，组织强劳力65 356人，抢修毁掉的公路，历时62天，总投入劳力72.7万标准工日，完成广汕、广梅两大干线县境的151.3公里的修复任务。1951年春又抢修杨平公路，当年6月竣工通车。次年11月，新筑1.1公里的博罗城北门公路。

1958年公路建设提出“面向农村、面向山区、面向粮产区、面向短途运输”的方针，发动群众自筹资金，自备材料，义务修建。经过三年的努力，全县新筑简易乡村公路32条，总长335.05公里。1962年10月，29.6公里小

（金）罗（村）修复通车。1961 年至 1965 年 5 月又新筑简易公路 32 条，总长 139. 6 公里。是年年底，全县通车公路 111 条，总长 677. 7 公里，比 1957 年年底的 203. 6 公里增加了 2. 3 倍，全县公路覆盖率为每平方公里 0. 21 公里，高于全省平均水平。

1966 年至 1976 年，由大队自筹资金，群众义务劳动，修建乡村简易公路，全县共筑成简易公路 85 条，总长 394. 9 公里。

1972 年 1 月，公路工区的省公路工程处组成了黑色路面施工队，在广汕线博罗路段上，进行黑色路面试铺，一年间完成 13. 28 公里。1973 年又续铺 4. 04 公里，路面宽 6. 5 米。1974 年至 1975 年铺黑色路面 20. 1 公里，宽 7. 5 米。

1978 年以后，贯彻广东省“全面规划，加强养护，重点发展，科学管理，保证畅通”的方针，公路建设向高标准、高效益发展。是年 10 月，成立广汕公路博罗县改建工程指挥部。首先把长宁至石坳经湖镇至博罗县城的路段，改由长宁至龙华，经义和到博罗城，组织民工 2 500 人，先筑路基，后铺黑色路面，经过 5 年的努力，于 1983 年 10 月完成改线工程……在进行改线工程的同时，新建了青塘至石坳 2. 42 公里的公路接广梅线，从而使梅县往广州的公路在青塘与广汕公路汇合。

1984 年 2 月至 1985 年 5 月，小罗公路 26. 4 公里全面铺上柏油路面。

20 世纪 80 年代对不合标准的县和乡镇公路进行全面扩宽、加固，并铺筑柏油路面或水泥路面，至 1990 年已大部分完成改建工程，改沙、石路面为水泥路面。

（二）古桥

传统意义上的博罗水乡，有水必有船，有水更有桥，水为肤，桥为骨，构成了传统意义上的“浅渚波光云影，小桥流水江村”的美景。石拱桥、石板桥、砖砌桥、小木桥、拱廊桥，交织如网，星罗棋布。三步两桥，五步一登，它们或轻巧迤逦，或雄伟屹立，或精美绝伦，构成了“东西南北桥相望，水道脉分棹鳞次”的水乡景色。

记忆里，流水潺潺，清澈急湍，晨曦中，桥下“竹喧归浣女，莲动下渔舟”，妇人在河边石板上浆洗，“扑、扑、扑……”的捣衣声在薄雾里传到很远很远的地方；傍晚，临河的小木楼上经常有身穿花格子衬衫的女子从窗口探身取回晾晒的衣物。

遥想古时，这桥下必有渔舟唱晚，或画舫歌舞。河面上暗香浮动，河岸绿意浸透，诠释着“杨柳岸，晓风残月”的意境。

博罗多桥，据《博罗县志》记载，博罗县境内古桥梁有 60 座。其中，最古老的有：观音阁镇南坑的通济桥、罗浮山白莲湖的会仙桥、蓝田陈唐的五眼桥、小金的塘下桥、泰美雷公的五眼桥、长宁澜石的太平桥和榕树桥。

被列入重点文物保护的古桥有如下一些（参考新版《博罗县志》第二十四篇《文化·古迹文物》，第629页）：

保宁桥，又名观前桥（在长寿观前面），位于县城西隅，横跨观背村榕溪沥。宋德佑元年（1275），由博罗知县黄保所建，至今已有700余年的历史。此桥为二孔石拱桥，南北长31.4米，东西宽4.5米、高7米。外形古朴坚固，气势雄伟，桥面南段用青麻石条砌筑，北段用红石条砌筑，桥拱呈半月形弯在水上，和水中倒影形成一轮圆月。此桥先后于明景泰七年（1456），同知苏润、知县魏显，令县人潘义、何正募修。清乾隆十二年（1747）和十八年（1753），分别由知县王炳、黄占鳌再次捐助修筑。60年后的道光年间，保宁桥毁，乡人重修。1972年，观背村集资，将桥身下塌部分修筑好，成为当时博罗县保留比较完好的古桥。1985年，此桥被列入第二批博罗县文物保护单位。2006年，因洪水冲毁，虽经重修，但古桥已面目全非。

长庆桥，又名七眼桥，位于泰美镇良田村清溪，建于清道光二十三年（1843）。此桥为七孔石桥，南北长70米，东西宽2米、高10米。桥由七段六个石垒桥墩组成，桥面每一段均由五条6.1米长的青麻石条铺设而成。桥墩的迎水面均有三角形石墩，用以固护桥梁。桥下东西走向的清溪河，发源于象头山。20世纪60年代以前，长庆桥连接南北交通要道，也是目前县内唯一保存较好的古桥。1985年，此桥被列入第二批博罗县文物保护单位。

宁济桥，又名学湖桥，后称江东桥。桥为东西向，为石砌二拱墩柱式平桥，长18.5米，宽4.2米，高7米，均用红石条砌筑。明代万历年初，乡人曾舜渔年轻时在江东槐园“青龙书院”读书，上学须绕至葫芦岭山脚，涉水过河，甚为不便。还有一次他上学途中见一少妇手拿镰刀，挑担过河，不慎落水，曾舜渔急忙上前救起。曾舜渔决心日后成名必在河上建桥，以方便老百姓。

明万历二十六年（1598），舜渔中进士，授官监察御使。为了却昔年夙愿，他捐资在此河上建起这座“学湖桥”。1988年，此桥被列入博罗县第三批文物保护单位。

沧海桑田，世殊事异。20世纪70年代后，兴修水利，农田改造，蜿蜒辗转的河道，有的裁弯取直，有的填土造田，曾经富饶繁华的水乡渐渐消失。随着社会的高速发展，公路建设突飞猛进，现代桥梁建设日新月异。遍布于罗浮大地的古桥被陆续拆除、荒废、遗忘。留存至今的，已是凤毛麟角。

然而，遗忘也好，消逝也罢，一座古桥、一段历史、一个故事、一湾清溪、一处风情……所有这些，即使已十分遥远，也永远是我们心灵的家园、梦魂的依托。

即使你未曾记起、未曾述说，人世沉浮，岁月如风，那些被历史“覆盖”的古桥，也有说不尽的故事与风情，总有一些东西挥之不去……

古桥依然以它固有的性情继续书写她的历史，相信明天的古桥又会有新的含义。

（三）港口

（1）博罗港。博罗港位于博罗县城西东江边，上距惠州21公里，距河源166公里；下至石龙58公里，至东江口112公里，至广州133公里。博罗港始建于1965年，码头长386米，分货运码头和客运码头，有泊位12个，可泊150顿级客货轮，港口年吞吐量30～40万吨，客运码头每年客流量达5万人次左右。1982年客运码头迁至上行600米的桥头港码头，博罗港便成为纯货运码头。其时，兴旺发达的博罗港，使得博罗成为惠阳地区最重要的对外贸易的口岸之一，博罗港口的货物年吞吐量仅次于惠州港口，成为博罗县水上航运中心和交通枢纽，境内80%的生产资料和生活资料均由此进出；往返于广州、惠州、河源等地的旅客，经博罗港出行或返回是一件非常惬意的事情。无论是平时还是节假日，不管是风和日丽还是风雨交加，热闹的客运码头人头攒动，熙熙攘攘，或送客或接客，或上船或登岸，一群又一群，一波又一波……曾几何时，这里是他们出发的原点，又是旅途的驿站……现在的博罗人提及那段历史，无不神思飞扬、自豪不已。

（2）仍图港。仍图位于博罗东部的东江上中游交汇处，原属博罗县管辖，2003年3月划归惠阳市惠城区管辖。该镇矿产资源储藏量大，农产丰富，在博罗东部富甲一方。仍图港是集货运、客运于一体的港口，始建于1970年，码头长200米，泊位4个，可泊150吨以下的客货轮，码头安装有溜输矿石用的溜槽2条，装卸仍图矿场开采的铁矿。该港年吞吐量为5万吨，旅客出入量为3万人次。

（3）泰美港。泰美镇位于博罗的东南部，东临东江，西靠象头山，位于仍图镇上游，是国营524矿所在地，过去它主产稻谷和甘蔗。泰美港始建于1964年，下距惠州64公里，上距河源81公里，建有客货码头一个，全长95米，有泊位3个。其主要功能是装卸524矿场开采的矿石和当地甘蔗等农副产品，全年吞吐量为5万吨，客运量1.5万人次。

（4）观音阁港。观音阁镇位于泰美镇的上游，下距惠州85公里，上距河源60公里。历史上，观音阁港为东江中上游的重要港口。20世纪六七十年代，观音阁是博罗县的工业重镇，县域的化肥厂、糖厂建于此。观音阁港建于1964年，全长70米，有客货码头一个，有泊位2个，可泊150顿客货轮，装卸观音阁糖厂生产的红糖、化肥厂生产的化肥和各种生产资料、农副产品，年吞吐量6万吨，客运2万人次。

（四）渡口

茫茫东江，滔滔水流，小船横渡，极目舒天。这是当年东江河的一大景象。东江，从东边的崇山峻岭出来，宛如一条彩带绣在博罗大地上，熠熠生辉，光彩无限。然而，它又是一条狂放不羁的怒龙，将博罗与对面的东莞、惠阳、紫金隔离开来。东江从江西过河源，虽然经博罗百余公里，却有几十个码头渡口，像一颗颗珍珠镶嵌在东江两岸。仅博罗县城河段就有大东门、铁炉巷、上水闸、南门、下水闸码头渡口。据《博罗县志》记载，境内东江横水渡，自东向西有：观音阁、盘陀、岭子头、瀛（仍）图、横沥、水口、汝湖、惠州、剑谭、博罗、新角、苏村、东岸、沙角、同和、铁冈、礼村、龙叫、吉头、下南、石湾……自盘古以来，横江渡河，多凭竹排。民国以后，过江渡河，开始用木船。

渡口也非常简单，有的用麻石铺成，有的用竹木搭成一座趸船，固定在岸边，以供船舶停靠、上下旅客、装卸货物。横水渡不仅接送过江客，同时担负着“驳船”的任务。自古以来，东江河是岭南地区的黄金水道，从民国始，就有“火船”（小货轮）行驶。20世纪80年代以前，“火船”是东江流域主要的交通工具，居民出行或货物的运输，远到广州、河源，近到惠州、博罗县城，都是乘坐（搭）“火船”。由于沿江的渡口码头水浅，受到吃水限制，“火船”无法靠岸，只能用横水渡船作接驳，将“火船”的人和货物卸送到渡船，由渡船接应送岸，或者将岸上的人和货物卸送到渡船，再由渡船接应送上“火船”。

东江之外，博罗区域的大小渡口数不胜数。东边的公庄（杨村）河，南面的沙河，船帆点点，渡口如星。据《博罗县志》记载：“沙河渡甚多……如县东之黄麻陂、显村、公庄、柏塘、华安、杨村等船，由莫（木）村而达于江；县西之蚬（显）冈、响水、横河、阁（郭）前、湖镇、人和、龙华、罗公、罗阜、铁场等船由石湾或礼村而达于江；皆可名沙河渡。”分布在基围（公庄河、沙河堤）内的小型渡口，亦比比皆是。因渡河者较少，基围渡口的渡船设置较为简单，通常设于较狭窄及平静的河段之上，有两种渡船形式。一种是“无人驾驶”的渡船，即用两条绳子分别系在船的两头，每一条绳子的长度要大于河道水面的宽度。拉动绳子，船就可以到达彼岸。一种是“孤舟蓑笠翁”的渡船，一条小艇，一个“渡公”，风吹日晒地坚守着。

说起“渡公”，即船工，特别是在东江河横水渡摆渡的船工，他们以渡为家，以船作伴，日夜坚守，风雨无阻。在过河人多的时段，渡公往往要连续摆渡往返多次，直到把客人渡完为止。如果有需要，渡公还在半夜里被人叫醒，即便他面对风吹雨打，也要承载客人过河。

船排渡江，常受天气限制。山洪暴发，江水肆虐，狂风大雨，均不可贸然行之。撑船摆渡，日晒雨淋，风餐露宿，其艰辛可想而知。更使人钦佩的是船工们淳朴善良的品性。他们迎来送往，不计名利，与世无争，只在岸边稍高处，建一间简易房子，能铺张床就行。白天和夜里，会听到对岸的人高喊：“过河喽——”紧接着，对岸传来一声：“来啰”，随着那几声吆喝，渡工撑篙摇橹，即见江面渡船离岸向彼岸驶来，乘者在耐心地等待着……

百家渡，百家养。旧时，渡船皆由临近的十村八寨居民捐资购置；船工们日夜与渡船为伴，他们的日常开支多靠人们的援助。20 世纪 80 年代以前，船工们在生产队记公分，领口粮，过着清淡的日子，尽管他们的待遇不高，但他们依然恪守着船家的本分。

20 世纪 80 年代以后，随着农田水利建设水平的提高和大面积的“水改田”，昔日的“博罗泽国”已消亡，加上路桥的不断扩建，小型的横水渡亦全部“退休”。剩余的那些在主要河道的横水渡船被进一步改良，比较繁忙的渡口的船上都安装了柴油发动机，“渡公”的劳动强度大大降低。虽然“渡公”也没有受过专业训练，但横水渡船速度快了许多。至 20 世纪末，各类桥梁飞架江河，渡改桥全面完成，见证沧海桑田历史变迁的横水渡，终于完成了其历史使命。

第三篇
服饰民俗

服饰文化是民俗文化的重要组成部分。作为在人们生活必需的衣、食、住、行中居首位的服饰，其发展演变受诸多社会因素的影响。博罗地区的服饰丰富、绚丽、多样，经过千年不断的传承、变革、创新，不断吸取其他民族的服饰形式，呈现出本地特有的服饰文化特色。

服饰是人类赖以生存的物质支柱，又是人类精神文化的重要表现。罗浮服饰犹如罗浮历史的晴雨表，它不仅反映了不同时期人们的物质生活水平，而且折射出不同社会人们的思想意识、认识水平、主观信仰、审美理想以及当时的社会政治、经济文化、戒律法规等，是古代劳动人民认识力、创造力和支配力的集中体现和智慧结晶。

一、服装

（一）大襟衫

古代的衣服主要分为衣和裳。《说文》曰："衣，依也。上曰衣，下曰常（裳）。"清代文字训诂学家、经学家段玉裁注："常（裳），下裙也。"中国上古时期不论男女，皆以上衣下裙为常服。上衣一般为窄袖、高领。衣领直接左右襟，在胸前相交，左衣襟压右衣襟，称为"右衽"。相反，右襟压左襟，则是"左衽"，"右衽"是华夏民族服饰的一个重要标志。

过去我们看到的乡间人的上衣中，男式上衣多为对襟，这大概是受清朝服装影响的缘故。而农村妇女的大襟衣，则绝对保持右衽的习惯，这便是保持了清朝以前汉族的传统。

从北迁徙而来的博罗居民人因为长期颠沛流离，孕育了勤劳节俭、勇敢耐苦的习性，因此生活习惯、服饰上仍承袭了先人传统保守的特质。他们的服饰不像少数民族服饰那样斑斓多姿、绚丽多彩，而是以朴素、简洁见长。色彩浅淡、造型单一，方便、实用、耐穿，只求蔽体御寒而不尚浮华。成年人的服装基本上以蓝、靛青和黑色为主色调，这种颜色耐脏、耐洗而又不张扬，这是罗浮山人长年劳作、出入山野田园的最好选择，也是罗浮山人外柔内刚、勤劳节俭的性格特征的外在表现。

“上穿大襟衫，下穿大裆裤”是博罗地区传统服饰的最佳写照。古时，博罗人穿的衣服，男女无太大区别，上衣都是“大襟衫”。“大襟衫”是指衣服开襟的方式，衣襟弯曲向右开口，一直延伸至腋下，然后顺着肋边与小襟重叠扣合，安布纽扣，有钱的人用铜纽，女子的大襟衫上只是在袖口缝上几圈环饰或在衣襟边上镶些绲边。衣袖宽长，袖口宽一尺左右。男装的另一式是“长衫”，俗称“四皮齐”，其特点是上部像衣，下部像裙，长度以能遮盖“脚眼仁”为准。此衫是出门做客的礼服及绅士长者的四季服，一般用黑色或灰色棉布制成，大襟向右开，安布纽扣。一般外加穿“马褂”，配上小官帽（俗称“榄豉帽”），方显稳重气派。“长衫”是有身份的人的服装，仆人是不能着宽衣长带的，只能一身短衣打扮。

大襟衫穿在女人们的身上，是一个远去的世纪的风景。那个世纪衣着的美丽，由大襟衣来呈现。那个时代，女人穿衣的动作是胸前优美地一抹。左手牵着衣襟一片，越过胸前来到右翼，从脖颈向腋下再往腰间，摸着一排手工小布扣一路系下去，那是指尖的专心触摸，那是心情的细细体味，那是一份温婉细腻和优雅从容。若那时穿衣人心里惦记着些什么事情，面有急色，边行边扣，一手斜搭在胸前，发髻迎风微微掀动，那又是一种说不出的韵味了！

（二）大裆裤

裤子是腰部以下所穿的主要服饰。男女裤子基本无别，一律是宽头大脚的“大裆裤”，大裆裤有三大：裤腰大，裤裆大，裤腿大。裤腰有四五寸阔，用较软的布做的，腰不开口，多余部分折叠于肚前，以带（俗称裤头带）系住，或干脆不用“裤头带”，收紧腹部，将裤头交叉绞紧反扎于内即可。过去，当地人有一句笑话，说是“偷鸡狗，塞裤头”，裤腰之宽，可塞入鸡、狗，笑话裤头带夸张，但足见其宽大的程度了。裤脚宽1尺8至2尺，一个裤筒穿两条腿也还很宽，如果裁去一截，就像当今流行的时装“裙裤”。

乡里人的服装，无论是上衣还是裤子，都保持了宽松肥大的古风。这种离体式的服装，穿起来透气清凉，对于常年参加劳动的人来说，是极其舒适方便的。

旧时，一般男女都不穿内裤，讲究者多穿一件较短的长裤。一般都穿内衣，有“大襟”、“正襟”两式，比外衣狭窄，对内衣、内裤穿着讲究是近代以后的事。

（三）唐装

对唐装较为广泛的理解是指西式裁剪的满族服饰，而不是唐朝的服装。

“唐装”说法的由来，有些“出口转内销”的味道，外国人称“华人街”为“唐人街”，自然把中式服装叫作“唐装”了。“唐装”的称谓，其实源于海外。唐代盛期，声誉远及海外，因此海外各国称中国人为“唐人”。《明史·外国真腊传》言：“唐人者，诸番（外国人）呼华人之称也。凡海外诸国尽然。”在美国、东南亚乃至欧洲的华人居住区，亦因而被称为“唐人街”，而华侨之所以自称唐人，正由于自古以来唐朝是让中国人为之骄傲的朝代。把住唐人街的唐人穿的具有中国传统风格的服装称为“唐装”，不仅顺理成章，而且早就在海外成为惯称，成为国际公认的中国符号。

清代至新中国成立前，本地男女日常穿着唐装。男子上衣有高领、低领之分，胸腹前有三至四个方形口袋，上小下大，有的在衣内缝有暗袋，多用蓝、灰、黑等颜色，衣料有贵重、便宜之别。裤身、裤脚较宽，无袋，左右相掩后紧束于腰。现仍偶尔可见，有些中老年人喜欢穿用，因其具有宽松、舒适的特点。妇女穿着的唐装裤与男子相同，衫亦有高低领之分，上衣的胸腹围布至右肘，前后相接处用布扣扣紧，偏宽，镶边装饰或有或无，也具有宽松舒适的特点。

新中国成立后，农民的穿着仍以唐装便服为主；干部、教师等公职人员时兴穿灰色或蓝色的咔叽布中山装；工人则穿工人服；青年或学生喜欢穿白色或灰色的衬衣，穿背心、文化衫也比较普遍。

（四）中山装

中山装是民主革命先驱孙中山先生亲自设计并倡导的。这种具有我国民俗特点兼具中西衣装之所长的简便服装，是以广东便服为基样，把直领改为反领，使上衣具有西装上衣、衬衣和硬领的作用，穿起来显得硬挺，同时将便服或西装的三个暗袋，改为四个明袋；还加上袋盖，各钉纽扣一粒，既美观又安全。最初，设计上衣纽扣是七个扣子，后为方便改为五个，这就成了小翻领、四袋、五扣的中山装上衣。中山装裤子参照西装裤式样，前面开缝，一律用暗扣，左右侧各置一大暗袋，裤头右前部设一小暗袋，俗称“表袋”，穿着方便。此外，裤袋腰部打褶，裤管翻脚，也有异于其他服装。中山装可作礼服，也可作常服，迄今仍然流行。

（五）云纱衫

云纱衫，用薯莨纱做成。薯莨纱是中国一种古老的手工制作的植物染色面料，已有一千多年的历史，由于它制作工艺独特，数量稀少，制作时间长，技艺

精湛，具有穿着滑爽、易洗、快干、耐脏、凉快、除菌、驱虫等特点，且对皮肤具有保健作用，风靡岭南，深受喜爱，过去被称为“软黄金”。

数百年来，薯莨纱一直由民间手工生产，我国第一个工厂化生产云纱的企业是广东佛山的公记隆丝织厂。从20世纪30年代末开始，一直到90年代初，薯莨纱都是该厂出口创汇的传统产品，销售对象主要是泰国、越南、新加坡、马来西亚等东南亚国家的华人、华侨。新中国成立后曾根据不同的绸坯分别称其为香云纱（纱组织）、薯莨绸（平纹组织）。其后由于晒莨所用的绸坯种类的不断发展，故而统称为莨纱绸或云纱。

薯莨纱实际上是一种经过表面涂层处理的布料，这种涂料来源于一种叫薯蓣科山薯莨的野生薯类植物的汁液。岭南人使用山薯莨汁来染织物由来已久，北宋科学家沈括的《梦溪笔谈》中记载：“《本草》所论赭魁（即薯莨），皆未详审。今赭魁南中极多，肤黑肌赤，似何首乌。切破，其中赤白理如槟榔。有汁赤如赭，南人以染皮制靴。”山薯莨的外观与大芋头十分相近，是加工薯莨纱的主要材料。

加工薯莨纱，虽然技术含量不高，但工序烦琐复杂。薯莨纱是生织的全真丝提花绞纱织物，坯绸加工时，将山薯莨的汁水作为天然染料，对坯绸多次浸染洗晒，反复几十次，染成棕黄色的半成品后，再拿富含铁质的黑色塘泥对其单面涂抹，并放到烈日下曝晒，待泥质中的铁离子和其他生物化学成分与薯莨汁中的鞣酸充分反应，生成了黑色的鞣酸亚铁之后，抖脱塘泥，清洗干净，就成了面黑里黄、油光闪烁的薯莨纱。

必要劳动时间决定商品的价值，凝聚在薯莨纱的必要劳动时间往往比一般的布料高出许多，加上其良好面料具备较高的使用价值，因此价格比较昂贵。在当时的布料市场中，薯莨纱成为“宠儿”。新中国成立前，能够穿云纱的只有朱门大户人家，在20世纪的五六十年代，能穿上一件耀眼薯莨纱衫的人，必定是有头有脸的“绅士”。

随着岁月的流逝，各类新型纺织纤维和纺织产品不断发展涌现，薯莨纱早已在市场上绝迹，我们只能偶尔在如《南海潮》、《红色娘子军》等老电影中才能看到它的身影。

（六）薯莨衣

薯莨衣由薯莨布做成，上了年纪的博罗人都认识它，它同“薯莨纱”（云纱）都是用薯莨汁染制的布（沙）料制成的。但是，两者有着根本性的差别。

首先是布料不同，薯莨纱用的是坯绸——一种全真丝提花绞纱织物，薯莨布则用粗厚白棉纱布为料。其次是加工方法不同，薯莨纱加工方法比较复杂，是民间手工生产；薯莨布的加工方法相当简单，用现代语来说，是粗放型的手工操作。显然，两者的使用价值不一样，薯莨纱穿起来高雅，为“绅士”所享用；薯莨布则是棉布染上颜色而已，为平民百姓所使用。尽管薯莨纱华丽、高贵，但是，薯莨布以实用耐穿、价格便宜等显著的“平民”特色，受使用者喜爱。

薯莨布的染料与薯莨纱相同，就是薯莨。清李调元的《南越笔记》中记载：“薯莨，产江北者良。其白者不中用，用必以红。红者多胶液，渔人以染罛罾，使苧麻爽劲，既利水，又耐咸潮，不易腐。”由此可知，清代中期以前的岭南渔民，已经懂得用薯莨胶液染制网具。

薯莨，是一种植物的块茎，状如芋头，劈碎后，其液体呈橙红色，有胶质，渔民用来染网料，用它染过的网，有硬度，耐磨损。用薯莨染布料做衣服，不但耐穿，而且爽身。

过去，博罗西部的龙溪、园州、石湾等地势低洼，河涌交错，湖泊众多，因此，养鱼业甚旺。那时捕鱼的网具都是用苎麻线编织而成，为了延长网具的使用寿命，养鱼者用薯莨汁浸染渔网，使渔网“麻爽劲，既利水……不易腐”，以节约成本。与此同时，薯莨布也在染渔网的过程中“诞生”了。乡里人在染网的时候，往往买一些白棉纱布或白棉纱布成衣，混同渔网“一锅染”。

染渔网的过程，是纯手工操作的。先将薯莨砸碎，用脚躏踏，放水搅拌，制成“生莨水”。将渔网、白布放进“生莨水”浸透，捞起铺在草地晒干，干了又浸，浸了又干，反复十多次，再用大木甑蒸五小时，然后利用蒸镬中的“熟莨水”浸泡，浸“熟莨水”后再晒一次，这叫作晒熟水。之后还要浸“生莨水”两次后晒干。太阳西下后，将晒干的莨布铺在草地“摊雾”，第二天，复晒一次，再用大木甑蒸五小时，蒸成荔枝核似的深红色（俗称“荔枝红”），便是成品。

如今，渔网的编织已采用机械化生产，苎麻线渔网已经由尼龙网代替，苎麻线渔网已经不见了，现在很多的年轻人已经不知道了。那些与渔网“一锅染”的薯莨布亦无影无踪，但是，身穿“荔枝红”农夫的影子，还留在人们的心中。

（七）畲族服饰

畲族的传统服饰衣料多为自织的麻布，具有鲜明的民族风格，且斑斓绚丽、丰富多彩。

畲族妇女的服装有黑、蓝两色，黑色居多，以象征万事如意的“凤凰装”最具特色，即在服饰和围裙上刺绣各种彩色花纹。衣服是右开襟，衣领、袖口、右襟多镶有彩色花边。腰系一条一尺多宽的围裙，腰间还束一条花腰带，亦叫合手巾带，宽四厘米，长一米余，上面有各种装饰花纹，也有腰带绣上“百年好合”、“五世其昌”等吉祥的语句。畲族女子与男子一样上山下地劳动，袖和裤管大而短，免得干活时卷袖、卷裤管。已婚女子在劳动时，腰系土织的粗布“拦腰”（用一块布拦系在腰间），头裹白毛巾。

男子的服饰要简单一些，大多穿对襟、青黑或蓝色的大襟布衫，夏天穿的大襟麻布衫，耐汗、耐磨、通风透气性能好，其款式为对襟、无领，用蓝布镶领。冬天畲族男子穿的大襟布衫，多用棉布缝制，故又称棉布衫。由于长期以来与汉族杂居，畲族男子的传统服装现在很少有人穿了，适逢节庆他们穿的服装的颜色多为黄、灰色调，装束已与汉族没有什么差别。

二、服饰

（一）围身裙

在博罗乡下有许多妇女，无论是参与“田头地尾”、“灶头锅尾”活动，还是干其他活儿，总爱把一条围裙扎在腰间。这种围裙色彩简洁、轻盈实用、美观大方，成为农村妇女服饰中的重要组成部分。

围身裙，又叫围兜、围裙，按各人胸围尺寸，用蓝或黑布制成。最初的围身裙只是一块方布，到后来多呈古钟形，上罩胸，下掩腹。围身裙上端两角连缀布带，用于套挂颈上。围裙左右各钉上一条两指宽的“裙带”，穿戴的时候在背后打一个大蝴蝶结，并垂下两条飘带，围裙紧紧捆在腰间，所以叫“围身裙”。

围身裙的作用有多种：一是装饰服装，围身裙紧紧围住上身，既展示优雅秀气、容姿俏丽，又显得凝重深沉、庄严朴实；二是方便干活，胸前系上围身裙，显得干脆利索、潇洒自如、无拘无束；三是“屏蔽”，遮盖上衣，以免弄脏，亦可扫尘、擦手；四是遮羞，围身裙因上可“罩胸”，下能“掩腹”，是刚发育的女性和孕妇天然的掩饰物；五是可作“头帕”，围身裙当作“头帕”包扎在头上，就似一顶特制的帽子，可挡风御寒；六是可作手巾包东西，一物多用。

过去，乡下的妇女每人都有几条围身裙，尤其是青年妇女，不但将围裙加上绣花边，更配上各种颜色的毛线花带作为系带，将生活中的美丽和自由在围身裙中幻化出来，丰富了妇女的服饰文化色彩。

随着时间的流逝，围裙当然也在悄悄地发生着变化。如今，防水面料制成的围裙、防辐射的围裙等在市场上应有尽有。女人们再也不需要用围裙来装饰那单调的服装了。然而，在乡下的一些村庄，一些传统的老人或妇女依旧习惯穿着五彩缤纷的围裙，在她们看来，围裙是她们每天必需的装饰品，穿上了它，劳作的时候心里就会觉得踏实点。

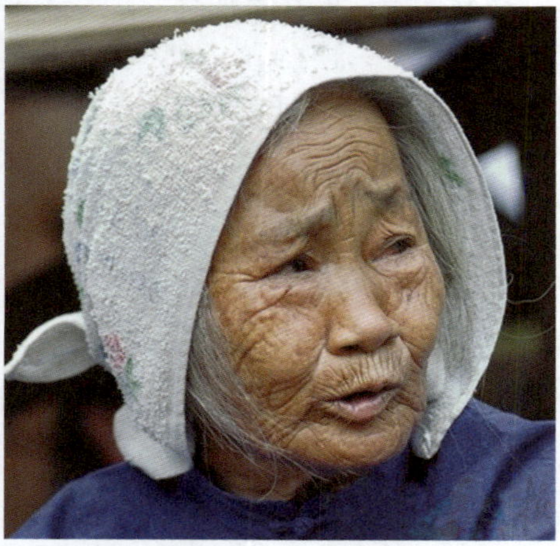

（二）头帕

帕字从巾从白。“巾”指“一块布”，“白”指“空白”。“巾”和“白”连起来表示“一块包裹布”。头帕，顾名思义，是用来裹头的布。

帕，分两种。一种是手巾（汗巾），乡下人称为“手帕”，是每个妇人都随身携带的；另一种是指妇女用的“头巾”，俗称“冬头帕”（戴头帕）。

妇女的头帕主要用途有：一是保护头发，二是保暖，三是扮美。

传说，古时乡里人多是聚居在山野，有的将茅棚搭在半山腰，有的将泥房建于山里。开门见树，女人因为常在山路上行走，所以难免被树枝勾乱头发。若要进山砍柴，就更不用说了。于是，妇女为了护住头发，就在头上裹一块方巾。乡里人从相对开阔干燥的北方平原迁移至多雨潮湿的南方，为了御寒防湿，头巾更加成了服饰中不可缺少的内容。头帕，既能保护头发，又能保暖，看上去还挺美，是乡民风俗中典型的饰物象征，是服饰的一个重要组成部分。即使是在时尚的今天，客家妇女中还有相当一部分依然传承着这一风俗。

别瞧头帕就那么一块方布，裹在头上却别有一番风味。在女人中，戴头帕的多为已婚妇女，她们的“头帕”一般是蓝布做的，老年人多用黑布，而未婚姑娘是从不敢将它裹在头上的。但也有例外，未婚姑娘所戴的头帕，一般绣有花纹图案，显得别有韵味。女子出嫁也颇为隆重和讲究，而其中一项就是“戴头帕”，娘家会买上一条头帕作为嫁妆，用来盖在女儿的头上。头帕一般是方形的，为艳丽的红色，象征吉祥和喜悦。出阁前，新娘子穿好新衣裳，由婶婶帮她梳好头，盖上头帕，方可由新郎官接去。婚后，女子会把红头帕洗涤好，珍藏在箱底，定时晾晒，因为这红头帕也是爱情的见证。

旧时，寒冷的冬天，贫穷家庭的孩子买不起围巾，孩子的妈妈就会毫不犹豫地把珍藏在箱底的红头帕拿出来给孩子围上，这时红头帕便成了孩子避风御寒的围巾。直到孩子长大，不愿再戴这红头帕，客家女人才会把这“宝贝”重新压到箱底。

岁月漫漫，当年的出嫁女熬成了老太婆，红头帕又成为乡里女人抚今追昔的物品。爱靓的女人除了定时晾晒，偶尔也会在寒冷的冬天扎在头上，颜色还是那样鲜艳，人们远远地看见了这大红盖头，还以为又是哪家女子出嫁呢！

随着社会的不断发展，头帕已逐步被色彩较为鲜艳的围巾或其他更美的样式所替代，品种也更为多样。

（三）油纸伞

中国制伞历史悠久，最早的伞由鲁班之妻云氏发明。春秋末年，中国古代著名木工师傅鲁班常在野外作业，若遇下雨，常被淋湿。鲁班妻子云氏想做一种能遮雨的东西，于是她就把竹子劈成细条，在细条上蒙上兽皮，样子像“亭子”，收拢如棍，张开如盖，这就是最早的雨伞。东汉蔡伦发明纸以后，出现了在伞纸上刷桐油用来防水的油纸伞，文人雅士亦会在上油前在伞面上题诗作画，以遣情怀。宋时被称为绿油纸伞。以后历代均有改进，最后形成今天的大众用品。

油纸伞是中华民族传统的日用雨伞，已有1 000多年的使用历史。以手工削制的竹条做伞架，以涂刷天然防水桐油的皮棉纸做伞面，油纸伞是世界上最早的雨伞，纯手工制成，全部取材于天然，是中国古人智慧的结晶。

油纸伞在唐朝传至日本、朝鲜。日本早期将油纸伞称为“唐伞”。油纸伞传至亚洲其他地区如越南、泰国、老挝等地后，又结合了当地的文化，有了各自的风格和名称。明朝《天工开物》提到：“凡糊雨伞与油扇，皆用小皮纸。”沈括《梦溪笔谈》也提到：“以新赤油伞，日中覆之。”伞面上往往涂各种颜色，描绘各种图案花样，有淡雅的绿、娇羞的粉、梦幻的紫和忧郁的蓝……

油纸伞因其历史悠久、古典怀旧、内涵丰富、寓意吉祥，深受人们的喜爱。油纸伞的文化内涵主要表现在：

其一，代表多子、多福。油纸与“有子”音近；伞架为“人”字形（由几十个人字形状组成）；伞字繁体是“傘”，从繁体字的角度来看，是人字头下面四个“人”字，自古寓意“五子登科”。

其二，代表平安、前程似锦。伞骨为竹，竹报平安，寓意“节节高升”。

其三，代表圆满。伞形为圆，寓意“美满、团圆、平安”。

油纸伞虽然是纸做的，但有着现代的很多雨伞所不可比拟的优点。雨天撑着现在那些精巧的雨伞，雨水会经过伞蓬飘下来，就是一个人撑着也捉襟见肘、顾此失彼，可是在一把油纸伞下伫立两个人都是绰绰有余的。

油纸伞虽然美观大方、含义深刻，但对于“足蒸水土汽，背炙炎天光”的农夫来说，只能是一种奢望。而对于那些教书先生来说，油纸伞似乎是他们身份的另一种标志。

在博罗地区，有一个习俗，就是赶考或做官上任，背上包袱里除书本外，一定会带上一把红油纸伞，即“包袱伞”，又称“保福伞”，寓意仕途平安。

（四）凉帽

20世纪80年代以前，走在乡间的村落街巷、田间地头或圩市，一道独特而又亮丽的人文风景进入眼帘。无论是年长还是年轻的妇女都头戴一种独特别致的帽子，它外形颇似竹编平坦的米筛，中间开了个圆圈，帽檐缝上四寸宽的柔软绸布和花穗，有黑色的，有蓝色的，有白色的，还有花色的，远远望去，像是一朵朵美丽的鲜花。更有意思的是，年轻未婚的姑娘们还在垂布的两端垂挂着两条五颜六色的彩带。因此，是否挂有彩带便成了判断客家姑娘是否有婆家的标志。这种帽子，不论阳光从何方射来，都照不到脸上，缀布飘动时，还有微风拂面，凉爽惬意。所以，当地人都习惯称它为“凉帽”。

相传乡间妇女戴凉帽的习俗，始于宋末。当时，博罗人的祖先从中原辗转南迁，在这里开荒种地，寻求生存。在北方，男耕女织，女子很少抛头露面。到了南方，这些传统的生活方式已经没法继续下去了，妇女亦和男人一样耕作劳动、上山下田、赴圩探访。但是，在那个时候妇女走出深闺、抛头露面是有伤风化的，于是，这些妇女就想出了个办法：在男人们戴的头笠上罩上一块黑布，以遮住自己的面孔，只留两个洞，以通视线，自己可以看清别人，别人却看不清自己的面目。后来，大家感到这样不太方便，有人便把布剪短，把它缝在斗笠边沿四周垂挂，成为今天妇女长期喜用的凉帽，布的花色任人选配。再到了后来，作了进一步改良。凉帽由帽簿、帽帘和帽穗组成，颇似竹织平扁的“米筛”，黑色的帽帘自然地围着帽檐垂下来，既能遮羞挡风，又可遮阴挡阳，两全其美，美观朴素，飘逸大方，英姿飒爽。

凉帽自然是妇女的专利，男人是不戴的。而且，从她们的帽穗颜色可分出她们已婚或未婚。未婚女孩的凉帽花穗都是白色的，已婚少妇的花带、花穗是红色的，中老年妇女都用青色、黑色或红绿黑杂色。各种花穗给爱美的女人送去了生活的快乐，也显示出旧时罗浮山女人生活的社会特征。

凉帽在博罗民间的盛行，加速了凉帽手工艺制作的进程。20世纪60年代，在惠阳、东莞、博罗等地，凉帽手工艺制作在民间热火朝天地展开，一大批经验丰富的老师傅开办作坊，加工制造，他们不断革故创新，变化款式、花样，将岭南文化编织在凉帽上，如大富大贵、大吉大利、大红灯笼、大红喜字等。博罗山人制作的凉帽手工艺精湛，美观大方，深受岭南妇人喜爱。凉帽不知不觉在那个年代成为罗浮经典式的文化符号。

博罗乡间妇女凉帽非常有地方特色，是当地先人的创造发明，对研究博罗妇女摒弃“女人不抛头露面”的古中原遗风，体现女性美感和韵味，具有一定的参考价值和审美价值。

（五）耳环

耳环，自古以来，男女都戴。近代后，还是女性戴得比较多。

戴耳环由来已久。自古至今，从占卜守护到祛病除邪，从追求睿智到追逐时尚，从控制“卑贱奴隶”到争做新潮女性又到打扮成时尚男性，耳环历尽亘古，跨越时空，不断地发出熠熠光芒。

耳环的由来有一个美丽的传说。

相传古代有一位姑娘，长得十分水灵，蚕眉凤眼，明眸皓齿。她不但人长得漂亮，还做的一手好针线活，织布纺线，描龙绣花，样样精通。这样才貌双全的姑娘自是人见人爱、谁见谁夸。天有不测风云，人有旦夕祸福。就在姑娘花一样年纪的时候，不幸得了严重的眼病，双目失明。村里的人知道以后都为她四处奔走，寻找名医。一天，来了一位名医，在征得姑娘的同意后，拿起闪闪发光的银针在她两侧耳垂中各刺一银针后，奇迹出现了，姑娘重见光明。正当人们惊喜交集之际，这位“神医”没有留下姓名悄悄地走了。后来，姑娘为了纪念这位技术高明、不求名利的“神医”，请银匠精制一对耳环戴在耳上，以示永不忘记名医之恩。姑娘戴上银耳环后，更加眉清目秀，她逢人便传诵名医的声名。穿耳戴环能明目的奇迹相继传开以后，许多姑娘和妇女都纷纷穿耳戴环，并流传至今，成为一种民间习俗。

耳环，是妇女头饰中不可缺少的一部分。女孩子早在七八岁时就要穿耳（打耳洞），长者先用手指在耳垂上反复揉搓，使之麻木，然后用针尖穿透，贯一通草或丝线，几天后形成小孔即可戴耳环。耳环有两种：一种是环式；一种是坠子式。孩子或姑娘戴的一般是环式，结婚后则戴上坠子式的。耳环有锡耳环、铜耳环、银耳环和金耳环之分，过去，小孩戴的都是铜耳环，长大了戴银耳环或金耳环，结婚时，由母亲打（买）一双金耳环作为嫁妆。

耳环在一定程度上可显示出某种风俗、信仰、地位和财富等。以往在罗浮民间，妇女穿耳戴金、银耳环成风，富裕人家多戴金、白金、玉等耳环，贫穷者也戴银、锡耳环，或铜制镀金耳环。

“一个女人的耳环，可以折射出她的灵魂。”这是歌剧《阿丽亚娜》中第二幕女主角咏叹调最出彩的部分。是的，随着时代的变迁，耳环迷蒙中蕴含着些许的神秘。在一个女子的一生中，它总是扮演着浓墨重彩的角色。而那些美轮美奂的耳环，也因为女人的青睐，而成为人生大戏中最炫目的注解。

而现在，上流社会也逐渐接受了男人戴耳环，如职业运动员们或影视明星，也会公开地在耳垂上点缀一颗亮晶晶的钻石耳环。这似乎证明，男性也有权像女性一样精心装扮自己。

（六）木屐

木屐，顾名思义，是用木制成，让人穿在脚上行走的，其用途相当于现代的凉鞋。木屐，北方人叫“嘎拉板”，罗浮人叫“屐”。

木屐，由来甚古。从一句唐诗“脚著谢公屐，身登青云梯”与一句宋词“应怜屐齿印苍台”，就可以知道木屐的悠久历史了。直到清代，木屐照样盛行。多情公子贾宝玉就常常穿木屐，通常是在下雨、下雪时当套鞋用。

唐刘恂撰的《岭表录异》中记载：“枹木产江溪中，叶细如桧，身坚类柏，惟根软不胜刀锯。今潮、循人多用其根，刳而为屐。”这表明潮汕、循州（龙川）在唐代就已有木屐之俗。

同样，与潮汕、循州毗邻的博罗人亦喜穿木屐，即使是富裕人家，除探亲访友及逢年过节穿鞋子外，平时也穿木屐。老百姓则不分男女老幼，白天都光着脚板，晚上洗澡后便穿木屐。

木屐需用密度稠、硬度强、纹理幼的白花木、黄桑木、泡桐木、栀木、鸭脚木、苦楝木等制成。那时候，博罗地区大小圩镇及农村都有制作木屐的工场，市场木屐店多过米铺，比比皆是。古时，木屐不分左右脚，称为“正脚屐”，用棕绳结网做“屐耳”，这种屐又高又宽，非常笨重。后来，橡胶进入中国，橡胶皮逐渐代替了棕绳网。此后，用橡胶皮作屐耳的木屐，皆由大变小，由高变矮，由重变轻。又后来，为了穿着舒适，木屐分左右脚，还有素屐和花屐两种，素屐是不上油彩的，花屐即在木屐板上漆、绘花，色彩绚丽。男人多穿白坯屐，女人多穿油漆红皮屐。木屐有平跟的，也有高跟的，任人选择。

在礼俗上，有很多时候都要用到木屐，因此，木屐又分喜屐、寿屐和礼屐。例如，女儿出嫁除送妆盒外，还有送伴嫁鞋屐的习俗，但伴嫁木屐必定要涂上鲜艳的颜色，绘上鸳鸯戏水、并蒂莲花、仙姬送子等画面，以祈夫妻恩爱、早得贵子。新娘穿着木屐，在“送嫁婆”的搀扶下把新房门前的龙眼干一颗颗踩碎，才能进入新房，表示消灾祛邪。婚后第二年，丈夫过生日，女方父母要送木屐给女婿。如果家里去世的老人做“百日”时，老人的直属要给去世的老人的女儿、女婿、孙女、孙婿各送上一双木屐（木屐头尾涂上红色），这叫礼屐，以表示富贵长青、兴旺发达、子孙满堂之意。

由于穿着木屐行走时会发出强烈的声响，给人们生活带来很大的噪音，加上 20 世纪 70 年代塑料拖鞋普遍出现之后，木屐被逐渐淘汰，屐店成了鞋铺。同时，所有围绕木屐而流行的礼俗，也逐渐销声匿迹，或被新的文明礼仪所代替，或换了“行头”，即使仍然还有一些习俗带有迷信色彩，但纵观其貌，毕竟还是渗透着民族文化因素的。

（七）水布

水布，也称“水闷”（音）或“汤布”，是东江沿岸农民曾经用来围腰的粗布，“福佬”地区最多。水布一般长三到五尺，多为白色、蓝色。其特点是薄而柔软，通透性好，吸水后易拧干，既大方又简便，而且价格低廉，普通老百姓均有能力购买。

博罗沿江地区雨量充沛，江河交错，种水稻，兴渔业，农民田间劳动常遇雨涉水或与泥巴打交道，小小的一条水布，给人带来很多方便。在过去，五尺的水布，是农村青壮年劳动力的必需品。

水布具有多种功能：挑担子时，捆扎腰间可增添腰力，飘洒轻盈；下田驶牛围于腰下可不穿裤子，通风透气；下河洗澡可作浴巾，更换裤子遮羞；扎于头上可作头巾，挡风避雨；田头树下休息，可作席而卧；上市买东西可以包扎物品，方便携带；还可作背带条背婴儿，安全牢靠。

由于农民生活水平的不断提高和生活方式的转变，农村人已不再用水布了。

（八）银簪

头髻是妇女的一种头饰。在她们还是姑娘的时候，一般都留长发，在脑后结个单辫，系上红头绳。一旦出嫁成了小媳妇后，就必须盘发髻。之后，盘发髻就成了已婚妇女“梳妆”的主要内容。手势灵巧的女人，能梳出许多形态各异的发髻，诸如盘龙髻、鸳鸯髻、栖鸭髻、如意髻……再插以金钗玉簪，一方面显示身份尊卑；一方面用作妆饰，取悦男子。

盘发髻，也称盘头，其“工程”不算复杂，但也要讲究些方法。初学盘发髻者，首先请别人帮教，熟练后即自己“梳妆”。其方法大致如下：先把头发扎成马尾状梳拢于后脑，将头发卷紧，向左、向下绕，在脑后盘桓成一个圆的发结——头髻，然后将发尾塞进盘好的髻中，最后再用一根银簪横穿而过，将发髻固定。在髻中插以各种金玉簪钗、犀角梳篱等头饰，显得干练持重。

妇人头上的髻，在后脑高高地翘起，犹如一朵彩云，即所谓的“髻挽巫山一段云”。有钱的妇女插饰金凤珠钗，“金银珠翠插满头”。一般妇女若买不起金银珠饰，就插上各种鲜花，使其与发髻交相辉映，惹人喜爱。

妇人头髻的装饰物，最重要的是“头簪”——别住发髻的一件条状物。簪是由笄发展而来的，是古人用来固定发髻的长针，可用金属、骨头、玉石等制成，后来专指妇女绾髻的首饰。在乡间，凡是上了年纪梳盘头髻的妇女，在脑后盘结的发髻上，至今仍然保留着插上一支银簪的习俗。

银簪，一般都是由白银精制而成。银髻均为刀型，长约 8 厘米，中间窄，两头稍大，末端尖利，且雕有细腻的花纹图案，精巧玲珑，十分雅观。

银髻，它不仅是农家妇女的一种头饰品，而且是一种可以用来防身护体的“秘密”武器。旧时候，社会环境较差，农家妇女经常遭受流寇、土匪的欺凌，为了防身自卫，便开始随身携带一些短小锋利的铁器，以便在遭到突然袭击时自卫。为了携带方便，又把这种小巧玲珑的小铁器加以改进制作，把它插在自己脑后的发髻上，表面上是用来束发，实际上是一种防身的自卫用具。这种铁器制作的发簪，后来才逐步演变为用白银制作，故妇女称它为“银簪”。

银簪不仅可以防卫，还可用来治病：一是凡遇昏阙者，用银簪斜刺患者的人中穴，可使患者苏醒；二是遇头痛脑热等疾病，用熟鸡蛋白与银簪用布包在一起，趁热在患者身上来回擦拭，据说疗效甚佳，历史相传，沿用至今；三是当姑娘要出嫁时，做娘的总要送一支银髻给女儿，并再三叮嘱女儿，在房事时如遇新郎出现“暴脱症”（男性控制不住精液），可取银簪向男方尾椎骨处重刺一针，据说也很奏效，所以，这根银簪又称“鸳鸯簪”；四是如被毒蛇咬伤，用银簪刺蛇咬伤处，挤出毒血，防止蛇毒入心。银簪还有一些特殊的用处，兼作剔牙、抓痒、掏耳等。

不过，在现代的年轻妇女中，出于爱美、方便等缘故，大都把头发剪成运动型或学生型——齐耳短发。即使有些妇女留着长发，也很少有人把头发盘髻起来，更不用说去插上一支银簪了。

三、其他

男人刮脸剃须不足为奇，而女人刮脸恐怕就是大奇闻了。可是，过去博罗地区的妇女就要刮脸，她们刮脸不是用剃须刀，而是用线“挽脸”。博罗方言“挽”是“拔”的意思。挽脸，就是用绞织的办法，把脸上的汗毛拔掉，使面容光彩照人。

挽脸，是一种用纱线拔除脸上汗毛的古老的美容方法，其操作是：首先将脸部擦洗干净，让毛根显露，再在脸上薄薄地施上一层贝壳灰，以使毛身粗糙；然后，挽脸者用两尺长的麻线对折，一头用牙齿紧紧咬住，一头用右手拈着，对折交叉处用左手的食指和拇指把线绕几圈，捏住线头，约呈90°角，形同一把剪子，把左手绕线的圈子贴在姑娘脸上，右手拉动线头，让线似剪子的剪口把脸毛夹住，通过翻、滚、夹、拔、拉等不同的动作，把脸上的汗毛夹住拉出，不用20分钟，大功告成。

挽脸并非轻松愉悦之事，把汗毛从肉里绞出来，其实是很痛的，尤其是才十几岁的女子，皮肤娇嫩，经一番折磨，疼痛难受，眼角都挤出泪来。虽然有疼痛，还会弄得红肿不堪，可是，对等待“脸如芙蓉眉如柳”的姑娘来说，这点“牺牲”又有何碍？据当地妇女们说，采用这种古老奇特的美容法，有很多好处：

一是去毛效果好。挽脸不仅仅省钱，而且比用剃刀要好。虽然挽脸类似男人刮脸，但其效果截然不同。刮脸是斩断汗毛，越刮长得越快，越刮越粗，挽脸即斩“草”除根，延缓汗毛再生。

二是美白效果好。挽脸不但实现它本身的“脱毛”美容，不会损伤皮肤，而且能去角质、粉刺，使脸部细嫩明亮，并减少皱纹的产生。

三是理疗保健。通过翻、滚、夹、拔、拉等挽脸动作，有按摩、舒经活络的作用。

在博罗还流传一首方言谜语：“四目相看，四脚相撞，一个咬耳根，一个脸皮痛，拔去多余换清秀。”这是多么形象生动啊！

新中国成立前，待字闺中的姑娘一般是不挽脸的。姑娘要出嫁了，必须“挽脸”美容。每当相亲合意，出嫁前夕，新娘请村里的“好命婆”或“好命嫂”（四世同堂的中年妇女）来梳妆打扮，把原来的发型改为新娘发型，插上各种钗钿，打扮得漂漂亮亮，然后“挽脸”，用线夹面颊上的“东瓜毛”，意为让新娘“别开生面”，并祝福其婚姻美满，最后涂擦胭脂。当地人习惯称没有出嫁的闺女为“精妹子”，而经过挽脸后，就意味着她成为正式的新娘。

新中国成立后，挽脸不再是出嫁姑娘的“专利”了。爱漂亮的姑娘、少妇，甚至老妇，都喜欢挽脸，挽脸成为她们业余的“必修课”。每隔一两个月就要挽脸一次。每逢假日、雨天，在村头巷尾，在檐边树荫下，那些穿着色彩缤纷衣裳的姑娘、妇女聚集一起，或一对一，或三五成群，在轮流“挽脸”。这种从远古传来的美容方式，默默地浸润在宁静的乡村中，依然如故。

第四篇
饮食民俗

博罗地域广阔，人口众多，风俗各异，各地的饮食习俗大都具有本地的特点。这种特点的形成既与当地的自然地理环境、气候、物产和生活方式相关，也与不同民系之间的文化交流和相互影响有关。自然环境、气候和物产的差异，往往导致饮食的原始结构和制作技术的不同；各地饮食习俗的交流，则促进了当地饮食习俗文化的发展，从而在漫长的历史长河中，形成罗浮各具特色且丰富多彩的饮食文化习俗。

一、传统年糕

旧时，每到过年前夕，家中的女人们便围在一起做着各式各样的年果，而嘴馋的小孩们总不免手抓一把刚出炉的年食，边吃边玩，奔跑声、笑骂声，甚是热闹。

（一）米饼

在博罗西部的龙溪、园州、石湾等地，有一个古老的传统：每逢春节，家家都要打米饼，以其作为应节食品。

米饼指炒米饼，俗称“硬饼”。一个小小的炒米饼，它的制作工序一点都不少。首先把大米放在锅里炒熟，透凉后用石磨磨成米粉待用。做饼时，先将红糖放在陶盆里，加适量的冷开水搅拌研匀成糖浆，随后把炒米粉与糖浆混合揉成“饼团”，随即把一定分量的饼团装到饼印（特制的木饼模）上，用手压实，用小木槌敲打至坚实，再把饼印反过来，用木槌将饼坯从饼印中敲到竹箕或锅上，用木炭或柴火把它烘干，凉透之后放置在陶瓷缸

里密封储存。值得注意的是搅拌时对糖和水的控制，糖和水不能太多，多了就使饼子湿，不易烤干，而且硬；少了就使得饼子松散，没有凝聚力。

春节将至，每到晚饭后，全家总动员，家家打米饼，“嗑嗑嗑嗑”的声音在村中街头回响，仿佛是迎接新年的交响乐，别有一番趣味。新中国成立前，贫苦人家喜欢把饼敲打和烤得很硬，叫作“打死狗”，吃饼时要在硬的桌面或石头上把它砸碎成小块，一小块一小块地慢慢吃，半天吃不完一个。存起来的饼能吃很久，有的到六七月份双夏大忙时还可带几个到田头作小餐。

博罗米饼分为糯米饼和黏米饼，或半糯米半黏米饼。糯米饼松软，黏米饼硬实，各家根据口味和经济状况定做。全黏米饼坚硬无比，咬起来很费力气，颇为考验牙齿的坚实程度。在做黏米饼时加点糯米，就不会太硬了，只是存放的时间会变短。饼里还可以加入各种配料，比如芝麻、花生等。

博罗米饼不仅讲究饼的味道，而且讲求饼面上的花式。常印有“福”、“禄”、“寿”、“喜”等单字，也有“恭喜发财”、“吉祥平安”、“福星高照”之类的吉祥语，配着大朵的富贵菊或荷花，让人越看越喜欢。

米饼是春节亲友相馈赠的礼品，也是孩子们主要的应节零食，又是来年春耕田头的早点。富裕人家往往要用一两担米做米饼，一般人家也要用三十几斤米。改革开放后，群众生活改善，人们趋向高级糖果饼食。炒米饼这种“土饼点”已不再受孩子们欢迎，春节打米饼的传统习俗渐渐被冷落。

（二）米橙

米橙，是博罗人过年的特产，味道香甜爽口。每年农历十二月下旬开始，家家户户便着手打米橙，以其作为春节接待亲戚朋友的必备食品。

米橙，也称米糕，类似花生糖糕。做法有两种：一种是“扁米”（糯米饭干）橙，做法是：把糯米饭晒干，加入高温的河沙，混合爆炒膨胀成米花后，用筛子把沙子筛掉，然后混合花生米、黑芝麻，用熬成糊状的糖胶掺和，起锅放在平底圆形竹筐或木板上，再趁热用一个空玻璃瓶用力把它压平；稍为冷却后，用根长木块轻轻压在上面，再用菜刀横直切成小方块，凉透之后放置在陶瓷缸里密封储存。其中，扁米必须在冬至前晒好储存起来备用，糯米要纯，尽量不要掺杂粳米（黏米）。扁米储存的地方不要让酒气渗入，否则，米橙就容易松散，打不成功。

另一种是“爆米花”橙，制作方法比较复杂，也相当讲究速度。年终岁末的时候，总能见到做爆米花糕的手艺人游走在乡村里。清冽的空气中弥散着一缕缕爆米花的芳香，带着一丝丝似有若无的甜味儿。手艺人支起爆米花机，摇动着手柄，掌握着火侯，把握着米的成熟，“砰”的一声，魔术般的奇迹展现在人们的眼前，白雾从干瘪的麻袋中冲出，少量的米粒变成雪花般的一大篓，手艺人将爆米花倒进一个长方形盒里，与煮好的糖浆相拌，翻搅多遍，均匀了，抹平切块，横三竖四，冷却便成了香甜脆口的爆米花糕。

打米橙的硬功夫是熔糖，要选质量好的黄片糖，放适量的水，熔至在清凉水里放一点糖浆就能形成珠子，再马上把炒好的米花倒进锅里搅拌，搅至“顶手”（搅不动了）就立即起锅展平。

好的米橙，香脆宜人，甜而不腻，回味悠长，风味独特，乃是春节期间款待客人及送礼佳品。制好的米糕，随时可作零食。把两块米糕放在碗中用开水一泡，很快就制成一碗米糕糖水，别有一种风味。至于制成的糯米饭干（扁米），加食糖后煲成扁米甜粥，比生糯米煲成甜粥更香甜可口。

（三）油角

油角，是过年必不可少的年货，不仅味道香脆可口，而且寓意丰富。过年了，开开油镬炸油角，希望来年的日子也像那只油镬似的——油油润润、富富足足。

从前，每逢过年，家家户户的主妇们都会搬出大铁锅，备好瓦缸、瓦罐，张罗着“开油镬”炸油角。炸好的油角以及其他年货都会在拜年的时候给亲友捎去，同时也比比各家的手艺。

因各人、各地的口味不同，所用原料也不尽相同，在博罗地区所炸的均为甜品油角。炸油角的制作工序稍为复杂，其工序有四：

第一，准备馅料：将熟花生打碎，芝麻炒香，与幼砂糖混匀待用。

第二，制作面皮：①将面皮的材料面粉、猪油、鸡蛋混合揉成面团（一般一斤面粉加2～3只鸡蛋，猪油加3两左右），饧30分钟；②把面团分成几等分，擀薄，用圆模印出圆形小块状。

第三，包油角：①取圆形小块面皮一张，放入适量的馅料；②两边对折，收好边；③用指甲沿边轻轻地锁边，捏成麻绳状。

第四，炸油角：把油加热到筷子放下去便会起泡时，才放油角下锅炸，转中火，炸时要轻轻翻动，以免炸焦，炸至金黄色，用笊篱捞起。

油角的制作过程和它的形象都有点像包饺子，故“油角”的传说也与饺子有关。据说，中原南迁的客家人将北方水饺的工艺带过来，在南粤渐渐演变成油炸的饺子，而饺子的“饺”与“角”同音，因此“饺”与“角”相同。

（四）糖环

在应节的食品当中，糖环大概是最为美观和吸引眼球的。它形状别致，外面像一个圆环，里面有的像五角星，有的像莲花，有的像梅花的小圆环。大环套小环，寓意环环相扣、心心相连、生生不息。

糖环是博罗著名的果品，也是春节不可缺少的“年果”之一，有着悠久的历史。据传，糖环是博罗先人南迁，由北方带来的食品。古时中原地区，糖环用面粉制作，后来到了岭南则改为糯米粉，放到油锅里炸至熟透后，呈金黄色，亦有黄金满屋的寓意。

糖环的制作并不复杂。首先，把砂糖和清水混合同煮溶备用；取适量的糯米粉倒在台板上，加入清水搓揉成粉团，再放入沸水中烫熟成“粉种”；接着，把余下的糯米粉倒在台板上，放入刚烫熟的“粉种”和浓糖浆一同搓匀，搓至粉团柔软适中，即可用以制糖环了。从“粉”到“环”的过程就是“割”：首先在糖环印（一种用厚木板制成的模具，头粗尾细，有个揸手的木柄，大头那边刻上一个圆环形状的通花图案，直径为2市寸，深度为2市分）上撒少许面粉作“焙”（撒上一些粉末，以免互相黏在一起）；然后在粉团中依次取出一小团，用力压在糖环印上；压平以后，右手拿薄刀在糖环模面轻轻切去多余的粉团，拿起木模，在台角轻轻一敲，木模内呈环形的粉团便会脱模而出，落在事先备好的箕内；全部生坯制成后，逐一放进煮沸的油锅中炸熟，在炸的过程中，要不断用竹筷把它翻动，以免炸焦。炸熟以后，即时进食特别香甜。

（五）糍粑

博罗客家地区至今有过年打糍粑之俗。

糍粑也称年糕，在过年的时候制作食用。年前制作糍粑是客家人几千年流传下来的习俗，具有浓厚的乡村风味。

打糍粑是春节前的一项重要活动。糍粑是由糯米蒸熟，再通过特质石材凹槽冲打而成的，手工打糍粑很费力，但是做出来的糍粑柔软细腻，味道极佳。

打糍粑看似简单，以为只要出点力就行，但在打之前，有好多工作要做。第一件要做的事就是淘洗糯米，把混合在糯米里的谷壳或沙子淘洗出来。接下来便是浸泡糯米，一般要浸泡24小时。打捞出来后，用一大块湿布包裹好，放进饭甑（山区居民用杉木做成的炊具，用其蒸出来的饭有种幽香味），再将整个饭甑置于大锅中，在锅内倒满冷水后，用猛火把它蒸熟成糯米饭，稍为冷却后放进石槽里进行捶打。

打糍粑一般由两个年轻体壮的男人来完成，各持一根木槌，分别在木槽（或者石臼）的一端，左右开弓，你一锤我一锤，你上我下，你左我右，木槌起舞，“嗨——哟！嗨——哟！”不一会，粒粒状的糯米饭变成了黏糊糊的白色“胶体”，绵软柔韧，“胶体”黏着木棒下端，难分难离，打糍粑的人就用一块竹板沾点水将糍粑分离，一槽糍粑就完成了。糍粑打好后，用手捏成月饼大小，即可蘸馅料吃。那光滑、雪白、圆满的糍粑，煞是好看，吃起来，细腻爽滑，香甜可口。

糍粑做好后，如露风摆放时间过久，容易变质，当地人就发明一种独特的储存方法：把暂时不吃的糍粑，全部放进水缸或木桶中，用冷水浸泡，俗称“水鼓糍”。糍粑越浸越硬，放置时间长达两个月之久，亦不会变质，但浸泡的水三两天便要换一次，保持洁净。待到需要食用时才将糍粑捞出来，质量完好如初，其外貌虽坚硬似铁饼，但经过蒸煎、烤熟以后，柔软可口，风味独特。糍粑除了作甜食外，有的人喜欢吃咸品的，可炒些腊肉、猪肉片、青菜等作菜肴，夹着糍粑一起进食，再喝上一口酒，另有一番风味。

糍粑最过瘾的吃法就是吃烤糍粑。冬日的山区阴寒潮湿，为了取暖，一般人家都会燃起火炉，大伙围坐一团，将糍粑放在火盆木炭上烤炙，糍粑在炭火中渐渐鼓胀，叽叽作响，表皮微微隆起后像个大包子，此时将表皮弄破，会有一股白气腾出，用口撕咬，外酥内软、外黄里白，其味醉人。

（六）红团

新年，是送旧迎新的节日，不管是在旧的一年中生活过得红火的，还是一般的、不如意的，都希望来年过得好，大家都想图个吉利，而“红”是吉利的象征，如贴春联、挂红灯、穿红衣等，当然一些年糕也会做成红的，红红的、圆圆的年糕寓意全家团团圆圆、大吉大利。于是，就有了过年做“红团”的习俗。尤其是在讲客家话和闽南话的地方，红团是春节必不可少的食品和供品。

红团由粉皮和馅料两部分构成。皮的一般原料是糯米粉，现代也有用面粉替代的，制作时先将糯米粉拌上红色食用色素，然后加入适量的温水，揉搓成团，再从中撮出一小部分，用手捏成薄饼状，就成了“红团皮”。馅一般有甜馅和咸馅两种。甜馅用白糖与熟芝麻、花生混合；咸馅用煮熟的眉豆或绿豆，加入调味料即可。制作时，用“皮”把“馅”包起来，或用手捏成椭圆形，在上方掐出一个小鸭嘴，或放入木质的模子（俗称红团印）内，印成上拱下平的球饼状红团。

制作好的红团用洗净的剪成圆形的榕树叶或芭蕉叶垫底，置入蒸笼内，用大火蒸。约20分钟后，打开蒸笼，红艳艳、香喷喷的红团就做好了。

做红团一般在农历年二十七、二十八两日内进行，除丧服未满的人家做白团外，家家户户都要做红团。因此，从做红团这天起，过年的气氛开始浓郁起来。

别看红团用料很普通，它可是一种品位极高的供品。除过年外，逢结婚、酬神等重大喜庆时也做红团。在这种情况下，红团不但是供品，而且是馈赠的礼品，当贺喜的亲戚朋友离开时，都要馈赠红团一双或两双，以示感谢，受礼者亦视此为吉祥物，乐意收下。

红团不但礼重，而且是一种可口的小吃。“红团”有着糯米独特的口感，令人口齿留香、回味无穷，特别是眉豆或绿豆馅的红团更香、更软。冷却后的红团表面硬邦邦的，只要稍微加热，马上变软，口感仍十分好。民间有句俗语：“红团眉豆馅，小吃当正餐。”

二、传统粄食

何谓粄？即大米制作的食品。

粄有百余种，常见的有艾粄、大笼粄、寿桃粄、发粄、松糕粄、水粄和仙人粄等。色彩缤纷的粄风味各异，或以香浓取胜，或以软韧诱人，或以甜嫩著称。粄不仅是博罗人的特色美食，也是博罗人的独特称谓。

疾风知劲草，苦难出英豪。博罗人是在不断的迁徙中聚集的，在离散与动荡中经风历雨，一步一步走到现在，一把辛酸泪无法道尽他们的苦难，但也正是这些难以想象的苦难，锻铸了他们卓越的品性，同时也造就了他们辉煌的饮食文化。粄食正是在生活滚打中，成为中国饮食文化中一朵永不凋谢的奇葩。

总体而言，博罗的“粄”源于与农耕有关的各种祭祀活动。我们的先民为了祈求神灵消灾赐福、风调雨顺，在农耕活动的各个重要时期和重大节日，都要向主宰的神祇膜拜许愿。而许愿时供奉的贡品，主要就是由大米制成的各种粿品，俗称“粄”。从“粄”的身上，我们可以看到食物如何通过烹调，完成从自然到文化的转化。

小小的粄食，形成了博罗人的风俗，满足了乡间人情感心理的需要，丰富了乡间生活，也丰富了乡间饮食文化。这些粄既是小食，也可作主食，尤其是在艰苦的岁月。有粄的时候，对田野劳作的乡间人而言，粄就成了他们随身携带的粮食。有些粄是素的，浑身带着青草的野气，比如清明粄；有些粄表面非常粗糙，就像乡间女人的手，比如敛粄，它寓意着乡间女人在艰苦的山区生活条件下，无怨无悔地从婆婆或亲娘手中将艰苦继承。粄食都是从艰苦岁月里走过来的，蕴含着拳拳亲情，包含着乡土的芳香，承载着乡间太多的历史，寄托着乡间太多美好的情感，同时又暗合着科学道理，可以令人益寿延年。

下面着重介绍几种常见的客家粄。

（一）清明粄

用艾草作为辅助原料而制成的米粄被称为艾粄。艾粄是清明节纪念先辈用的，是集山野之气汇聚而成的，所以又称清明粄。博罗客家人有句俗话："清明前后吃艾粄，一年四季不生病。"

每年清明节，博罗人的习俗是踏青、祭祀和采摘艾叶制作清明粄。小小清明粄摆在墓前，包含着后人祈求先人的佑护，祈求后人人丁兴旺、吉祥相伴、健康永存的心愿。小小清明粄是乡间人生命韧劲的象征，博罗精神的精髓通过一代代后人制作的清明粄而得到更好的传承与弘扬。

艾草性温、味苦、无毒，香气独特，散寒除湿、消肿散结，平喘、镇咳、祛痰、护肝、利胆。早在两千多年前，艾草就开始作为药草使用了，泡艾草茶、煮艾草汤、煲艾草粥，身体比较虚弱的人食之尤其滋补，可增强身体对疾病的抵抗能力。用艾草煮水洗澡，消毒止痒，令人神清气爽、精神百倍。在中医上，艾草常用作针灸之用，揉碎新鲜艾叶，敷在流血伤口处，还可及时止血和更快地愈合伤口。

关于艾粄的来由，博罗地区流传着另一个传说。太平天国年间，康王汪海洋为逃避清兵的追杀，逃到客家的一个村庄。他看见田地里有许多村民在务农，为躲避追兵，于是他下田装成一个农民弯腰插秧。当地的老农随手在田边抓了一把艾草与自家带来的粄揉在一起，丢到田上。康王猜到了他的用意，遂捡起来就塞进嘴里吃。清兵看见，以为他吃的是牛屎，只把他当成一个疯老农，没发现是康王，于是清兵走了，康王顺利逃过一劫。后来为纪念康王，客家人都在清明时节吃艾粄。艾粄呈青绿色，又俗称牛屎粄。客家地区有这样一说法，鬼是吃牛屎的，于是拿艾粄去祭祖拜山。另外，《本草纲目》里记载："艾以叶入药，性温、味苦、无毒、纯阳之性，具回阳、理气血、逐湿寒、止血安胎等功效。"艾草性温补，清明时节天气阴湿，吃艾草便可祛湿温补。艾草不但可以吃，也可以挂在门前避邪，用艾草来煮水给小孩子洗澡，还可预防生疮。

艾粄的原材料主要是以糯米为主，艾草适量，配之以馅料。制作时，先将洗干净的生艾草放进铁锅内，加上冷水煮 5 ~ 10 分钟。再将艾草捞出来，在案板中切碎捣烂呈艾泥状，然后与糯米粉和少许黏米粉一起（生熟各半）搓成粉团。接着用手逐一取出小粉团，用手把它捏成圆形的薄粉块，中间放进馅料。喜欢甜食的则用炒熟的花生米、黑芝麻与白糖做馅料，喜欢咸食的则用煮熟的白萝卜丝、半肥瘦猪肉粒或腊肉粒，蒜头、元荽、葱头、虾仁等做馅料。包好以后，在粉块四周接口处用力捏紧，以防漏馅。生坯做成后，放进锅中蒸10～15分钟。煮熟后的艾粄，其粄皮呈青黑色，外表虽然不大雅观，但吃起来则特别香韧，皮甜馅咸，别有风味。煎熟来吃，更加可口。

（二）大笼粄

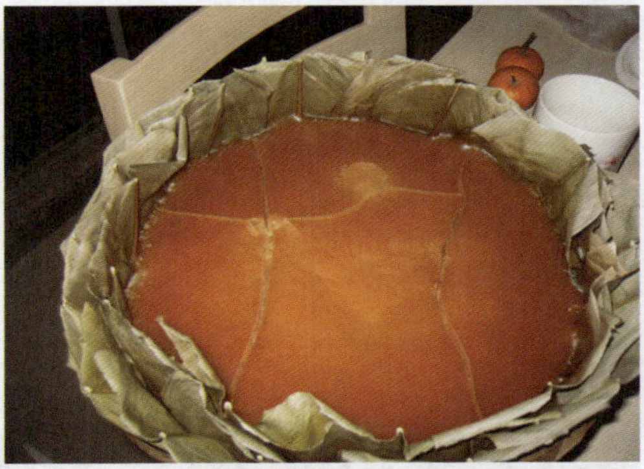

大笼粄，是博罗地区的传统小食，其实就是糍粑一类的“甜粄”。当地人称这“甜粄”为大笼粄，是因为它是用大蒸笼来蒸熟的。每逢过年过节、办喜事，乡间人按习俗都会蒸上大笼粄，用于祭祀，或在蒸好的大笼粄上贴上一张小红纸，作为礼物送给亲戚朋友。在罗浮山南麓的一些地区，小孩“上灯”，外婆必备大笼粄“贺灯”，大笼粄做得越大，外婆疼爱外孙的程度就越深，因此，一个笼粄重几十斤是不足为奇的。由于它是比较大笼的“甜粄”，故罗浮人统称它为“大笼粄”。

大笼粄是以糯米粉为主要材料，加入红糖，又视粄的软硬程度加黏米粉，不加发粉的糕种。先把糖煮成糖浆，凉至90度左右后，缓缓倒入粉中调和至用筷子拉起可呈条状，再用铺上香蕉叶的竹制大蒸笼盛好，猛火蒸，因为材料较多，加上体积大，故需耗用较长时间，需6～7个小时才能把它蒸熟。大笼粄蒸熟以后，随时可以进食。将它切成小块，放在锅中用生油煎熟来吃，味道更加香韧可口。

大笼粄蒸熟后可放置较长时间，放的时间长了，大笼粄比较硬，吃的时候需要通过煎或蒸重新加热。

（三）捏粄

捏粄，又称捏糍，也称“油麻糍”（用芝麻作馅而称），“捏糍”是“糍粑”的改良品种，“糍粑”用的是糯米粒，“捏糍”则是用糯米粉捏制而成的“糍粑”。有烹调经验的人都知道，要将糯米粉和成面团是一件不容易的事。

捏糍是罗浮山及东江一带传统的节日专祭食品，最早是民间祭牛神用的。罗浮山的俗语“十月朝，捏糍禄禄烧”就是博罗民间过“十月朝”的写照。

相传，十月朝是牛的生日，亦是农村中的农闲季节。为了慰劳耕牛终年劳役之苦，每逢十月朝那天，农村中几乎家家户户都要自己动手做捏粄吃。做好以后，首先用几块生菜叶包裹好几只，喂家中大小耕牛，作为对耕牛生日的祝贺与慰劳。待耕牛吃过以后，全家老少才围坐在一起品尝，谈笑风生，满心欢喜。由于捏粄软韧兼有，极受老少喜爱，久而久之，便成为一种常年可见的风味食品。

做捏粄的材料是糯米粉、花生米、黑芝麻和白糖等，其制作方法有些复杂。首先用铁镬煮沸一锅开水，把糯米粉用凉水揉成团后倒进镬中煮熟，起镬冷却后撒上一些事先准备好的熟糯米粉揉搓成团。事前，把花生米、黑芝麻用锅炒熟，将花生米舂碎，与黑芝麻、白糖搅匀后做馅料；准备完毕便捏糍——先在粉团中取出一小团放在手掌中压成圆形粉块，中间放上花生碎、黑芝麻及白糖等馅料，然后用手指把粉饼表层周围捏在一起按平，即大功告成，可即时进食。

糯糯的、柔柔的捏粄，样子可爱，味道好极了，如果配上一壶好茶，慢慢品尝，不也是人生一大幸事？

（四）寿桃粄

“寿桃”，并非指水果中的桃子，它是用面粉、食糖及其他馅料制成的一种风味甜食，是为老人做寿时必备的食品，由于其外形像桃子，故美其名曰“寿桃”，寓意老人寿与天齐、寿桃添福、寿比南山，这是晚辈对长辈生日最温馨的祝福。

博罗“寿桃”亦富有地方特色，它不像北方用面粉做的立体寿桃，而是将米粉团放入形状像桃子的模子印制而成。博罗“寿桃”与其他各地的寿桃不同，不但有眉豆、葱、油、盐和糖做成的馅，而且个头大，大小似月饼，而且只由妇女来制作，也只在妇女内部传授，男子完全被排斥在外面。

“寿桃”制作工序复杂且讲究，首先用开水将糯米粉和黏米粉煮熟，再将“花红粉”倒入其中，用勺子搅匀，揉成团，制作出红色的“桃皮”，包上一些馅料，放进木模具里，用手压平，然后朝下在桌面上轻轻一叩，那寿桃便出来了，上面还印着朵朵美丽的花和“寿”字，因而叫“印寿桃”。最后用大榕叶托在“寿桃”下面，上锅蒸15分钟，便完成了整个“大寿桃”制作。由绿叶衬托的“寿桃”格外逼真，形态可爱，色彩鲜艳，油光滑亮，香气诱人。

（五）水粄

水粄，又叫“多层粄”，在广东其他一些地方也有见。博罗的粄有别于外地，以前，水粄是农历六月初六“太阳诞”的专祭食品，博罗民间歌谣有唱：“六月六，晒衣服，蒸水粄，点蜡烛”。那天，人们早早地将屋内冬衣和被帐拿出户外暴晒，尔后蒸好七层水粄，点燃红蜡烛，祭拜太阳。后来，水粄演变为当地人一种常见的小吃。

做法：首先取适量的优质大米，用清水搓洗2～3次，直到水不再浑浊为止，滤干后再加清水（米水比例为1：2）浸泡3～4小时后，将米水用石磨磨成米浆。然后用铜壳舀起倒进铜盆内，形成薄薄的一层，待锅中冷水煮沸后，将铜盆放进锅内加盖密封蒸上15分钟左右，待粉浆颜色变黄，第一层便已蒸熟，然后再淋一勺粉浆在第一层熟粄上面，再把它蒸熟。如此依次操作，蒸到第N层时，便大功告成。咸水粄的用料是黏米粉浆，加以油、盐、虾米、萝卜丝、五香粉、肉粒或猪油渣等调匀炒熟，倒进粉浆中搅匀后，其蒸制方法与程序跟上述相同，但不用分层蒸，一次倒满粉浆蒸熟后便成为咸香水粄。无论是甜的水粄还是咸的水粄，起锅后用刀切成小块，即可进食。吃起来满嘴纯正的米香，口感滑嫩无比，回味无穷。

（六）发粄

发粄，又称敛粄，因用发酵粉制作而得名。发粄是博罗客家人独有的一种甜食（糕粄），是比松糕粄在传统风俗礼仪中更为常用的专用食品。在罗浮风俗中，大凡出生、婚仪、寿诞等喜事，要蒸发粄（丧事，蒸白发粄）；外孙出生满月礼，外婆要蒸红发粄；婚事的“三朝回门”，外家要蒸红粄作为回礼。客家人过年，家家户户都会蒸发粄，有不蒸发粄不过年一说。发粄具有香、甜、韧的特点。乡间人过年的发粄可保留到农历二月初二，在二月初二当天将甜粄切成小块，用油煎来吃，谓之“补腰骨”，因为农历二月是春种春播的开始及进入大忙的季节，吃了发粄，意味着将进行紧张的村耕生产了。

用发粄祭祖，是博罗人的重头戏，每一次的祭祀，都要蒸上一大盘发粄，以示“发”的兆头。

制作发粄的材料是糯米粉（占7成）、黏米粉（占3成）与糖。制作时，先将糯米粉、黏米粉与糖水（1斤粉配2两糖）调匀，加上部分含发酵粉的“糕种”放进瓦盆中用力搓成粉团，饧3小时后，待粉团发酵浮升起来时，即依次取出一小团粉用双手揉成圆饼状，放进竹蒸笼内，在铁锅中加水用猛火蒸熟。如果作为满月送礼用的，则要在每只敛糕表面的中间处，用红花粉盖上一朵小红花，以示如意吉祥。

这也是一道美味的食品，味道甜美，口感香甜。特别是刚出笼的发粄，油光滑溜，清香软甜，极富诱惑力。发粄的吃法有很多，可以切成小块用油煎，煎成全黄色，外酥内韧，香气浓烈，别有风味；或切成小块蒸软吃；也可加姜用水煮；更可直接“冷吃”，清甜可口，软硬适中，香而不腻。

（七）仙人粄

仙人粄，亦称凉粉，也叫仙水冻。仙人粄是博罗人在夏季喜欢食用的清凉食品，用少量的“仙人草”就可以做出比“仙人草”重量多几十倍甚至几百倍的食品，犹如仙术般的神奇，因此，人们便将用这种“仙草”制成的食品称作“仙人粄”。

仙人草又名凉粉草，为唇形科植物，茎下部伏地，上部直立，叶呈卵形或卵状长圆形，先端稍钝，基部渐收缩成柄，边缘有小锯齿，两面均有疏长毛；着生于花序上部的叶较小，呈苞片状，卵形至倒三角形，较花短，基部常带淡紫色，结果时脱落。小坚果呈椭圆形。仙人草分布在我国南部，罗浮山可以采得。

关于仙人草，在民间有个动人的传说。据传，古时候天空熊熊燃烧着十颗太阳，晒干了河水，烤裂了大地，庄稼枯死，草木不生。尧帝时的后羿，骁勇善射，箭无虚发，一下子射灭了九个太阳，成为英雄，万民敬仰。西天王母娘娘为表彰英雄后羿，赐其不死之药，但后羿不舍妻子嫦娥，将仙药留给嫦娥保存。有一天，后羿心术不正的弟子——蓬蒙，趁后羿不在，威逼嫦娥交出仙药，危急之时嫦娥一口吞下仙药，立时成仙，飘离地面，飞出窗口，升天而去。留在人间的后羿仰天长叹，抑郁而终。人们念他射日有功，将他埋葬在一块近水的坡地上，不久，后羿的坟头上生长出一种草，并很快繁殖到各地，这种草能降温解暑、清心除火，百姓称之为仙人草，人们盛传是后羿生不能成仙，死后变成仙人草，继续造福人间。

“仙人粄”的制作方法主要有两种：一种是用干仙人草熬地瓜粉，另一种是用青色鲜嫩的仙人草熬米浆。罗浮山地区大都用第二种方法制作“仙人粄”。每至五六月间，正是仙人草茂盛的季节，山民便到山坡沟谷采回仙人草，然后将鲜嫩的仙人草洗净晒干，捆成一束束长条状贮藏起来。制作时，即取出一束，略加切断，以清水洗干净，添适量食用碱，放在锅中熬成汤汁，以洁净的纱布过滤去渣，将去掉草渣的仙人草汁倒入锅中，按比例缓缓注入已经稀释的米浆，用勺子搅拌成糨糊状，起锅后，倒入备好的搪瓷盆中，凉了凝固后的仙人草汤就成了晶莹剔透、富有弹性的啫喱状食品。再将其切成薄薄的小块，根据各自的口味，佐以蜂蜜、白糖或酱油，滑溜爽口，风味独具。

夏至吃“仙人粄”是博罗人的习俗，据说这天吃了“仙人粄”，整个盛夏都不会长痱子。“仙人粄”有降温解暑之功，可解渴也可充饥，长期食用，具有清热解毒、降压抗癌之功效，且无受冷患寒之弊。在“仙人粄”中调入蜂蜜，食之清甜爽口、沁人心脾。在《中国医学大词典》中记载“仙人粄”：“茎叶秀丽，香犹藿檀，夏日取汁，凝坚成冰”，有“泽颜、疗饥”之功效。李时珍说：“仙草味甘、性寒，煮成茶饮，清凉解渴、降火气，消除疲劳，老少咸宜。”这是客家人特有的黑色而甘甜的“龟苓膏”。

（八）松糕粄

松糕，又名敛（音）糕、敛粄，是博罗地区特有的糕点。制作松糕的材料是糯米粉（占7成）、黏米粉（占3成）与白糖或红糖。传统的松糕制法并不简单：首先用石碓舂成米粉后，用细筛筛粉，然后把粉与煮熟的糖浆混合，使粉呈干湿状，再将米粉放在手心上不停地揉，使得米粉和糖浆完全糅合，而且变得松散。接下来用粉筛筛进松糕格中，用尺刮平，再按格边刻度用尺、刀分割成小方块，炊蒸至熟为止，出笼后用木制花纹小印，在蒸熟的糕点中间点出一朵漂亮的梅花图案，便大功告成。松糕蒸熟后很松软，热食较佳，冷食也可。松糕给人一种恰到好处的口感，黏黏的、糯糯的，甜而不腻。

松糕是博罗人喜欢品尝的一种甜食。根据当地的俗例，以前，每逢有小孩满月、新人结婚满一个月、老人做寿等喜事的人家，都会做松糕，给乡邻们送去，松糕传递着吉祥、喜悦的信息。现在一些村镇的居民依然保留着这样的风俗。

别看这小小的松糕“相貌”平凡，想吃时在一般的市场上都可以买到，但它是博罗地区一种独有的、有着悠久历史的传统小吃。它不仅味道好，而且承载着一种浓浓的亲情，表达了对新生活的期待，体现了亲朋好友之间的良好的祝愿。

（九）萝卜粄

冬至，博罗民间俗称“过冬”，与春节、端午节、中秋节并称四大节日，并有“冬大过年”之说。

冬至日，民众先是备酒肉三牲、粉果等祭拜祖先，祈求明年有更好的年景。晨起即杀鸡杀鸭，备足祭品，家家户户，烛照香缭，爆竹声声。应节粉馃——萝卜粄（也叫菜头角），也随即闪亮登场。

博罗地区的萝卜粄有两种做法。

一种是包饺子法，俗称“萝卜角”。因为萝卜粄的制作过程和它的模样都似饺子，故称包饺子法。材料有糯米粉、萝卜丝、腊肉、瘦肉、虾米和腐竹皮等。

其制作方法为：

（1）准备馅料：萝卜丝（煮熟至脱去部分水分）、切粒的腊肉、切粒的瘦肉、虾仁、切粒的芹菜。把以上材料放进锅里炒，加上适量盐、胡椒粉，起锅备用。

（2）制作粉皮：用3份糯米粉兑上1份黏米粉，配上少量艾草粉，和匀。舀出部分调至糊状，在锅里煮熟。起锅后放进粉里和成湿粉团（用熟粉团和粉，这样粉团不容易干裂）。

（3）包“饺子”：捏一小团粉，搓圆，然后做成窝窝状，放进馅料，包成饺子样。

（4）煮“饺子”：吃法可以自由选择，常见的有蒸和下汤煮，如同水饺或蒸饺。蒸，就是将包好的巨型“饺子”，用青菜叶或香蕉叶垫住，放在锅里蒸25分钟；下汤煮，就是将萝卜粄放入上汤煮熟，和汤一起吃，更是别有一番美味。

另一种是蒸水粄法，即蒸萝卜糕：用蒸水粄的方法制作萝卜糕，方法较为简单。材料主要有：五花肉、鱿鱼须、虾仁、大蒜梗、香菇、芝麻和黏米粉。其制作方法为：

（1）提前一天将五花肉切成丁，加少许盐拌匀，腌制。

（2）将萝卜用刨丝器刨成丝，然后倒入煮锅煮软（不能加水和盐），用漏勺捞起，沥干水分。

（3）将腌制好的五花肉、鱿鱼须、虾仁、切成丁的香菇、大蒜梗，先后下油锅炒香。

（4）将萝卜丝、黏米粉和各种配料倒入大盆，加适量鸡汤或鸭汤，制成糊状生坯，然后撒上一层芝麻，入锅蒸上一个小时。

“冬吃萝卜夏吃姜，不用医生开药方。”萝卜有消食、降气之功，对气管炎和咳嗽有疗效。过冬食热气腾腾的萝卜粄是客家人的饮食养生智慧。

三、“四大天王”

糖丸、糖不甩、濑镬边和老鼠扒泥，是罗浮山南麓龙溪、园州、石湾等地区有名的午食。其以制作简单、甜而不腻、营养丰富和物美价廉等特点，被当地人称为晏昼（午餐）‘四大天王”。

（一）糖丸

糖丸，亦称糖圆或汤圆。罗浮山人对它情有独钟，特别爱吃。糖丸不仅是罗浮山地区大年初一和元宵节的应节食品，在过去，小小的糖丸还是当地农家的主要午食。

糖丸，以甜食为主，制作时先将糯米粉用温水和好，用力搓成粉团，依次取出一小团，用双手揉成鸽蛋大小的球状，放进煮沸的糖水里，煲熟后便可进食。

时过境迁，糖丸午食的地位早已不存在，但是糖丸的民俗性质依然如前。在婚嫁中，新娘回门（第一次回娘家）时，由新郎及几个青年陪同，娘家要在开饭前煮糖丸招待他们，客人都要吃上满满一碗，以示甜蜜、温馨，吃完一碗后，还要添少许，这叫“添喜”，以祝新娘早生贵子。

糖丸性糯而不黏，富含磷、钙、铁等身体必需的微量元素，口味香甜，具有补肺健脾等功效。但是，糖再美味，也不可过多食用。因为糯米含较多淀粉，黏性高，多吃不易消化，是高糖高油高热量食品，不能当主食大量食用。特别是肥胖、高血脂、高血压、糖尿病患者不宜多吃。营养专家指出，肠胃功能不佳者、老年人、小孩应少吃，以免消化不良，尤其是在晚上要注意少食。

（二）糖不律

“糖不甩”的做法简单，将糯米粉团捏成乒乓球大小的丸子，均放在案板或簸箕上，再往锅里放上红糖，加少许清水煮成糖浆，然后再放糯米丸子烧熟，将它们盛碗后，将事先准备好的香芝麻、花生碎等配料撒在上面。其特点是酥滑香甜、味香四溢，因每只丸子都被糖浆裹住，故称“糖不甩”。因为“甩”字有抛开、抛去之意，当地人叫“律”（音），所以，当地人称“糖不甩”为“糖不律”。

“糖不律”是旧时罗浮山常见的午食。它的由来，据传还跟八仙有关。古时，罗浮山南麓一带和东莞地区，流毒泛滥，民不聊生。在罗浮修炼的吕洞宾听说后连忙打制治毒灵丹，普度众生。但一来良药苦口，二来私自下凡乃冒犯天条，于是吕洞宾把仙丹藏于熟糯粉丸内，配以糖浆煮成甜滑可口的“糖不律”（取糖粉黏丹不分离之意），摇身变成一个挑担叫卖的老翁，从街头至巷尾半卖半送。众人吃后，果真镇住了病毒，体力、智力恢复。从此，罗浮山“糖不律”远近闻名。

“糖不律”不仅有典故，而且有趣事。相传“糖不律”还跟男女姻缘相关。地处罗浮山南麓的龙溪、园州、石湾一带，每当媒婆带青年男子到女家相亲，如果女方家长同意这门亲事，便煮“糖不甩”招呼男方。如果女方不同意这门亲事，则煮腐竹蛋花（打散鸡蛋）糖水，以表亲事“散”了。

（三）濑镬边

濑镬边，是罗浮山下龙溪、龙华、园州、石湾等地区一种富有特色的午食。这种午食家家都会做，但市场上不一定有卖。

濑镬边的主要材料是黏米，其制作过程并不复杂。先将黏米用水浸三小时左右，用小石磨磨成米浆。然后用一铁镬烧半锅水，加姜片，待水烧开了，用小刷子在水平之上的镬边涂上一层薄薄的花生油，当油在热力的强势煎熬下发出“吱吱”声时，就用勺子舀上调好的粉浆濑（淋）在镬上端周边。由于铁镬本身呈尖底形状，粉浆自动从上而下贴镬边展开。当粉层由半透明变得透明时，迅速用镬铲将半熟的粉层铲下，置于热沸的水中，接着又是下一轮重复的濑镬边、铲镬边……直至把粉浆用完为止，濑镬边也由此得名。

煮好的镬边加上适量的黄糖就可以食用。甜镬边有时还加芋头或番薯，以增加营养。甜镬边由于操作起来简单，比河粉更细润、嫩滑，所以特别适合夏天出汗多的时节食用。甜镬边消暑耐饱，过去农事忙碌，人们一般匆匆吃上一碗既补充体力又香滑可口的甜镬边，就到田里工作了。除了招人喜爱的甜镬边外，还有鲜美可口的咸镬边。咸镬边一般较之甜镬边复杂，外观和口味与咸汤丸相类似，也可当作正餐。咸镬边的汤底一般会有菜干、虾米、瘦肉或鱼丸、胡椒粉等，这种色彩缤纷、香气逼人的咸镬边，让人想起来就垂涎三尺。

（四）老鼠扒泥

“老鼠扒泥”，以其形状酷似田野里老鼠打洞时，扒划在洞口大小不一的泥粒而得名。其制法是把糯米干粉置于容器里，洒上温水，边洒边搅拌，慢慢形成大小不一的颗粒，然后把这些粒状米粉倒进糖水里煮沸，待粉粒将要熟透时，加进蛋清，便成为一种口感滑溜的甜食。“老鼠扒泥”是日常午食的传统食品。

四、美味佳肴

博罗地区传统的美味佳肴甚多，列举如下：

（一）无鸡不成宴

博罗人对鸡情有独钟，“无鸡不成宴”已经成为一句口头禅。宴请时，餐桌上少了一只鸡，就如同四人麻将台上少了只“脚”，开不了局。可见，鸡在餐桌上的地位尤为重要。

在博罗的语言里，无论是土语，还是客家话，“鸡”与“佳”都是谐音，寓意“吉祥如意，大吉大利”。又因鸡肉美味，在琳琅满目的传统菜色中，鸡被视为上等菜，即使天天吃，餐餐吃，也总吃不够，吃了又想吃。

博罗人对于鸡的传统吃法，有四种：

（1）白切鸡。

白切鸡，也叫白斩鸡。原汁原味，皮脆、肉滑、骨香、味浓。夹一块放在嘴里，油而不腻，香而不燥，纯纯的鸡肉鲜味和熟油香气在鼻子里透过，令人垂涎，百吃不厌。具体做法：

①选料：必须选纯正放养的三黄鸡。

②清洗：去毛，腹部开刀，清洗内腔；在清理鸡的内脏时，注意将鸡肺去掉，然后将鸡体内的水抹干。

③造型：把鸡脚弯曲放进鸡肚里，将鸡脖子向背部弯曲。

④浸鸡：把鸡放入开水或原汤中浸 5 秒钟，将鸡提起，倒出其膛内的水，稍滴干水后再次放入开水浸 5 秒钟左右提起。如此反复浸烫三次，使鸡的腹腔内外温度保持一致，然后松手把鸡放入开水中，加盖，熄火浸烫 15 ~ 20 分钟（视鸡大小）。

⑤斩件：之后将鸡捞出，放凉，用毛巾将鸡的全身表皮上的水分擦拭干净，在鸡身外面涂抹一层芝麻油，这样整只鸡看上去更加润泽、黄嫩。最后用锋利的刀斩件，造型上碟。

⑥配蘸料：葱、姜去皮，用刀剁成碎末，最好能用搅打器搅打一下，这样葱、姜蓉会更加细腻，加入精盐、香油后装入小碗中，把烧好的芝麻油浇上。如果喜欢也可以自制酱油调料或者红油调料。

制作白切鸡的工艺是复杂了些，但口感鲜美嫩滑。

（2）盐焗鸡。

盐焗鸡是广东的一道名菜。它首创于广东东江、罗浮山一带。300 多年前东江沿海地区的一些盐场里，有人把熟鸡用纱纸包好放入盐堆腌储，这种鸡肉鲜香可口、别有风味。后来东江首府盐业发达，当地的菜馆争用最好的菜肴款待客人，于是创制了鲜鸡烫盐焗制的方法，现焗现食。因此菜始于东江一带，故称这种鸡为“东江盐焗鸡”，当然，称它为“罗浮山盐焗鸡”也不为过。

盐焗鸡的特点：制法独特，色泽金黄，皮脆肉嫩，骨肉鲜香，风味诱人，以砂姜油盐佐食，风味极佳，是宴会上常用的佳肴。

材料：三黄鸡1只（约3斤）、粗盐3斤（盐的分量亦应与鸡相等）、砂纸1张、锡纸1张，姜片、葱、香菜、味精、八角末、砂姜和芝麻油等。

做法：

①鸡宰后洗净抹干，去掉趾尖和嘴上的硬壳，吊起风干。

②用精盐擦匀鸡腔，放入姜、葱、八角末腌制。

③将两只鸡脚从尾部插入肚内，用纱纸包好，以牙签穿过鸡颈及鸡尾并固定位置，以防砂纸散开。

④将锡纸裁至较所用的煲大，再铺于底部。

⑤煲烧热，放入粗盐待其转至黄色后，将约1/3粗盐平均铺于煲底，放入鸡，将余下的粗盐铺面。盖上煲盖，以慢火焗6分钟，将鸡反转，再焗6分钟，最后熄火焗12分钟即成。

⑥把鸡取出，揭去砂纸，剥下鸡皮（待用），将鸡肉撕成块，鸡骨拆散，加入味汁拌匀，然后装盘（骨在底下，肉在中间，皮盖在上面），摆成鸡的形状，香菜放在鸡的两边即成。食时佐以砂姜油盐调味汁。盐焗鸡不仅味道可口，而且有温补的功效。

（3）三杯鸡。

很多人都喜欢吃三杯鸡，这是一道著名的博罗美食，在任何一间酒店里，三杯鸡都是常见的一道特色菜，在老百姓的餐桌上，三杯鸡亦屡见不鲜。

关于三杯鸡的来历的版本甚多。“杀鸡救母”的传说，比较靠谱。相传很久以前，有一个乞丐与母亲相依为命。一日，母亲病重，久卧在床，奄奄一息。儿子为了尽孝，出外设法讨来一只母鸡给母亲吃。他把鸡肉放进一只破缸钵，向邻居讨来一杯米酒、一把盐、一匙油，把它们掺在一起。用炭火炖熟后，喂给母亲吃，不料香气四溢，引来隔壁一位官厨，他夹了块一尝，觉得味道鲜美。后来，这位官厨不断改进制作方法，以一杯酒、一杯酱油、一杯米酒为调料烹鸡，并取名为“三杯鸡”。

三杯鸡因汁浓味鲜、鸡肉酥嫩、酒香四溢而闻名于世。三杯鸡因调味料的不同，有台式、江西和客家之分：台式三杯鸡是用食用油、酱油、米酒，江西三杯鸡是用猪油、酱油、甜酒酿，而客家三杯鸡则是用花生油、酱油、米酒。下面所介绍的三杯鸡，就是一道传统的罗浮山风味菜。

三杯鸡，三杯主要指的是调味料，一杯油、一杯酒和一杯酱油，但实际上这三种调料在选择时还是要注意一下，油是花生油，酒是农家米酒，酱油以生抽为主再配一点老抽，这样做出的三杯鸡口感、色泽和味道最好。

材料：三黄鸡1只，葱、姜、蒜少许，米酒1杯、酱油1杯和花生油1杯。

做法：

①鸡剁块，冷水下锅，放入姜丝、葱结，大火煮至鸡肉内的血水去除，之后捞出鸡块，放凉，备用。

②锅内放入少许油，稍热，入葱、姜、蒜，小火煸炒至香味出。

③放入鸡块，煸炒至水分干，加入酒、油和酱油，与锅内食材一同搅拌均匀。大火翻炒至鸡肉上色，转小火。

④继续焖半小时，至汤汁黏稠，翻炒使汤汁包裹在鸡肉上，之后淋入1汤匙芝麻油，翻炒均匀，出锅，撒上葱段即可。

三杯鸡色泽酱红，原汁原味，醇香诱人，酒饭皆宜。

（4）窑鸡。

窑鸡，这一种古老而又新潮的美食在博罗地区悄然兴起，仅几年时间，凭借它独特的香味和口感吸引了来自五湖四海的朋友。它以皮脆肉嫩、汁多爽滑而成为闻名遐迩、千里飘香的美食之一。

土窑鸡源于“叫花鸡”。“叫花鸡”原出于浙江。相传，有一个叫花子，沿途讨饭流落到常熟县的一个村庄。一日，他偶然得来一只鸡，欲宰杀煮食，可既无炊具，又没调料。他来到虞山脚下，将鸡杀死后去掉内脏，带毛涂上黄泥、柴草，把涂好的鸡置火中煨烤，待泥干鸡熟，剥去泥壳，鸡毛也随泥壳脱去，露出的鸡肉异香扑鼻，肉质更是香滑可口。据传当年乾隆下江南时曾对此菜赞不绝口。“叫花鸡”也因为皇上的金口一开，成了“富贵鸡”，也成了一道登上大雅之堂的名菜，流传至今。

现在，博罗的“土窑鸡”的做法已是非常考究，一般由有窑制经验的厨师操作。其方法大致有三个步骤：

①将鸡宰杀后放尽血，去毛，取出内脏，用清水洗去血水，挂通风处晾干。

②把生抽王、沙茶酱、叉烧汁、味精和绍酒调匀涂抹鸡全身。蒜肉拍破放入鸡腹腔内，然后将鸡头、颈和脚都转到鸡腹腔内整理好，然后用40×60厘米的牛皮纸包住。

③将鸡（通常是一批）放进专门铺砌的土窑中，用荔枝柴烧烤至熟。

这几年，罗浮山下的长宁、罗阳等镇的许多“农家乐”饭店如雨后春笋一般涌现出来。以窑鸡为主打特色的“农家乐”更是生意兴隆。来到饭店，主角当然是其招牌菜荔枝木土窑鸡了。大大的不锈钢餐盘一端上来，只觉得整间包间都充满了窑鸡那独特的香味。戴上一次性手套，拿起一只肥肥的鸡腿，大口地啃起来，味道果然不错，各种佐料的香味都已渗透到鸡肉里面，吃起来十分鲜嫩够味，虽然满口流油却肥而不腻。许多来自广州、深圳的顾客都慕名前来品尝，甚至还打包带走。

（二）无鹅不像年

“百节年为首”，春节是我国最隆重的传统节日。博罗人有着族亲团结、尚礼好客的优良传统，农村里的春节更有着一番浓郁的亲情味。然而，十里不同风，百里不同俗。千百年来，博罗人在由北向南的长途跋涉和频繁的迁徙中，形成了各地不同特色、有着各自风情的春节饮食习俗。

“烹羊宰牛且为乐，会须一饮三百杯”，过年了，在无鸡不成宴的博罗地区，有着不同的风味。特别是罗浮山南麓的龙溪、园州、石湾一带的居民，喜欢吃鹅肉，鸡肉反成其次，有“无鹅不像年”之说。

说起春节吃鹅，乡间还流传着一个故事。据老一辈人说，从前博罗人颠沛流离，在迁徙途中，鸡鸭不好养，而鹅个头大，生长速度快，耐饥少病，没有饲料时还可用青草喂养，非常适合迁徙时带在身边。而且鹅大肉多，博罗人可以“大碗喝酒，大块吃肉”，体现了他们豪爽的性格，走亲戚时带上一个大大的鹅腿儿也有面子。

春节劏的鹅，在罗浮山地区俗称“年鹅”。“年鹅”必须是养足120天的老鹅。八月十五之后就要买鹅苗（小鹅）回家养，有老人或小孩在掌牛（放牧）时兼掌鹅。有“八月十五光，月亮圆而亮，鹅仔就好养，八月十五暗，鹅仔跌落坎”、“七姑星（北斗七星）到顶，鹅肉到颈”的农谚。

养年鹅，对博罗人来说，是一年中的大事之一。在农村，几乎每家都养鹅，有的养十多二十只，多的就到圩镇卖，但主要是自宰自吃。到了农历十一二月，田间地头上，鹅的叫声此起彼伏，未见人影，先听鹅声，饶有情趣。但到了十二月中旬，就要把鹅藏在屋里，叫“藏鹅”，目的是让它少活动多长肉。

在家禽三鸟之中，鹅被认为是最具野味的。博罗人对吃鹅也情有独钟，有多种地道而闻名的吃鹅方法，如焖鹅、白切鹅、生炊（蒸）鹅、豉油鹅、烧鹅、芋头扣肉焖鹅等，还有一道名字有点奇怪的，叫“碌鹅”。“碌”这个字是广府语，外人不明其意，听到“碌鹅”还以为是“卤鹅”，实际上“碌”就是“翻”的意思，把鹅放在油锅里不停翻动，翻来翻去，直至烧熟变香。碌鹅是罗浮人把传统的烹饪技术简化后的烹食方法。

正宗的博罗碌鹅，首先讲究配料。将南乳、油、糖、蒜、红枣和五香粉等料按一定比例调和好后，把它倒进鹅肚内，封好。其次，强调的是“碌”。将全身涂抹了秘制酱料的鹅，放进锅里不停地翻动，这个动作叫作“碌”。锅里的油要放得刚刚好，多了就成了炸鹅，少了又容易使鹅焦煳，所以在恰到好处

的油锅里碌鹅，需要长期经验积累的。

鹅“碌”好后，开膛破肚斩件，将鹅肚内的佐料抹上，就可食用。上乘的碌鹅皮脆肉香，有点像烧鹅的口感，但又与烧鹅完全不同，碌鹅通过在油锅中来回碌动的烹制，使其表皮有着诱人的金黄色泽，再加上佐料的入味调制，口感上更加浓郁；且火候恰到好处，肉嫩而骨髓带血，非常新鲜美味，俗称“胭脂鹅”。

（三）无酿不成席

博罗美食中还有一个特色，就是“酿”。几乎所有的家常菜都可拿出来“酿”。“酿”，是传统的叫法，又称作“瓤”，瓜瓤之“瓤”。这是在一种食材中夹进、塞进、涂上或包进另一种或几种其他原料，然后制熟成菜的方法。传说与罗浮山人从中原南迁的饮食习惯改变有关，是饺子的情结造就了当地人的酿菜。

酿菜由两种或两种以上原料合成，较之一般的菜肴口感更为丰富，是非常美味的传统菜肴。其鲜明的特点有三：

（1）口感复合。酿菜，一菜可品两种或多种原料的味道，于“味”中求其醇和、清鲜，油而不腻，浓而不烈，淡而薄，浓淡相宜，以达到“味之者无极，闻之者心动”。

（2）造型美观。酿菜，形态饱满，色泽艳丽。因为是两种以上的不同原料相加而成，一方面给制作者提供了创作的余地，因而绝大多数的酿菜在造型、色彩上比一般菜肴更具特色；一方面能使品者食欲大增，色彩斑斓的诱惑，让品者不仅大饱眼福，更能大饱口福。

（3）菜品丰富。酿菜，通过一系列的制作，成菜数量众多，可以蒸酿、煮酿，还可以炸酿，因而，制作酿馅及底料的选料范围较广，各色时令菜蔬、鱼虾禽畜，皆可入馔。

酿菜，博罗乡间素来处处有之，几乎无菜不可酿、无菜不可入酿、无酿不成席。在这“酿”的序列中，最出名的是“酿三宝”——酿苦瓜、酿茄子、酿豆腐。“酿三宝”既是当地的一道包含三样不同食品材料的传统街边煎炸小吃，更是餐桌上一道必不可少的菜肴。

“酿三宝”的原料是苦瓜、茄子和豆腐，将这些原料内部掏空，将馅料填进原料之中。“酿三宝”用馅料较多，而且经济实惠，色、香、味甚佳，深受食者的青睐。

“酿三宝”可用相同的馅料：五花肉、左口鱼干或鲮鱼肉、葱头等剁成末，顺一个方向打至起胶。腌料：酱油、盐、白糖（酿苦瓜加量）、香油、白胡椒粉、料酒、生粉等，腌制30分钟。也可以根据实际情况调整馅料的用材或配料。

（1）酿苦瓜。酿苦瓜，清淡爽口，嫩滑甘香。有清热解毒、明目败火、开胃消食之效。

酿苦瓜的方法：选个头比较小的瓜果，将苦瓜洗净，用斜刀切成两段。用匙子把瓜瓤掏空备用，将馅料填进瓜中。酿好后的苦瓜可蒸可煮，因人而异。

（2）酿茄子。茄子号称无油不香，酿茄子一般都要经过油炸，而油多了又会过腻，所以用酿制的方法，既可以提高口感，又能增强菜品鲜甜度。

酿茄子的方法：

①将茄子切块，在中间划入一刀，做成茄盒，用以填馅。

②在茄子夹腔内撒上一层薄干淀粉，然后将肉馅分别酿入茄瓜夹腔内。

③酿入茄盒的肉馅不宜过多，否则在煎炸时肉馅容易脱落。

④在茄盒中间抹上一层生粉，可使酿入的肉馅不易脱落，煎制时更紧实。

⑤茄盒酿入肉馅后，应在茄子的切面处裹上生粉。

⑥中火烧热炒锅，放茄子煎至熟，铲起即可。

（3）酿豆腐。“腐”是汉字里最臭、最糟糕的字眼之一，从“腐败”到“腐朽”，有它涉足的语词除了与“豆制品”有关外，如“腐竹”、“腐乳”等，几乎没有什么好意。当然，最好的莫过于“豆腐”了。唯有“豆腐”的“腐”字，才“腐”出了豆香，才“腐”出了健康与营养，才“腐”出了白净与水灵！（豆腐的制作过程详见第七篇“生产民俗”）

豆腐加工成菜肴，可谓品种繁多、琳琅满目，最有特色的是酿豆腐。“酿”，在本地语为动词，“酿豆腐”就是把馅料放入豆腐块中。罗浮山酿豆腐有两种，一种是酿白豆腐，一种是酿油豆腐。

白豆腐的酿制方法：

①把豆腐切成长方块。

②左手拿起一块豆腐，右手拿一根筷子，把刀切下的那面，用筷子一划，留下不深不长的痕，然后把馅料塞进去。

③将酿好的豆腐表面（有肉馅的那一面）抹上调匀的鸡蛋液。

④再将酿豆腐倒置锅里，将表面煎成金黄色，捞起。

⑤酿白豆腐的烹制手法，有红烧，有炸、煎、煮、清蒸，有半煎半煮的，也有打火锅的。五花八门，风味各异。

白豆腐，酥软软、白嫩嫩的，就像待嫁的处子。把它切成小块油炸后就是油豆腐了，吃来又是另一番风味，外焦内白，趁热吃在嘴里，咯吱作响，可煮汤也可作扣肉的底子，最常见的就是油豆腐酿肉馅了。

油豆腐的酿制方法：

①在豆腐一方撕一个口，口盖别完全撕断。

②食指插进油豆腐里，沿油豆腐内部转一圈，让内瓤都贴紧豆皮，以腾出更多的空间，灌进更多的馅料。

③用食指一点点地把肉馅灌进油豆腐里。

④灌满后，用拇指把原来没撕断的豆皮口盖压紧。

⑤放入高压锅蒸，上气后蒸5分钟即可。如果没有高压锅，普通蒸锅上气后，蒸30分钟即可。

蒸熟的油豆腐，可即食，可再次烹制，做好这道菜的关键是小火慢炖，让油豆腐入味。油豆腐比白豆腐更能充分吸收汤汁，一咬下去，鲜美的汤汁就溢满整个口腔，感觉很美妙！

金镶玉，春点绿，用以形容这道菜的感觉再合适不过了。油豆腐金灿灿的，嫩滑的肉末为玉，几粒葱花点缀，如春天的绿意。

酿豆腐最为讲究的是馅料，主要是以肉为主，配上适量的咸鱼和调味料。肉增香，咸鱼提香。猪肉要七分肥三分瘦，咸鱼最好是马鲛鱼。

酿豆腐还要讲究“烧、咸、肥、辣”。“烧”指趁热尽快享用，一旦变凉，风味就损失大半；“咸”指多放些咸味（如酱油），使味道稍微偏咸；“肥”指肉馅不要净用瘦肉，要用较好的花肉，煎煮时要多放些油，吃起来才有肥的感觉；“辣”是指进食时加上适量的辣酱，以刺激食欲。此外，还有一种食法，就是给刚起锅的酿豆腐加点辣酱，用油脉菜叶包上送进口里，更有其独特风味，鲜甜芳香，嫩滑可口，让人越吃越爱吃。

（四）无丸不成宴

“无丸不成宴”，意指肉丸在宴请中的重要地位。

圆圆的肉丸是农家菜里很有地方特色的一道美食，也是博罗人渴望美好生活的一种象征。乡间人过节、喜庆日子都少不了肉丸。据史料记载，自晋朝末年开始，不少中原汉人南下迁徙至罗浮，形成了早期的客家民系。客家人饱受迁徙之苦，期盼永享安乐宁和，过上好日子，特地制作了客家肉丸。在琳琅满目的肉丸子中，有名的要数麻陂肉丸和龙溪鱼丸。

（1）麻陂肉丸。麻陂肉丸，相传有100多年的历史，因采用祖传秘籍，选料制作独特，富有弹性，脆嫩可口，肉美汤鲜，韧劲十足而远近闻名。友人来访，麻陂主人一定会拿肉丸招待；客人去麻陂，必定会光顾肉丸店。麻陂肉丸是博罗人的一个品牌食品。2008年，麻陂肉丸已经列入博罗县非物质文化遗产

名录，并被列入惠州市非物质文化遗产名录。

麻陂肉丸的创始人叫李珠安，100多年前从五华迁至博罗县麻陂镇永甲龙村。他从小聪明伶俐，喜欢做饭炒菜，长大后，学得一手好厨艺，村里人每逢红白喜事都请他掌厨，逐渐成为当地享誉盛名的厨师。他喜欢尝试菜色的新花样，通过反复尝试自创了猪肉丸子，并取名“麻陂肉丸”，之后就以自制麻陂肉丸为生计。其子李南养从小继承父业，十多岁就学会制作“麻陂肉丸”，而且手艺非凡。20世纪60年代末，时任广东省革命委员会主任、解放军总参谋长的黄永胜来到博罗视察，李南养有幸被指派担当黄永胜的厨师，黄永胜品尝他做的麻陂肉丸后赞不绝口，使得麻陂肉丸远近闻名。李南养年老后，儿子李永康接棒祖辈的手艺。20世纪70年代，中南五省在石坝黄山洞召开一次大型会议，李永康也被指派为大会的厨师，与会嘉宾品尝李永康手工制作的肉丸后，也大为赞叹，从此麻陂肉丸以肉质脆嫩而闻名遐迩。

麻陂肉丸的精髓在于选料讲究。选择用米糠和番薯苗喂养的农家猪，且以猪后臀部位的瘦肉为上，且要求新鲜，即杀即用，仿佛还能感觉到猪肉的体温。

麻陂肉丸的经典在于手艺，如果说肉质的选择影响丸子的鲜美，那么手艺和配料的添加则影响丸子的味美。拿到新鲜的猪肉后，不能用水洗，必须在半个小时内将肉的油、筋和杂物去掉，然后切成块，放在大砧板上，用特制的方形锤刀两把（重量3公斤左右），上下不停地用力把猪肉捶成肉浆，加入少量白胡椒粉、白盐，随后用大钵盛装，方加入左口鱼末、白肉粒、味精和少许生粉，搅拌均匀后，用手使劲拍打，至肉浆黏手不掉下为止。

制丸子无论是采用哪种烹调方法，都应该先用手成形。有的人不会用手挤丸子，而采用汤勺舀，或是用手揪，这样制作出来的丸子不仅大小不一、形状不美观，而且表面不光滑。其实，用手制作丸子也没有什么太难的。简单的方法是：用左手抓一把搅好的肉浆泥放在手掌心里，将肉浆泥从食指与拇指之间挤出来。挤时手劲既要有虚劲又要有实劲，而且食指弯曲，拇指前后滑动，以使丸子光滑，当然，另外三个手指也要配合，以让丸子挤出，并趁势用手勺将挤出的丸子舀入温水（70度）盆里定型，再用慢火煮约8分钟。形状圆圆的肉丸比乒乓球稍小，弹性十足，掷到硬物上会反弹回来，跌落桌上会跳三跳。

鲜美的麻陂肉丸可以采用炒、煮、焖、炸的做法，而在众多做法中以清香肉丸汤最为出名。食时用原汤和肉丸下锅煮至初沸（煮时水不能太沸，否则肉丸变老不爽滑），加入适量味精、芝麻油、胡椒粉和芹菜粒，配上沙茶酱或辣椒酱佐食，口感独特。

堪称当地民间美食极品佳味的麻陂肉丸，在博罗山地区已经成行成市。走在麻陂镇的街边，肉丸店林立，而其招牌上总会挂着“正宗麻陂”字样。在罗浮山风景区和附近的长宁镇，麻陂肉丸店随处可见。远近驰名的肉丸加上旅游业的兴起，让这些店铺的生意红红火火。在博罗县城，以“正宗麻陂肉丸”命名的店铺不计其数。客人到此，总会兴致勃勃地吃上一碗。在众多的肉丸店中，虽然有些是用现代化手段出产的“赝品”，昔日的正品已难再现，但这些肉丸依然脆爽可口，配合用左口鱼粉煎熬成的汤底，更是美味无穷。

（2）龙溪鱼丸。

鱼丸是博罗地区的传统美食，尤其以龙溪镇的鱼丸最为出名。

鱼丸的诞生据说源自秦始皇。传说秦始皇爱吃鱼，又怕人暗害他，因为战国时专诸刺王僚，就是把匕首藏到烤鱼的肚子里最后成功的，于是就产生了鱼丸这道菜，把鱼肉做成丸子，就不能藏什么东西了，而且没有刺，吃起来也方便。

龙溪鱼丸，据说20世纪70年代报纸上就有文章介绍过，说龙溪鱼丸“一不小心跌落在地下仍会弹跳回桌上”。这可能言过其实，但龙溪鱼丸的“弹跳力”，与麻陂肉丸有异曲同工之妙。难怪博罗人说“东有麻陂肉丸，西有龙溪鱼丸”。

在罗浮山下的龙溪镇，每逢婚宴喜事，无论是在酒楼里包办婚宴，还是在自己家里摆桌贺宴，总能看到鱼丸的身影。如果在宴席上缺少了这道菜，人们总会觉得不够圆满。其实，龙溪鱼丸也正是从婚宴桌上开始声名鹊起的。

龙溪鱼丸之所以出名，得益于它的严格选材和严谨的制作工序。在罗浮山的各种美食中，鱼丸可谓是最费时、最费力的菜肴之一。

①选鱼。做鱼丸，一般选用鲮鱼，因为鲮鱼肉质坚、黏性大、弹性好，是制作鱼丸的上等材料。以放养一年约200克重的新鲜鲮鱼为最佳。过老、过嫩的鱼肉打出来的鱼胶不但口感粗糙，且结构松散，而鱼肉不新鲜甚至过了自溶期的话，再怎么加工也只是徒劳。

②清洗。对于洁白光亮的鱼丸来说，这是不可缺少的一环，值得注意的是，适度的漂洗可以除去鱼肉中的血污、杂质及肌肉中的肌红蛋白，但洗的时间不能过长，因为这会使鱼肉发硬。

③取肉。在取肉时，要先把鱼鳞刮掉，从尾部起刀到头部，一刀切过来；刀要快，用力要均匀，用腕力来剖。然后剔骨、去皮、起肉，整条鱼转眼间就

“脱胎换骨”，只剩下背部两块肉。

④碎肉。将鱼肉放在砧板上，用双刀有节奏地按顺序排斩，至鱼肉稍有转白，以手感有黏性时为好，注意要斩透，使鱼肉全部成泥。此工序也可用绞肉机操作，但机器加工的鱼丸口味较差。

⑤敲打。这是至关重要且极需要耐性的一道工序。把鱼肉打成泥状的鱼胶，若没有非一般的臂力与耐力，绝不能打出弹性十足的鱼丸来。把上好的鱼泥放置不锈钢盆中使劲敲打，师傅那种敲打下去的架势大有豁出去之意，这道工序大有讲究：既要用力又用势，摔打不够，鱼的胶浆不吐，制成的鱼丸松散而没弹性；摔打过度，鱼浆变老，制成的鱼丸则没有脆、嫩的质感。当搅打至鱼泥黏性增加时，加入少许清水，再进行搅打，当水全部被吸收后，再加入少许清水进行搅打，重复多次。最重要的是，在开始敲打时不加入任何调味品。

⑥调料。还有很多人认为爽口弹牙的鱼丸一定是加了硼砂，其实只要对鱼丸的制作稍加认识的人都知道加“硼砂”只是危言耸听罢了。不过，即将完成的鱼胶也确实需要加入“添加剂”，但此“添加剂”非彼添加剂，这里仅限于加入盐、水、油脂及蛋清。盐可以加强肌球蛋白、肌红蛋白溶出量和溶胶黏性；水能起到稀释鱼胶的作用；鱼胶可以很快地融化，产生大量的水分子排列在周围；而油脂增加了鱼丸细腻、滑嫩的口感，并有增白的效果；而蛋清也是为了保持鱼丸的嫩度与弹性。

⑦挤丸。用左手抓起一把鱼浆，从虎口处挤出一个圆球，右手用匙子舀下放入清水盆内。动作要干净利落，用匙子刮出丸子的时候，在旁边放一碗水，每刮一次，就把匙子放到清水里沾一下，这样丸子就不会沾在匙子上。挤出的鱼丸在清水中漂浸半小时左右，防止煮时粘连。

⑧煮丸。煮鱼丸要用旺火，火不旺，鱼丸会只热不熟，时间一长会变硬。煮时，也要防止水过分沸腾，而将鱼丸冲撞破碎。鱼丸煮至熟透后捞起出锅，即为成品。将煮好的鱼丸用漏勺捞出，马上放到冷水里冷却，以增强鱼丸的脆感。余熟的鱼丸，白白胖胖的，诱人可爱，可蒸煮，可炸炒，可入汤。咬一口，爽口弹牙；喝一口，鱼味香浓。“没有鱼丸不成宴”，从这句俗语中便可知罗浮山人对鱼丸的偏爱了，尤其是那些久别故里回乡探亲的侨胞，都以能品尝到家乡的鱼丸而感到欣慰。

第五篇
节庆民俗

博罗民间节庆繁多，大体一年之中，大节以十数，小节以百计，民间有“四季皆有聚庆，无月不过节”的俗谚。节庆的形式和内容多姿多彩，地方特色浓郁，民族特点鲜明，是罗浮民俗生活的重要组成部分。

一、过年

过年，是指除夕即农历一年的最后一天。春节是正月初一即农历一年中的首日。博罗民间的“过年”涵盖了春节，历来统称为过年。

农历十二月二十三日是祭灶日。这天晚上，村民把灶台刷得干干净净，将旧“灶君”像取下烧掉，早晨再把新“灶君”像贴上。送迎灶君时，都摆置酒肉、糖果、米果等供品，并在灶前烧香、点烛，燃上一串鞭炮，进行拜祭。罗浮文人罗隐有“送灶诗”，曰：“一盏清茶一缕烟，灶君皇帝上青天。”

农历十二月二十五“入年”（过小年），也就进入了紧锣密鼓的过年阶段，直到正月十五“元宵”，在此时间范围内皆是“过年”。

从入年开始，外出的人都纷纷往家赶，家家做年食：打米饼、做米糕、炸油角、打糍粑、磨豆腐、酿米酒。人人齐动手“大扫除”：打扫房舍、抹擦门窗、清理杂物、洗刷家具，经过一番整理，家家面貌焕然一新。

过年，即除夕，又称“年卅晚”，是农历的最后一天，也是过年的高潮。家家户户从大门到各小门、谷仓、牛栏都贴上鲜红的对联，连水缸边都贴上红纸条，叫作“封岁”，也叫“上红”。大人小孩都要洗澡，穿上新衣裳，欢欢喜喜过大年。做完这些，他们还要在厅堂挂起祖宗画像，摆好供桌，设立香案，摆起鸡、肉、糖果等供品，敬奉先人。晚餐是一年中最丰盛的家宴，全家人在一片炮竹声中吃“团圆饭”。饭前，老人先给祖先敬酒，名曰“请公”（拜祖宗）。席间让小孩吃鸡腿，以示爱幼。

除夕夜进入次日时辰（即零时）起，家家大门打开，霎时鞭炮齐鸣，响彻整个寂静的山川田野，营造了过年的欢庆气氛。

年初一拜年。天刚亮，主人煮汤圆拜祖宗、拜“土地公”，祈求来年吉祥如意、风调雨顺。这天，儿孙们要给长辈们拜年，长辈们则要给小辈发红包。这天人们不扫地、不向外泼水、不走后门、不打骂人、不借钱、不讨债，大家相见都打拱互道：“拜年，拜年！”乞丐求吃，主家不说无，都给予钱物。从圩镇到农村，瑞狮、金龙、春牛都到祠堂和各家参拜，并在禾塘舞动，锣鼓喧天，众人围观，此场景持续几天，非常热闹。

年初二“转外家”（回娘家）。俗话说：“初一崽，初二郎”，女婿要带着妻子、小孩，提着礼物到岳父母家拜年。这一天，家中其他人（特别是长辈）都得在家，接受拜贺。岳父岳母得准备丰盛的筵席宴之，夫妻不能在岳父家过夜，在“炊烟升起”之前返回家。

初三送“穷鬼”。这天一大早，长者动手大扫除，俗称“扫穷鬼”。罗浮山人大年初一、初二绝对不可以扫地；即使扫了，那垃圾只能扫放在不显眼的角落里，不准外倒，要等到年初三当天清早扫起垃圾，一起用簸箕装好，再抬送到外面。抬送垃圾时还要燃放鞭炮，主人要大喊：“送穷鬼，送穷鬼”，表示把家里的穷鬼“驱逐出境”，这样就可以摆脱贫穷的厄运。

年初四探亲。女人除了年初二回娘家探亲外，年初四还要走亲戚。迎送往来的走亲戚一直持续到元宵节。

年初五开市。春节期间大小店铺从大年初一起关门，而在正月初五开市。因为旧时以正月初五为财神圣日，认为选择这一天开市必将招财进宝。这一天，人们忙着赶场，各种玩具、小吃特别多，还有舞狮的、舞龙灯的，格外热闹。这天，客家人还有“火烧门前纸”的习俗，意思是“新年到此为止”，接着要转入正常的生活、生产了，不过，富有的人家，会一直玩到元宵节。

年初六是马日，古称捣肥。人们在这一天才真正开始工作或做生意。这一天，一切恢复正常，官府机关开印理事，工人、农民陆续开工。

年初七是人日，即“人类的生日”。这在中国至少有两千年的历史。春节期间由正月初一到初六分别是鸡、狗、猪、羊、牛和马的生日，说明了人类对大自然的尊重，以求和谐，但是“马行千里，无人不能自往”。初七是人的生日，人之后生，使人为尊。这天，乡俗流行日食“七菜羹”，一般将芹菜、蒜、葱、韭菜、芫荽、芥菜、白菜、菠菜等蔬菜煮成羹。在农业社会，大家都祈望吃了七菜羹，来年大丰收。古时逢人日，除了吃“七菜羹”，还要吃“及第粥”与“吃面线”等象征吉祥如意、步步高升的食物。“及第粥”的主要材料是猪润（猪肝）和猪肠，润者富润之意，而“肠”音同“长”，也就是长生富贵之意，大家都希望今后富润长寿。

如今，过年增添了许多内容，封建陋习明显减少，人们举办各种文化活动和体育比赛，传统的节日有了新的色彩。

二、元宵节

农历的正月十五为元宵节，乡人称之为“正月半”，正月是农历的元月，古人称夜为“宵”，所以称正月十五为元宵节，又称“上元节”。据道教的说法，古代以正月十五为“上元”、七月十五为“中元”、十月十五为“下元”，合称“三元”。上元乃大宫赐福之日，居“三元”之首。

元宵节放花灯，始于汉代，兴于唐宋。元宵放花灯十分热闹，旧有观灯之说，即有玩灯等活动。现代的放烟花已经代替了放花灯，小孩尤为高兴。夜幕刚临，在村头巷尾、村前村后，一群群小孩在大人的指导下，兴高采烈地燃放烟花。烟花天山舞，爆竹地下响，绚丽壮观，非常热闹。一些行政部门、企事业单位或赚了钱的老板，还举办元宵焰火晚会。当晚，群众倾城而出，万人空巷。焰火晚会现场，人头攒动，光影交织；空中，流光溢彩，熠熠生辉，响声四起。

按照习惯，每年元宵节这一天，家家户户用糯米粉做汤圆，象征着家人团圆、和睦幸福。这种汤圆又叫“元宵”，辛亥革命以后，袁世凯认为元宵（袁消）不吉利，下令把“元宵”改为“汤圆”。所以，至今在乡下仍称“元宵”为“汤圆”。在罗浮民间，把“汤圆”又称为“糖圆”，其义有二：“糖”甜也，寓意生活甜美；“圆”完美也，寓意阖家团圆。为表喜庆，罗浮山的元宵“糖圆”往往红白两色，红色的丸子染上花红粉，先用来祭拜，后食之。罗浮山人制作“糖圆”的方法与周边地区的制法相同，用温水与糯米粉一起和匀，然后把粉团揪成大小相等的剂子。将粉团按扁，中间包上熟花生碎、熟油麻混糖的馅料，揉成汤圆球下锅煮熟。有的直接将糯米粉团揉成小球，放入煮开的糖水中即可。

在“福佬话”地区，过元宵节兼做会，“会”是会集亲戚朋友的意思，做会那一天，所有的亲戚都会来，人来得越多越好，即使是不相识的人，来到门口主人也会热情地邀请他入席。

生意人在元宵节请客，称为“春茗”，请来新老客户，举办茶话会，联络感情，共商大计。

俗话说：“过了十五，各人寻头路。”正月十六后，沉浸在节日欢庆的人们各自重归各行业。至此，春节的活动也就结束了。

三、清明节

清明，是中国传统节日，起源于春秋战国时代，至今已有两千五百多年的历史。清明是二十四个节气之一，在二十四个节气中，既是节气又是节日的只有清明和冬至。

清明节是中国重要的传统民俗节日之一，2006 年被列入第一批国家级非物质文化遗产名录。清明节的时间在每年的公历 4 月 4—6 日之间，5 日居多，亦即农历二月底至三月初之间。它是定在二十四节气中春分后的第十五天，在这一天抚今追昔，上坟扫墓，拜祭先人，已成为当地人一年一度必不可少的孝思习俗。

罗浮南麓沿江的龙溪、石湾、园洲讲本地话和东莞话的地方，在清明节有“拜山”（扫墓）的民俗。这些地方的“拜山”为一年两次（清明和重阳），福佬和客家地区只在重阳拜。

博罗乡间对“拜山”的习俗很重视，是日，外出的人们要赶回家拜山，不少远居海外的人也于清明节回乡拜山。博罗乡间拜山的形式有：连祖（几房人组合）拜、分房拜、单家（自家）拜。采取什么方式，因情况而定，有的连祖、分房、单家一条龙拜完，年年如此；大多数人自家墓年年必拜，连祖和分房的祖墓相隔几年才拜一次。

拜山之日尤为热闹，拜山队伍浩浩荡荡，坟茔山地人山人海。拜山时，将坟墓的杂草铲除，墓上添土，以圆形草皮压着“白纸钱”置于坟顶处。然后摆开祭品，点烛焚香，淋洒烧酒。上坟者依长幼拜祭后，烧纸钱，烧“炮丈”，分吃祭品。以前，去拜山一般只允许男丁前往。而今，全家上下，男女老幼都可以去拜山，甚至连外嫁女的一家大小也一起参与拜山。

20 世纪 80 年代以前，拜山的祭品一般是香烛、纸钱、烧酒、猪肉、三牲和饼干等。80 年代时，猪肉变成烧猪肉或烧鸭、烧鹅。进入 21 世纪，烧猪肉变成烧乳猪。如今，祭品中多了鲜花，纸扎的别墅、汽车、家用电器、“妹仔”（佣人）、麻将、支票、金条、手机和手表等“奢侈品”。

而今，博罗人移风易俗，老人百年归老后奉行火葬，骨灰存放在骨灰楼。每年清明节，到骨灰楼取出骨灰盒，依辈分排列好，焚香烧衣拜祭后放回骨灰楼。

除此之外，罗浮山客家人过清明节还要吃“艾粄”。每年清明节前后，春阳朗照，春雨滋润，草木齐发，在田间地头、溪边坡坎的一些不起眼的角落，一种叫“艾草”的草本植物争先恐后地从泥土里钻了出来，团团簇簇，星星点点。把艾草从野外摘了回来，清洗干净，去除老梗，放入煮开的水中焯熟。挤去多余的水分，切细，剁成泥与米粉和糖做成粄糕，蒸熟，这就是清明“艾粄”了。艾草性温、味苦、无毒，有一股特殊的于人非常有益的香气，可以散寒除湿、消肿散结，平喘、镇咳、祛痰、护肝、利胆，所以有“吃了清明粄，身强体又壮”之说。

2007 年 12 月，国务院将清明节纳入国家法定节假日。此后，清明节放假 1 天。

四、端午节

农历五月初五，是中国民间的传统节日，博罗人称之为“五月节”。

五月节，亦称“端午节”、“端阳”、“端五”，“端”字有“初始”的意思，因此，“端五”就是“初五”。而按照历法，五月正是“午”月，因此“端五”也就渐渐演变成现在的“端午”。

关于端午节的由来，说法甚多，诸如：纪念屈原说、纪念伍子胥说、纪念曹娥说、起于三代夏至节说、恶月恶日驱避说、吴越民族图腾祭说等。以上各说，各本其源。据学者闻一多先生的《端午考》和《端午的历史教育》列举的百余条古籍记载及专家考古考证，端午起源于中国古代南方吴越民族举行图腾祭的节日，比纪念屈原更早。但千百年来，屈原的爱国精神和感人诗词，已深入人心，故人们“惜而哀之，世论其辞，以相传焉”，因此，纪念屈原说影响最深、最广，占据主流地位。在民俗文化领域，中国民众把端午节的龙舟竞渡和吃粽子等，都与纪念屈原联系在一起。

时至今日，端午节仍是中国一个十分盛行的隆重节日。

旧时，端午节前几天，乡里人家家户户都裹粽子，他们把裹粽子称为“包粽”。“包粽”多数用山竹叶，捆绑粽子的绳子一般是干水草。粽子按味道分为咸粽、甜粽；按形状分为三角粽和枕头粽（长条粽）。以前人们为方便分辨咸粽、甜粽，就把甜粽（灰水粽）包成三角形，把咸粽包成长条形，长条粽每条5至8寸不等，直径3至4寸，容量大，能裹馅料多，通常每条粽半斤至2斤左右。现在裹的粽子除肇庆粽保持1斤重外，其他都是半斤以下的“袖珍粽”。咸粽子以糯米为主，加放豆类、肥（咸）猪肉或咸蛋，故称“咸粽”。烧子蒸熟后剥开即可食用，由于咸粽含有高蛋白，存放时间不能超过两天，故多是自做自食，少量送人。

甜粽，其实是淡（无味）粽，先用碱水将糯米浸泡透，使糯米染上淡淡的黄色，再用苇叶包成四角小粽，扎紧。煮熟剥开的粽子，有苇叶的清香，黄澄澄的粽子显得饱满、圆润，比咸粽嫩软，蘸蜜糖、黄糖来吃。甜粽存放时间较长，每年都大量制作，作为亲朋好友馈赠交往之礼品。

端午节在芒种后夏至前，那时天气开始变热，故有“吃了五月粽，棉被锁进笼（箱）”之谚语。又因为粽子食材丰富，营养价值高，也有“吃了端午粽，一年不生病”之说。

博罗地区近东江，河涌纵横，湖泊如星，都有赛龙舟的习惯。本地人称赛龙舟为“扒龙船”，故有“五月节，裹米粽，扒龙船，锣鼓响，大江边”之歌谣。其中最负盛名的是石湾、园洲和龙溪三地。

博罗的龙船竞渡多在东江，那时，东江河河床又高又宽，水面阔，适宜龙船竞赛。旧例在五月初一才起龙船。俗语云："初一龙船起，初二龙船忍，初三初四游各地，初五龙船比。"比赛那天，东江两岸沉浸在节日的气氛之中。伴随着两岸数万群众的声声呐喊和江中龙舟上的阵阵鼓点，东江河波翻浪滚，百舸争流，场面十分壮观。

端午节挂菖蒲、艾叶的习俗，全国皆有，博罗亦有此俗。古人认为"重午"是犯禁忌的日子，此时五毒尽出，因此，端午风俗多为驱邪避毒。民间中一直有这样的谚语："清明插柳，端午插艾。"这天，人们采菖蒲、艾草各一小扎悬吊于门侧，或在门口或在室内燃烧艾条，驱邪避毒，辟邪纳福。

2007 年 12 月，国务院将端午节纳入国家法定节假日。自此，端午节放假 1 天。

五、七月十四

七月十四，博罗民间称为"鬼节"。该节日源于七月十五——中元节，乡间人称之为"七月节"或"七月半"，是一年中三大"半"节之一（正月半、七月半、八月半），也叫"盂兰节"、"中元节"。

"中元节"是中国道教的叫法。夏历七月十五这天，佛教称之为"盂兰盆节"，民间则称之为"鬼节"。当然，道教的中元节、佛教的盂兰盆节及民间的"鬼节"，有不同的表达形式，但是，这三节又有祭祀祖先和崇尚忠烈的共同的文化内涵。

道教有上中下三元、天地水三宫之说，俗称"三界公"。相传，正月十五为上元（天宫大帝）、七月十五为"中元"（地宫大帝）、十月十五为"下元"（水宫大帝）的诞辰。在上元当日，主要举行祈福仪式，而中元是用以赦免亡魂的罪，下元是为有过失的人结束厄运。又传，上元节是人间的元宵节，人们张灯结彩庆元宵。"中元"由上元而来。人们认为，中元节是鬼节，也应该张灯，为鬼庆祝节日。不过，人鬼有别，所以，中元张灯和上元张灯不一样。人为阳，鬼为阴；陆为阳，水为阴。水下神秘昏黑，使人想到传说中的幽冥地狱，鬼魂就在那里沉沦。所以，上元张灯是在陆地，中元张灯是在水里。农历十月十五下元节，亦称"下元日"、"下元"。这一天，道观做道场，民间则祭祀亡灵，上坟添土，送寒衣。

据《盂兰盆经》记载：释迦牟尼弟子目连，备百味果食，供养十方众僧，并仗十方众僧之威力救母亲于倒悬。佛祖有鉴于此，推而广之，要求佛门弟子尽心行孝，每年的七月十五，做盂兰盆，施佛及僧，报答父母恩情。南朝梁武帝，首次在中国设盂兰盆会，从此，民间把农历七月十五定为"盂兰节"。

这些传说一直流传后世，逐渐形成一种民间习俗。每到"中元节"，人们都会宰牲祭祀、焚香烧衣，拜祭由地府出来的恶鬼，化解其怨气，使其不致贻害人间，久而久之，就形成了过“鬼节”的风俗。

博罗地区的中元节却是七月十四，为什么呢？有这样一个传说：宋代，北方战乱，一批汉人仓促南迁。但就在南迁前夕，他们遇到了一个难题：如何把祖宗带走？按传统，只有在除夕、清明、重阳和中元节祭祀祖先时，祖先们的亡灵才会聚拢回家，才能跟着灵牌走。此时离中元节（农历七月十五）只有一天，但他们已经等不及。为了聚拢祖先们的亡灵，他们决定提前一天过中元节，把祖宗的亡灵集中起来，然后带着祖宗牌位迁往南方避难。后来，为了纪念这个日子，迁往南方的汉人就把中元节改为每年的农历七月十四。民国的《博罗县志》有记载：“旧传惠民多居南雄，因元兵将至，预于十四日荐祖，次日避兵。故今循之。以十四日为中元节。家备酒肴祀先祖。”

六、中秋节

中秋节，是中国传统节日之一，为秋季的第二个月，古时被称为仲秋。因处于秋季之中和八月之中，故民间称之为中秋，又称秋夕、八月节、八月半、月夕、月节，又因为这一天月亮满圆，象征团圆，又称为团圆节。

“中秋”一词，最早见于《周礼》：“仲秋之月养衰老，行麋粥饮食。”但并没有说明是八月的哪一天。

唐朝以后，中秋节才成为固定的节日。传说唐玄宗梦游月宫，得到了霓裳羽衣曲，民间才盛行过中秋节的习俗。一般认为，中秋节盛行于宋朝。元末朱元璋起兵时以月饼秘密传递“八月十五日杀鞑子（即蒙古人）”的讯息，洪武元年（1368）朱元璋将月饼作为节令糕点赏赐群臣。明清时期，中秋节已经成为中国的一大传统节日。2007 年 12 月，国务院将中秋节纳入国家法定节假日，规定放假 1 天。

关于中秋节来源的传说中，“嫦娥奔月”的故事最著名。嫦娥奔月源于“后羿射日”（详见第四篇“饮食民俗”之“仙人粄”，第 55 页），后羿射日后，嫦娥吞服仙药，成仙飞天而去，留在人间的后羿仰天长叹，抑郁而终。由于嫦娥牵挂丈夫，便飞落到离人间最近的月亮上，永驻广寒宫。后羿还魂得知后拼命朝月亮追去，当夜月亮格外皎洁明亮，还隐约能见到嫦娥的身影。可是他追三步，月亮退三步，他退三步，月亮进三步，无论怎样也追不到。自此夫妻永隔，只能对月望影长相思。百姓们得知嫦娥奔月成仙后，纷纷在月下摆设香案，向嫦娥祈求平安吉祥，由此便逐渐形成中秋节拜月的风俗。

博罗地区中秋节的传统活动有很多。

（1）赏月、拜月。《礼记》早有记载“秋暮夕月”，意为拜祭月神，逢此时要迎寒和祭月，设香案。至唐宋时期，赏月之风更盛，关于中秋的诗词也层出不穷，如辛弃疾的《木兰花慢》、苏轼的《水调歌头》等。《东京梦华录》

更有记载："中秋夜，贵家结饰台榭，民间争占酒楼玩月。"在博罗地区，赏月、拜月的风俗，由来已久。有歌谣曰："八月半，是中秋，食月饼，开罗柚。"据民国《博罗县志》记载："中秋，人家以月饼祭祖，儿童携灯为夜游。"中秋之夜，一家人围坐家门口，桌上摆满月饼、糖果和水果，主人面对皎洁的月亮，点香祭拜，然后品尝食品，观赏月色，其乐融融。

（2）赛灯、放灯。中秋之夜，月亮初升，家家户户门前挂灯笼，小孩成群结队，提着小灯笼大街大巷跑，一方面看谁家门前的灯笼最大、最光亮；另一方面看谁手上的灯笼最漂亮。中秋时小孩手上的灯笼都是外婆买的，造型多样，有鲤鱼灯笼，有飞机灯笼……最有意义的是放孔明灯。所谓孔明灯，是用竹条扎成一个直径1米以上的圆圈，然后绕着这个圈，用砂纸糊成高约2米的大纸筒。纸筒的底层四周用铁丝相牵织成网状。放灯时，用适量的草纸，浸透煤油置于铁丝网的中央，先将灯的圆顶捻起，后将灯内草纸点燃，再由几个人紧紧地把灯按在地面，待灯内点燃的热气充满纸筒，并有强烈的上冲感时，按灯者同时放手，孔明灯便像热气球一般，飘然升空，随气流飘向远方，从地面上看，就像一颗星星。此情此景，民国《博罗县志》中有记载："儿童欢呼，翘首望者，比比然也。"

（3）烧宝塔。中秋夜烧宝塔在罗浮山南麓的博罗西部地区的农村很流行。塔身由碎砖和瓦片搭建而成。它是圆锥形，下宽上尖，内为空心，形似宝塔。中秋烧宝塔是年纪稍微大一些的小孩的专利。是日中午，村中的小孩，三五成群，拉帮结派，到村前屋后、老宅基地，寻破砖，捡碎瓦，拾柴火，准备垒砌宝塔。是日下午，孩子们在村前摆开了垒砌宝塔龙门阵，几个小时后，一座座宝塔摆满了地坪，甚为壮观。晚上，月亮初升的时候，烧塔比赛开始，塔烧得越红越好，烧得越旺越有彩气。当塔身红彤彤的时候，孩子们往宝塔撒上盐，"噼啪！噼啪！"火花溅起，有声有色，孩子们欢呼跳跃，欢快的气氛延续至深夜。

（4）伏仙姑。旧时，中秋节后的几天晚上，沿江地区起香火求神，俗称"伏仙姑"的民俗。"伏仙姑"，通常是在晚上在室内摆一张八仙桌，供上香烛、果品，由一名老姑婆或寡妇为代表请仙姑来聊天。请仙姑的人头戴柱帽，端坐桌前，焚香祈祷后，双掌捂脸伏于桌面，口中念起口诀。片刻，仙姑附体，出神入化，头在摆动，双手在桌面摇动，形态、语言好像变了一个人。任是谁提出的问题，她都能对答如流，平时不会唱歌的居然也唱出好听的歌，逗得人们捧腹大笑……当她醒过来后，显得尴尬和惘然若失，对刚才所发生的事情都记不起来了。谁都可以自愿充当请仙姑的代表，但都不是职业巫婆。

时过境迁，昔日的中秋民俗大多消亡，取而代之的是中秋送礼，送亲戚，送朋友，你来我往。

七、重阳节

农历九月九日，二九相重，俗称“重九”。在中国数字中，一、三、五、七、九为阳数。故九月初九又称重阳节。

在中国古代，重阳节是一个重要的节日，这一天要举行各种活动，如登高、赏菊、插茱萸和吃重阳糕等。这些活动一直延续至今。同样，博罗地区的重阳活动也有诸如此类的活动。

（1）登高。登高是重阳节的主要习俗。古人认为，九九重阳，登高可以避祸免灾、转好运。在20世纪70年代之前，罗浮人几乎没有这个概念，从20世纪末开始，重阳节登高爬山，逐渐演变成人们放松心情、锻炼身体的体育和旅游活动。进入21世纪后，登高热潮一年高过一年。重阳登罗浮山已经成为年轻人的一种时尚活动，九月初八下午，三五成群结伴登罗浮山，直达飞云顶，留守山顶观看日出，登高的人漫山遍野，人头攒动，蔚为壮观。

（2）拜山祭祖。民国的《博罗县志》中记载：“重阳谒先墓如清明。”博罗地区的拜山祭祖有“两拜”和“一拜”的形式，博西人为“两拜”，即清明和重阳都要拜，不能只拜清明不拜重阳，或只拜重阳不拜清明，要么是年都不拜，来年才拜；博东客家人只在重阳拜，而且拜山祭祖的时间比较长，从农历八月初一至十月底止。

（3）放纸鹞，即放风筝。博罗人称“风筝”为“纸鹞”，是祖先从中原带来的古音，鹞是一种能飞得很高的鸟，古代的风筝多是纸糊的，多糊成鹞的形状，所以称作“纸鹞”。有一句俗话说：“九月九，纸鹞上北斗；二月二，纸鹞见土地。”因为九月九后，广大农村旱地里的花生、番薯等农作物已经收成，到二月二后又开始耕种，为放纸鹞提供了广阔的场地；而且这一季节天气渐凉，适合野外活动。纸鹞的文化含义很丰富：一是它飞得很高，高寿、高智商、高收入、高声望等，都是人们梦寐以求的；二是它需要接受线的约束，提示人们：每个人都希望自由，但必须接受法律、纪律、规则等的约束，要不然就会像断了线的纸鹞丢失性命；三是它是人类最早的飞天器，寄托着中华民族的飞天梦，并鼓励着一代又一代人去努力实现。“九月重阳放纸鹞，一阵风来一阵高。”

现在过重阳节，已经见不到插茱萸等风俗了，但是仍然会有很多人在这一天登高赏菊，观赏秋天的美景。1988年起，中国政府将这个古老的节日定为“老人节”。每当佳节来临，人们都要举办各种敬老活动，祝愿老年人步步登高、健康长寿。

八、过冬

“过冬”，是博罗地区一年间的最后一个节日，即“冬至节”。

冬至是我国农历中一个非常重要的节气，也是一个传统节日，至今仍有不少地方有过冬至节的习俗。早在两千五百多年前的春秋时代，我国已经用土圭观测太阳测定出冬至来了，它是二十四节气中最早制定出的一个。时间在每年的阳历12月22日或者23日之间。

冬至是北半球全年中白天最短、黑夜最长的一天，过了冬至，白天就会一天天变长。古人对冬至的说法是：阴极之至，阳气始生，日南至，日短之至，日影长之至，故曰“冬至”。冬至过后，各地气候都进入最寒冷的阶段。俗话说：“吃了冬至饭，一天长一线”，过了冬至后白天的时间越来越长，即“冬至阳生”。此时人体内阳气蓬勃生发，最易吸收外来的营养，而发挥其滋补功效，也就是说，在冬至前后人们开始进补是最好的。

冬至过节源于汉代，盛于唐宋，沿袭至今。《清嘉录》有“冬至大如年”之说。人们认为冬至是阴阳二气的自然转化，是上天赐予的福气。

殷周时期，规定冬至前一天为岁终之日。冬至节实质上相当于今天的春节。后来实施夏历，但冬至一直排在二十四个节气的首位，被称为“亚岁”，与后来的春节前夕的“辞岁”相区别，表示“年”还没过完，但大家都已经长了一岁。宋代陆游的《辛酉冬至诗》曰：“家贫轻过节，身老怯增年。”明朝田汝成的《西湖游览志馀·熙朝盛事》曰：“冬至谓之亚岁，官府民间，各相庆贺，一如元日之仪。吴中最盛，故有肥冬瘦年之说。”

汉朝以冬至为“冬节”，官府要举行祝贺仪式，称为“贺冬”，例行放假。《后汉书》中有这样的记载：“冬至前后，君子安身静体，百官绝事，不听政，择吉辰而后省事。”所以这天朝廷上下要放假休息，军队待命，边塞闭关，商旅停业，亲朋各以美食相赠，相互拜访，欢乐地过一个“安身静体”的节日。

唐、宋时期，冬至是祭天祀祖的日子，皇帝要在这天到郊外举行祭天大典，百姓要在这一天祭拜过世的父母尊长。

明、清两代，皇帝均有祭天大典，谓之“冬至郊天”。宫内有百官向皇帝递呈贺表的仪式，而且要互相表示祝贺，就像贺元旦一样。

过冬，在博罗民间是个大节，有“过冬大于过年”的俗语。它表示农事已结束，庆祝一年农业生产顺利和丰收。这一天，做生意的要与顾客做好来年的生意契约，雇主与做长工者结账并商定来年是否续聘的事宜，私塾先生（教师）也要告别弟子回家过年。

过冬像过年一样隆重。因为冬至是个吉日，民间有“冬至吾挪丸（用手捏成丸子的粄），来年难赚钱”的说法。实际上，这天家家户户都做“粉馃”，冬至粉馃其实是一种萝卜粄，博东人称它为艾粄或艾角，博西人叫它萝卜角（音郭），像一个巨型的饺子，因其中间大，两头为尖角，馅料以萝卜为主，故称“萝卜角”。其做法比较复杂。先取野生艾草，水煮后用竹箕背擦磨，制成糊状。之后混合米粉，做成粉皮，包裹馅料。馅料有萝卜丝、腊肉、瘦肉、虾米和腐竹皮等。

冬至习俗，最重要的是祭祀祖先。各家各户均劏鸡、杀鸭或宰鹅，准备酒肉、果品、糍糕和汤圆，举行隆重的祭拜仪式，然后合家吃一顿丰盛的晚宴，以庆团圆、贺丰收。

九、田园节

夏收、夏种大忙后，农事可稍事休整，在博罗县东部的客家地区有过“田园节”之俗。

博罗地区种植双季稻，农历六七月是农民最忙碌的季节，早稻收割后要立即插莳晚稻。到了七月立秋节，晚稻也插完了。经过一个多月的连续重体力劳动，其劳累程度以及完成了最为重大的农事劳动后的欣慰心情是可以想象的。博罗有俗谚云：“立秋处暑，便（客语，靠着之意）墙着裤。”这意思是说，农民们已经“翻了两个造”（夏收、夏种工作），连穿裤都站不稳，疲劳极了；又因旧时人多田少，粮食困难，长期没有吃饱或吃好；这时天气又酷热，田基本插完，恰好有个节气，便放下农活休息休息，做粄加菜，打打牙斋，让肚子赏个饱福；同时邀亲串戚庆祝一番。于是，他们以村（大队）为单位，确定某一天来进行庆贺，以做完农活的“田完”的名义，客家人将“做完一件事”的“完”字，读作“园”，故将庆贺“田完”的日子称为“田园节”。

是日，各家各户都要“踏田园粄”（把大米磨成粉，做成汤圆），田园粄一般是“挪汤圆”。挪汤圆的做法很简单，主要材料为糯米粉，将糯米粉和好后，用手揉捏成一个个大丸子（糖圆般大），然后放进鸡或鸭汤中煮熟，加入调味料即可食用。田园粄虽然简单易做，但在物资匮乏的年代，也是一件不容易的事情。它的价值不仅仅是填饱肚子，还传递着亲情友谊，乡民们将田园粄在亲友间互相赠送，迎来送往，体现着乡民那种平实与孝顺。

加菜（家宴）是田园节的重头戏，宴席一般安排在下午四五点钟，当地人叫食“半晚夜”。菜色丰盛，鸡、鸭、活鱼、猪肉、豆腐……琳琅满目。久违的盛宴，让宾客垂涎三尺，大家毫不客气，放开肚皮“任擦”（任意吃）。

宴前还要“奉神”（祭祖），供桌上摆上鸡或鸭、三杯酒、三碗米饭、三双筷子，主人念着祝词，大意是祈求风调雨顺、六畜兴旺、五谷丰登。

十、做会

最能代表乡间习俗的节日恐怕是“做会”了。“会”是会集亲戚朋友的意思，做会那一天，家家户户邀请亲戚朋友到家中相聚，大摆宴席，见面交流，增进友谊。人来得越多越好，即使是不相识的人，来到门口主人也会热情地邀请入席。客人可以不带任何“手信”（礼物一般都带），只管大快朵颐。

“做会”是以姓氏或区域为独立单元进行的节。以龙溪为例，在“福佬”地区的龙江、夏寮、宫庭等村，不管何姓，统一在一天“做会”。此外，每个姓氏都有自己的“会日”，毛氏做五月十三，吕氏做正月二十……一年中，几乎每个月都有“做会”的节日，但一般都集中在正月、二月、三月春播之前。

“做会”的日期什么时候定下来，为什么在这天，已很难考证。但是，“做会”的日子是有讲究的，有的地方“会节”（做会和过节）一起做，如龙溪的“福佬”地区，正月十五元宵节兼“做会”；有的地方选择“做会”的日子具有特殊意义，或祭祀祖先，或纪念上祖。龙溪毛氏银岗村每年的五月初四过端午节，五月十三“做会”，这是因为当年进士毛殿飏赴福建任官的日子正好是端午节，于是族人就提前一天过节，为毛殿飏送行，并连续做十天的大戏，一直到五月十三，族人把这天定为“做会”。没想到此举在日后竟固定下来，端午节为初四，“做会”在五月十三，一直延续到新中国成立初期，有300多年的历史。后来，族人认为初四过节，十三“做会”，间隔时间太短，村民难于应付，后逐渐改为五月初四“节会”同台，既是过节，又是“做会”。

“做会”究竟形成于何时，也很难考证，但可确定的是由出嫁女发起的。讲的是某村，几个出嫁女回娘家时不期而遇，说起多年难得见上一面的事，都很伤感，于是相约在每年的某一天一起回娘家，大家就可以见面了。这种做法后来被越来越多的人效仿，而且越来越隆重，最终形成了“做会”这个节。

“做会”也叫“做棚”。旧时，“做会”要请戏班子，村人要在村中的空旷地方搭台做戏，乡间人称“搭戏台”为“搭戏棚”，故“做棚”成了“做会”的代名词。

“做会”有攀比心理，“做会”那天，客人不请而到，来得越多越好、越体面；相反，如果客人到的少，或者一个客人都没有来，主人会很伤心，甚至有些妇女会坐在门槛上号啕大哭。因为只有被看不起的人家才没有人来。同样，哪一个村的戏棚搭的最大，就表示那村人丁、六畜兴旺，日子红火。

为了办好“做会”的家宴，节前，家家户户举全家之力，筹备应节食品。最忙的是妇女们，将糯米夯成粉，揉面（粉）包馅，蒸粄，蒸完一笼又一笼，做完粄又做豆腐，一天到晚没停歇。更难的是做这些事情很难找到帮手，因为家家都在做，谁也帮不上谁。

宴客是“做会”的高潮和最终环节。是日，主人忙里忙外，忙到“屙屎都唔得闲”：杀鸡、宰鹅、劏鱼、酿豆腐、煮肉，接待客人、递烟、倒茶……每桌至少要八菜一汤，普遍是十菜一汤。其中，鸡、鸭、鹅、粉丝和扣肉（或红焖猪肉）等五样菜是不可缺少的。下午五六点最热闹了，村民家中，参加宴席的亲朋好友少的有三四围台，多的有七八围台。席中，主人频频为客人劝菜添酒，客人毫不客气，吃得津津有味，喝得满脸通红，不饱不放筷，不醉不归。

“做会”能经久不衰，自然有它存在的道理。在20世纪的“文革”期间，“做会”被当作“四旧”废除；不久，又恢复了；20世纪八九十年代，一些地方为了减轻农民的负担，强行制止“做会”，结果徒劳无功。

现在，“会”越做越大，会期一到，读书的带同学，打工的带工友，朋友又带朋友，客人构成结构相当复杂，更有喧宾夺主的——相亲，俨然在其中举行。

是日，车水马龙，人头攒动，交通阻塞，举步维艰……一些酒足饭饱的客人们总在抱怨：明年不来了！然而，一年后，他（她）们依然高兴而来，抱怨而归，年复一年，依然如故。

十一、庙会

庙会，又称“庙市”或“节场”，是指在寺庙附近聚会，进行祭神、娱乐和购物等活动，是中国民间广为流传的一种传统民俗活动。它的产生、存在和演变都与老百姓的生活息息相关，它与宗教信仰特别是道教信仰有密切的联系。人们的信仰和崇拜必须通过一定的载体和行动方式来实现，所以这些庙宇以神设教，每年或三五年或十来八年，必修醮事，必作庙会，每每形成一种声势浩大的带有宗教性质的民俗活动。

博罗地区的宗教民俗活动多为道教的醮事和庙会。

醮事与庙会有明显的区别：一是在举行的时间间隔上有所不同，庙会一般是一年举行一次或多次，而醮会则间隔若干年才举行一次，其中有3年、5年、10年才举行一次的。二是在时间长短上有所不同，庙会一般2～3天即结束，醮会少的3～4天，多的6～7天才结束。三是在具体活动内容上有所不同，醮会比庙会更丰富而复杂，概括地说，庙会一般只表现某一种神的威力，而醮会则综合表现儒、道、释以及阴阳配合的威力。

庙会在“文革”期间被全面停止，改革开放后，庙会又重新开始。由于其他原因，庙会举办的次数不是很多，而且规模不是很大，但是东岳宫“三月朝拜”庙会，在民间影响颇大。

东岳宫位于博罗县城葫芦岭（浮淀岗）的北麓，南宋末年修建，宫中供奉东岳大帝。

东岳大帝是道教因袭民俗崇奉的泰山神。泰山古称东岳，自古受到人们的崇拜。其后，人们将其拟人化，给它取姓氏名讳，婚配子女。旧时各地皆有东岳庙，大都以道士奉祀香火。传说3月28日为东岳大帝生日。该日，各地皆于庙中举行盛大庆典，名曰：庙会朝拜。博罗东岳宫的庙会朝拜数年举行一次，由当时东岳庙联合民间信众举办，其形式更具特色。

民国的《博罗县志》记述了博罗东岳庙（宫）历代以来的朝拜会的盛况（民国《博罗县志》卷五《文化三·风俗》，1988年内部刊物，第331页）：“东岳庙，在浮碇冈北麓……盖祀泰山之神，称为天帝之孙，司人寿命之长短者。每数年，朝拜一次，仪饰艳盛，费用不资。乡人水旱疾疫，无不祷祀，称灵异焉。岁时仗腊，亦奔走不暇。”

新编的《博罗县志》也有记载（《博罗县志》第五章“习俗·醮会·朝拜会”，第698页）：“每年于3月19日着手准备，20日起朝，24日游潮，25日歇脚，26日迎东岳神于长寿观，27日正式游会。”

游会是整个朝拜的高潮。是日早上，一支浩浩荡荡的队伍由城东二公里的葫芦岭（浮碇冈）东岳宫出发，穿城而过，到达城西二公里的观背村的长寿观进行祈福祭坛，祭拜告一段落后，朝拜队伍再复返葫芦岭（浮碇冈）东岳宫。朝拜游行来回路程有10公里。一时间，县城内外，万人空巷，锣鼓喧天，鞭炮震耳，硝烟弥漫。

东岳大帝、左侍卫官康元帅、右侍卫官雷元帅、赦官爷分别乘坐四台大桥出巡，由男丁高举东岳宫大令旗，东岳大帝出巡、肃静、回避金漆木牌。随后，十六个俊朗少男分别抬着8个装有三牲、酒礼、鲜花和供果的“圣格”。

几个充当神马的人赤着上身，穿红色裤子，脸涂花纹，口中衔铁签，手握长铁棍，在神像前忽前忽后、忽左忽右地跪拜，挥舞开道。其后是香火队，信徒们肩背香袋，手执香火，排成数行，徐徐而行。只见烟雾缭绕，缥缈弥漫，如入仙境一般。紧随香火队之后是鼓乐队，乐师身穿青衫，腰束黄带，手执鼓、钹、箫、喇叭和二胡等乐器，演奏乐曲，鼓乐喧阗，清亮激越；丝竹和谐，悠扬动听；声伴乐和，优美悦耳，在半空中萦回不绝。

跟随后面的巡游队伍分别由各坊民众组成，一坊接一坊有序地行进。坊队中有醒狮、麒麟、金龙、罗伞和八音锣鼓伴随。最醒目的是“扮鼎马”，由6至8岁小孩化装成的“八美争艳”站在马匹上或行车架上，把历朝的醉贵妃、病西施、笑褒姒、恨妲姬表现得各具个性，忽上“九天摘星”，忽下“海底捞月”。

行香队伍吹吹打打，热热闹闹，行一程停一阵，停一阵行一程，返回东岳宫，已是红日偏西……此时，香客摩肩接踵，面容虔诚，合手祈祷，烧香烛、烧纸钱，火光熊熊，浓烟弥漫。庙堂内信徒簇攒，灯烛辉煌，香烟缭绕，钟磬悦耳，经幡摇曳，道法升腾。

“三月朝拜”是庙会，也是集市。届时，外地商贸和手工业者，即分水、陆两路，或肩挑驴驮，或推车乘船，从四乡八镇涌向博罗城，有来卖货的，有

来买物的，有来看热闹的，有来采风的，还有来谈对象相亲的，万头攒动，车水马龙，热闹非凡……吆喝声、叫卖声、锣鼓声，还有小孩子手里的喇叭、哨子的声音，合成“庙会交响乐”，两三里外也听得到。尤其是农民，扛着买来的崭新农具，眉飞色舞，喜气洋洋。

东岳宫毁于 1951 年秋。1985 年，落实宗教政策后，有信教群众在原址上烧香拜神，1993 年成立葫芦岭东岳宫管理委员会，并向县宗教局办理了宗教活动场所登记证。1997 年经县政府批准由东岳宫管理委员会出资重修东岳宫并整治周边环境，经过多年努力，建好东岳宫大殿、财神殿、观音殿、理事楼和停车场。

东岳宫先后于 1995 年、2005 年、2012 年，经省、市宗教管理部门和博罗县政府批准，组织了三次大型的“三月朝拜”巡游活动。特别是 2012 年 4 月成功举办了以“风调雨顺，国泰民安，社会和谐，福寿康宁”为主题的壬辰年“三月朝拜”东岳大帝出巡活动，参与活动的群众近万人次，虽然规模、内容和形式逊色于鼎盛时期，但是宗教人士的鼎力相助、民众的积极参与，充分体现了博罗的民俗文化正在发扬光大。

十二、打醮

“醮”的原意是祭，为古代的一种礼仪。《说文》曰：“其一为冠取，二为祭祀。”其原始的目的，是古代农民百姓对天上神佛的庇佑表示感谢，或祈求平安。祭典乃是通过道士、和尚来与鬼神“沟通”的。这个活动称为“醮”，而醮亦分平安醮、瘟醮、庆成醮和火醮四类。其提法虽然很多，但万变不离其宗，就是道士、和尚为人设坛斋醮做法事的程式、礼仪等规矩，俗称“打醮”、“醮会”。

“醮会”于汉末道教盛行之后，逐渐衍变成“僧道设坛祭神”的专有名词。其原始意义主要在于，祈求风调雨顺、国泰民安，最后成为祈神酬恩和施鬼祭魂合而为一的民间祭典活动或传统节日。

“醮会”，有“国醮”和“民醮”之分。

“国醮”，也叫“皇醮”，原是国家遇水旱虫疫等重大灾害时，朝臣议谏，上奏朝廷，奉皇帝之命，决策治灾，所举行的保“国家太平，皇图巩固，人寿年丰”的一种宗教仪式。同时，国家开仓赈灾、救济百姓，以求渡过难关。地方仿效，上下协同，万众一心，驱瘟逐疫，祛灾降福，祈求风调雨顺、国泰民安，这是国醮的主要特点。

“民醮”，即民间打醮，名目繁多。这些斋醮的规模不论大小，其目的均为祈祷国运昌隆、黎民康泰、田禾丰盛、六畜兴旺、八方平安、天下太平。大型醮仪的举行，均设在各地的宫、观、殿、宇、庙、堂之内，皆有各庙神灵（俗称“老爷”）出堂“监坛”。各城乡的官僚、豪绅和商贾亦积极资助，慷慨解囊。广大民众则信手拈香、举善乐施、祝告苍天，场面宏大，一时间人山人海，热闹非凡。

醮会，这种神奇的祭祀祈祷活动，在博罗县流传甚久、甚广。据民国的《博罗县志》中记载（民国《博罗县志》卷五《文化三・风俗》，1988 年内部刊，第 337 页）：“每三年、五年或十年，必修醮事。皆大开道场，延僧礼忏（注：逐渐衍变成“僧道设坛祭神”），谓之太平清醮（注：太平清醮是一种保平安的“平安醮”）。其庙产充足，及户口殷富者则高搭彩棚，刻镂金碧，万灯照夜，千花绕坛，极庄严游观之至。”

最出名的是罗浮山的醮会活动，自唐宋以来，每隔几年冲虚等观寺庙宇都设醮于罗浮山，因其规模庞大，被称为“国醮”，这些每年都要举行的国醮都是为了祈祷“国家太平、皇权巩固、人寿年丰”。每逢醮日，罗浮山地区的乡民至罗浮山迎神出游，罗伞幡旗，八音锣鼓，道士列队而行，乡绅同行，乡民踵而行之。浩浩荡荡的打醮队伍，到各村绕场，称为出“老君”（也有传说为菩萨）。所到之处，乡民设酒肉香烛以祀，是为了迎“老君”，以求风调雨顺、五谷丰登、平安吉祥。

对此，宋代诗人李昴英作有《罗浮国醮》诗，曰（《诗词大全》）：

霓鳖蹁跹拜玉宸，发挥道德五千文。
步虚夜半千山月，朝斗空中五色云。
风雨若时昌国运，乾坤齐寿祝吾君。
贤侯方寸精诚积，散作丰湖叶气薰。

此外，博罗各地也有民间醮会的民俗，虽没有罗浮山“国醮”的规模大，但“麻雀虽小”，其内容和形式也各有特色。传说，“醮会”一般在春节前后举行，时间有长有短，长时达十余天。在一些地方，打醮频繁，每逢年一次，甚至数次，每逢神仙诞辰，民间要迎神报赛，修斋设醮，广设帐幕，陈列神瘫，招致百戏，男女远道趋赴，焚香膜拜，鼓乐喧闹，热闹非常。这种斋醮以迎神报赛的热闹场景，构成了民间斋醮的风俗画。

“醮会”举行醮事，选址很重要。地址一定要选择得好，既要有宽敞、舒适的活动坛场，又要有生活设施配套齐全的附房，还要有供搭法坛用的大场地。在场外要竖三根十二三米长的旗杆，挂七星灯，悬结幡盖，顶立白鹤，以显气势。

“醮会”需有严密的组织。打醮组织现称“理事会”，设理事长和理事若干人，理事长由德高望重的人担任，理事由各村公推一位绅士担任。

“醮会”必须有足够的经费。经费来源：由各村公尝田乐捐一部分；各村富豪、行商、绅士和族长认捐一部分；参加打醮村民男丁平均摊派一部分。打醮经费专项专用，张榜公布。

“醮会”全过程分三个阶段：起醮、正醮、散醮。

（1）起醮。乐队奏曲，僧人念经，道人做道场，开坛启师，师坐法事，人坛跪奏，高功发灯，金玉净坛，启拜醮班，迎邀三界；参加打醮的村民自此日起天天吃素；起醮以后参与者整天行香，入夜晚朝，祝贺传经；村民们可以邀请自己的亲戚来家住下“观醮”。

（2）正醮。正醮是醮会的重点，也是醮会的高潮。正醮有如下内容：一是邀请邻近村组织“观醮团”来观醮，这些观醮团均为醮会上宾，招待食宿，并观看演出。二是道士开始登台“作法”。身穿道袍的“法师”仗剑登台，斋戒沐浴、烧香喝符水，“以法附体”，运用“法力”除鬼驱邪，保境安民。为了显示他的法力，在念咒烧符、除鬼驱邪的同时，表演“上刀山”、“过火焰”、“下油锅”等使人心惊肉跳的节目。

（3）醮会，坛场之大、人员之多、法路之广，十分惊人，因而观众云集。站远者往往看得眼花缭乱、云里雾里，只有就近者方可见布阵之重重叠叠、奏乐之波涛起伏、作法之步伐繁深，可谓法路愈阐愈深，法结愈跑愈多，节奏时快时慢，慢则句行十步（注：跑十步路只唱曲一句），快则飞步前行、如梭似箭。其时，坛场上下鼓乐齐鸣，法坛内外号角长吹，隐隐细乐绕梁不绝，声声丝竹悠扬入耳。

新中国成立后，随着人们的思想观念的转变和政策的制约，此俗渐衰至废除。20世纪90年代后，“醮会”民俗和其他合法的宗教活动，政府管而不禁，一些地区会择日举行小规模的打醮活动。

十三、做社

博罗客家风俗中多有做社的习惯，并形成了具有特色的民俗节日。

何谓“社”？依据《现代汉语词典》的解释，“社”有两种释义：指共同工作或生活的一种集体组织；古代把土神和祭土神的地方、日子和祭礼都叫作社。在《说文》中“社”字也有两义：其一，“社，地主也。《春秋》曰：共工之子勾龙为社神”。其二，“周礼二十五家为社，各树其土所宜木”。这就是说，周代的基层行政区划以二十五家为“社”，并以某种特定的树木作为其名称和标志。

在博罗客家地区，最初作为一种祭祀活动和土神名称的“社”，亦成为早期乡村组织的一种代称。而作为祭祀土神活动的“社”，一般一年一次，主要是集体出钱宰猪祭社坛，各家各户设宴请客。“做社”，各地虽有不同，但一般都是祈求社神保佑风调雨顺、五谷丰登、人畜平安，不过“做社”的日子和内容不尽相同。最有特色的是柏塘镇鸭公围的“七社祈福”。

柏塘镇鸭公围的“做社”节日习俗，迄今已有两百多年的历史。鸭公围的“做社”活动不祭拜神，而是祭拜“昌福夫人”。

昌福夫人，即陈孝女。陈孝女（504—536）名妙圆，博罗龙华人。她是家中独女，从小孝顺父母，品德善良，聪明伶俐，很讨人喜爱。4 岁就能背读孝经，7 岁时就勇潜荷池取藕，医治父亲的病。长大后矢志不嫁，奉养父母。梁大同二年（536）陈妙圆父母去世，安葬完毕，她也“危坐而逝，其容若生”，时年 32 岁。陈妙圆为父亲治病潜荷池取藕和服侍父亲而矢志不嫁的孝举，在当地传为佳话，都称她为陈孝女。同年，陈孝女的事迹被当朝皇帝梁武帝知道后，敕封陈孝女为龙华护国庇民夫人，并敕以“孝女四龄通典，两白欢承，罗浮淑气，圭瓒灵光，允为孝诚第一”，并立祠封祀。自此，陈孝女开始为历代统治者所重视。如南汉时又封为“昌福夫人”，至宋代又赐予其祠“孝诚英烈，龙华感应”之牌匾。在男尊女卑的封建社会里，陈孝女的头衔无疑代表着国家的最高荣誉。

相传，清朝嘉庆年间，龙华陈孝女祠举办了一次盛大的醮会。在醮会结束时须鸣炮一响，炮头上系绣球一个，绣球落在何处，慈光则降临何处。事有凑巧，这次绣球正好落在了一个正在龙华赶集的柏塘鸭公围村民的箩筐中。得此绣球的村民，回来后设坛拜祭，而且，将每年的农历二月十四定为“社日”，

以“做会”和“打醮”的形式纪念昌福夫人诞日。日久，随着祭拜规模的不断扩大和形式的不变，纪念昌福夫人诞生的“社日”也逐渐成为一种具有地域特色的孝文化。“做社”的规模从鸭公围（横岭）扩展七个社（张屋、塘下、井头、墩头、麟角、石岗、仕岭等村），姓氏有黄、苏、李、陈、叶、余、寥。

多个村庄、数个姓氏同一天“做社”，在当地实属罕见。这种组织俗称为“柏塘镇鸭公围七社”。

“做社”那天，村中敲锣打鼓，家家亲戚朋友满座，户户设宴招待，寓意家门顺景、合家平安。一道道美味的客家菜肴，赴宴的男女老少脸上都乐开了花。

开宴前，村民浩浩荡荡到神坛或祠堂拜祭昌福夫人。

这种“做社”形式一直延续了两百多年。

2001 年，在族人的努力下，村民捐资在鸭公围横岭村建一栋两进的“昌福宫”，设立神坛，供奉“昌福夫人”塑像。从此，“昌福夫人”有了新居，宫内香火不断，圣灯长明，求婚、求子、求财、求健康、求风调雨顺的香客流连忘返。每逢“做社”之日，更是香客如云、热闹非凡……

最为热闹的是“昌福夫人”（迎神赐福）巡游。这种活动每隔几年举行一次。是日，柏塘鸭公围七社人头攒动，街巷处处笼罩在浓郁的节庆气氛之中，彩旗飞舞，锣鼓喧天，爆竹齐鸣。

巡游队伍由 30 人组成。令旗，彩旗，回避牌，黄龙旗，醒狮，香炉，浩浩荡荡，神轿中的“昌福夫人”塑像凤冠霞帔，在旗罗伞盖的簇拥之下粉墨登场，围观群众蜂拥而至。

巡游队伍每到一社，村民倾巢而出，霎时，供桌成排成行，供品琳琅满目，香火冲天，锣鼓喧天；叩头朝拜的人念念有词，募捐香油钱的人笑容满面，点燃爆竹，手舞足蹈……

巡游队伍从“昌福宫”出发，围绕“七社”的村庄巡游一圈，行程 10 公里，历时 5 个小时。

第六篇
风味特产

博罗地区属亚热带山原型季风湿润气候，光热充足、雨量充沛、无霜期长、严寒期短、四季分明，孕育了茂密的植被资源，因此它被誉为“神仙住的地方”。这里空气清新，土地洁净，生态宜人。在这得天独厚的环境中，盛产着许多种纯天然的绿色食品，经过勤劳智慧的罗浮山人民的代代挖掘和开发，形成了独具风味和特色的罗浮山特产。

一、传统风味

（一）云吞面

云吞面是博罗地区一种地道的小吃。虽然面食在当地并不是主食，但出奇的是，大部分的当地人对云吞面有一种难以割舍的情怀。早餐吃云吞，正餐主食也吃云吞，夜宵还吃云吞的情况司空见惯。

据传，云吞原称馄饨，是汉族的传统食品，源于中国北方。西汉扬雄所作的《方言》中提到：“饼谓之饨”，馄饨是饼的一种，差别为其中内夹馅，经蒸煮后食用；若用汤水煮熟，则称为“汤饼”。古代中国人认为这是一种密封的包子，没有七窍，所以称为“浑沌”，依据中国造字的规则，后来才称为“馄饨”。

馄饨最早在清末民初的广州一带出现，相传是同治年间从湖南传入。至于“馄饨”为何改称“云吞”，说法有二：一曰同音取简，在广州话中，“馄饨”与“云吞”同音，为方便记忆些，故俗写作同音的“云吞”，英语“wonton”即源自广东话。二曰取其意头，馄饨皮较薄，煮熟后晶莹剔透，如天上片片云絮，吃“云吞”如同吞云之感。

云吞，是博罗的一种特色风味。无论是在县城还是在农村集市，云吞面食店比比皆是，其中，县城有几间百年老店最为出名，其云吞注重质、味、型、色相结合，选用优质馅料、辅料，以其色泽鲜艳、口感清鲜、底汤清冽、形似花朵、美味爽口、让人食欲大增而闻名。

云吞讲究皮薄、汤清、味鲜，博罗云吞多半以面皮、肉馅为主，云吞皮是用面粉加鸡蛋和成面团后人工擀制而成的，再佐以馅料、盐、胡椒面、味精、酱油、猪油、香油、葱花及高汤，因馅料、汤料、吃法和调味等差异，有煮馄饨、炸馄饨、三鲜馄饨、虾肉馄饨和馄饨面等不同品种，还具有皮薄馅多、馅肉脆嫩、有咬劲、清爽可口和形状小巧可爱等特点。按包法和形状的不同，云吞通常分为四种：官帽式、枕包式、伞盖式、抄手式。

一碗云吞面就是一件艺术品，汤是云吞面的精华。云吞面的汤底非常丰富，有火腿骨，猪筒骨，猪皮，鸡鸭头、颈、脚，鲜虾头、虾壳，老姜等材料，加入祖传调料秘方，再用慢火煎熬而成。其味道能与鲍鱼的汤底相媲美。

（二）裹粽

裹粽，也是博罗人喜欢品尝的应节风味。每年端午节除了观看划龙舟外，都有食粽的惯例。各家各户喜欢自己动手蒸制，放足材料，味道特别鲜美。

（1）材料及准备。

①粽叶。裹粽用的粽叶名叫艻叶，是一种生在深山的野生植物，每年端午节前，农村中很多农民或上山采集，或到市场购买。在裹粽前将艻叶洗净，先用热水泡一泡，用毛巾把它们一片一片地清洗干净，之后把粽叶放到水中浸泡，等到要包粽子的时候再拿出来用。

②糯米。糯米是裹粽的主要材料。将糯米用瓦盆盛着，倒满冷水浸泡一夜，之后用竹箕把糯米晾干。

③麦豆（或眉豆，或绿豆）。首先把豆子拿出晒一晒太阳，之后把它碾破（眉豆、绿豆不用碾），再把碾好的豆放到水里浸泡一夜；浸透后，装进瓦盆中，用力搓擦豆身使之脱壳，把浮上水面的豆外衣扔掉，捞起晾干。

④馅料。馅料一般用五花肉、咸鸭蛋黄等。把五花肉切成块状，把生蒜头（切粒）、生葱头（切粒）、虾米及少量食糖、食盐、生油、胡椒粉、五香粉等一起倒在瓦盆中腌制一段时间，再将咸鸭蛋蒸熟后取出蛋黄，切成四小块做馅料。

（2）制作。

①裹粽：拿上两片粽叶，放在手掌上（或折成一个漏斗型），之后放一层

米、一层豆，在中间放馅料，再放一层豆、一层米，然后将竻叶前后左右四边往中间包扎起来，再用席草捆绑成长方形粽子，制成生坯。

②蒸粽：把包好的粽子放到锅里煮5～6个小时（视粽子大小而定），在这过程中，要把粽子翻上翻下，转换位置，注意及时添加冷水，如果粽子数量过多，可分批蒸煮。

粽子有咸甜之分，咸粽子虽然好吃，但热量高、难消化，肠胃不好、糖尿病人少吃为妙，身体健康的人一次也不要吃太多，小心贪嘴吃出病。

甜粽（实际是淡粽子，蒸煮后蘸糖吃），亦称枧水粽，其做法比较简单。制作时同样先将糯米浸泡一夜，浸透后将糯米捞出来，晾干水分，用空盆盛着，再倒进一些食用枧水把它搅匀，然后用竻叶包扎成三角形生坯，放进铝煲中蒸5～6小时便可。甜粽肉色金黄透明，光滑柔软，蘸以白糖或蜜糖，甘滑爽口，别有风味；有些枧水粽在糯米内还加有莲蓉或豆沙，煮熟后心红肉黄，脆滑油光，即使在食用时不加白糖或蜜糖，也一样甘脆可口，还可去湿健脾。

（三）豆腐花

炎炎夏日，热浪滚滚，走在街上，口干舌燥。此时，路边大娘的豆腐摊子映入眼帘，打上一碗嫩白的豆腐花，慢慢吃下，顿觉神清气爽、精神不少。这是每个上了年纪的博罗人永久的记忆。

豆腐花，是博罗一种传统的小吃。在过去，很多小贩挑起自己生产的豆腐花，一早出门走街串巷叫卖。一端是满缸的豆腐花，缸盖上放着一瓶用开水溶化的糖水，而另一端是装满冷水的铁桶和装着七八个瓷碗及汤匙的竹笛。担竿前端挂着一个小铜锣，小贩小心翼翼地慢步行走，边走路边用小木棒敲打小铜锣，发出“当、当、当”的响声，这就是卖豆花的特别讯号。人们听到此声音，不用出门观望，便知道卖豆花的人已经来到门前，尤其是一些小孩，听觉特别灵敏，听到“当、当”的锣声，便吵着要家长出门购买豆腐花。

时过境迁，随着生产力的发展和群众生活水平的提高，豆腐花这一传统的小吃早已成为一种常见的食品。在城里，家家户户都有把豆腐花当早点的习惯。

确切地说，豆腐花，就是准豆腐，即一种还没有成型的豆腐。其因色泽洁白、清润细嫩、营养丰富、豆香浓郁、清凉解暑、鲜美可口，自古以来，深受人民的青睐。在博罗地区，几乎人人爱吃，家家会做。豆腐花的制作过程详见第七篇“生产民俗”。

用一个类似碟子的浅铲将豆腐花舀入碗中，加上佐料就可以食用。佐料大致可以分为甜、咸两类，甜豆腐花一般是加入红糖浆，夏天通常将豆腐花放凉后吃，冬天则加入热糖浆食用；咸豆腐花一般是加入榨菜、海带丝、麻酱、辣椒油、香菜、酱油、葱花等。端上一碗豆腐花，那白花花的样子准能让你“口水直流三千尺”。

博罗豆腐花除有良好的质地、爽滑的口感外，还可为人体生理活动提供多种维生素和矿物质，尤其是钙、磷等。如果用食用石膏作凝固剂，含钙量会有所增加，对软骨病及牙齿发育不良等疾病有一定功效。

（四）甜豆角

说起博罗公庄甜豆角，整个惠州几乎无人不知、无人不晓。在当地无论是酒店，还是街边大排档，都能见到它的踪影。每逢佳节，其亦是赠送亲朋好友、远方贵客的土特产之一。它色泽金黄、肉质爽脆、酸甜可口，避油腻，去腥味，增食欲。它是饭前开胃的小吃，可以单独作为一道菜，亦可以拌炒猪肠、猪肚、河海鲜等；酸豆角蒸牛肉更是公庄饮食一绝。

公庄甜豆角（亦称酸豆角）是公庄腌制品的一张名片，其实公庄腌制品品种很多，有腌菜头、腌菜茎、腌萝卜、腌芋梗、腌黄瓜、腌蒜头、腌荞和腌辣椒等。这些腌制品在当地俗称“浸味”。

公庄“浸味”的历史悠久。自古以来，勤奋的公庄人把剩余的粮食和吃不完的自产蔬菜腌制储存起来，以度饥荒。时光荏苒，岁月如梭，公庄人的勤劳、节俭和忧患意识得以传承，每家每户均掌握腌制技术。改革开放以后还办了多间腌制加工厂，产品销往全国各地。

公庄腌制品工艺大体相似，先是要保证原材料新鲜，并尽量在新鲜的状态下进入腌制工序（不要隔夜，否则到第二天就会变得绵软而不爽脆）。以甜豆角为例，先挑选均匀的新鲜豆角清洗晾晒（腌菜头和豆角一定要晒；而蒜头、荞头则不能晒，否则皮会变硬；辣椒晒了也会变得绵软）；待豆角变软后掺和适量的食盐放入大瓦缸压实，倒入凉开水浸透；三到四天后把豆角捞出再晾干；然后把豆角一层一层地铺到另一个大瓦缸，每铺一层豆角撒一次适量的盐和白糖，要辣味的还要撒一些辣椒或辣椒粉；然后用重物把豆角压实，倒入凉开水浸透（水要盖过菜，否则露出的部分就会变黑腐烂），封好缸盖；半个月之后就可以吃上可口的甜豆角了。

公庄“浸味”腌制的时间各不相同。蒜头和荞头一般要5至6个月，蒜头要用本地香蒜才好；萝卜只要2至3天就够了；豆角要半个月以上；菜头要1个月；辣椒、芋梗则要3个月。

（五）罗浮腊味

说起广式腊味，广东人就会情不自禁地赞美罗浮腊味。

罗浮腊味色泽光润、肥瘦分明、手感干爽、结构紧凑、富有弹性、香味浓郁。罗浮山的腊味品种很多，有腊猪肉、腊猪肝、腊猪心、腊猪舌头、腊猪头皮、腊猪大肠，还有腊牛肉、腊狗肉、腊鱼、腊鸭等。在诸多的腊味中，以腊猪肉最为出名。

罗浮山家家都养猪，且会腌制腊肉。他们凭借居住地势高，四面向阳，得天时地利之优势，形成了腌制腊味的习惯，这已有好几百年的历史了。罗浮山腊肉的腌制工艺特别讲究，主要是选料要好和腌制技术要精。

好的腊味要有高质量的原材料。罗浮山腊肉选用农家自己饲养一年左右，吃地瓜苗、稻谷糠，喝罗浮清泉长大的一百来斤的猪，俗称“本地猪”。“本地猪”的最大特点是肉质坚实、味鲜色艳、口感良好。山里人都说：“腌制罗浮山腊肉必定要用‘本地猪’。”

要腌制出好的腊味必须有地道和精细的腌制技术。新鲜的猪肉经过八角、茴香、砂姜、蜜糖、料酒等腌制十个小时左右，用温水冲洗抹干后，再涂上酱油上色，就可以晒太阳了。晒腊肉不能暴晒，过度暴晒会使猪油大量流失，肉块组织过早凝固，造成肉质坚硬，影响产量和口感。晚上要晾在通风的地方，这一晒一晾，反复几次，就大功告成了。

过去，腊肉是春节的重要年货，只有客人来了才能享用。如今，随着山门的打开，腊肉不仅是罗浮山人的家常菜，更是罗浮山人发家致富的一条门路，而且成了罗浮山的名牌产品，为罗浮山的旅游业和饮食文化注入了勃勃的生机。

二、传统特产

（一）博罗酥糖

酥糖，顾名思义，是酥松的糖糕。

博罗酥糖历史悠久、制作精良。据新的《博罗县志》记载：“博罗酥糖有百多年的历史，是博罗著名的土特产。”（《博罗县志》，2001 年内部刊物，第 228 页）据民国版的《博罗县志》记载：“县中李氏在清末民初种桑养蚕……专业制绿豆糕，酥糖。”（民国版《博罗县志》，1988 年内部刊物，第 186 页）新的《博罗县志》又记载：“1957 年，博罗县糖果饼干厂建成投产，主产酥糖……当年产酥糖 4.78 吨，1958 年增至 10.81 吨，之后，产量稳步发展。”（新《博罗县志》，2001 年内部刊物，第 228 页）。

记忆中，正宗的博罗酥糖，是一种大小类似两粒军棋黏合在一起的灰白色的方块，由博罗县糖果饼干厂生产。选用当地产的黑白芝麻，以饴糖（麦芽糖）、白砂糖和糯米粉等为原料，用传统的工艺精制而成。博罗酥糖的包装也颇有特色。它用一个形似军旗的盒子包装着，里面装着两层，每层约 32 块。盒子印有笑容可掬的厨师图案，他头戴高高的厨师帽，右手托着酥糖盒子，一行“博罗特产驰名中外”字样特别醒目。

20 世纪 50 年代末 70 年代初的博罗酥糖，以其“酥松可口、甜而不腻、营养丰富”，名扬岭南，风靡粤港澳。所谓的酥松，一是你拿着它时要小心翼翼，手上稍一使劲，它就会散成粉末；二是放入嘴里，会自然融化。所谓甜而不腻，就是饴糖的清甜、芝麻的醇香及糯米的清香，相互交融，口味非常独特；所谓营养丰富，就是博罗酥糖富含蛋白质，单糖，植物油脂，多种维生素及铜、钙、锌等微量元素。

之后博罗酥糖的产量每况愈下，版本繁多，甚至有博罗的牌子，却异地生产，产品口味不可与以前相媲美。

（二）罗浮凉果

罗浮山凉果的历史，已逾百载。罗浮山凉果取材于当地盛产的食材，如瓜果经腌制、糖（蜜）熬煮式浸渍、干燥，制成后“留原瓜之味而更甜香，保原果之形而更精美”。

罗浮山果木资源中的李桃、黄皮、陈皮、木瓜和杨桃均可加工为凉果。罗浮山凉果的批量生产，始于 20 世纪 50 年代。据新的《博罗县志》记载：“1959 年，县副食品厂投产，生产咸榄、话梅、蜜饯黄皮等。”（新《博罗县志》，2001 年内部刊物，第 228 页）当时品种单一，生产规模小，只有内销，没有外销。1964 年开始组织出口，“当年出口 1.32 吨，1965 年跃升至 9.33 吨，产值达 14.4 万元”。（新《博罗县志》，2001 年内部刊物，第 283 页）1980 年开始生产川贝黄皮、川贝柠檬、蛇胆陈皮、罗浮加应子、桂花李白糖木瓜等产品。“产品除内销外还销往香港、新

加坡、马来西亚、加拿大、法国等国家和地区。”（新《博罗县志》，2001 年内部刊物，第 228 页）自 1964—1990 年，罗浮山凉果出口从未中断。

1993 年，博罗县供销社企业集团食品工业总公司成立，生产罗浮山凉果。主要产品有：陈皮梅、甘草梅、话梅姜、加应子和蛇胆陈皮等百种。这些凉果，曾在 1993 年获马来西亚食品博览会金虎奖，1995 年又获中国优质食品奖，产品远销中国大陆各地、港澳及东南亚地区，极受游客青睐。

1995 年，以水果、生姜等农产品为原料的农产品加工企业柏塘光华食品有限公司正式成立，并自当年投产以来，产品质量稳定，风味突出，在欧美市场深受欢迎，每年都有 95% 的产品出口。公司主要产品有话梅姜、甘草梅、话梅、蜜糖和博罗黄皮等三十多个品种，主要原料来源于罗浮山下所产的青梅、三华李、生姜和黄皮等农产品。产品加工仍保持最佳的传统工艺流程，在玻璃屋内晾晒，采用纯天然风味，同时加入甘草、八角、玉桂和丁香等多种中药材，产品不但美味可口、回味无穷，同时充分发挥多种水果和生姜的有机酸和微量元素，以及中药材等对人体非常有益的保健作用，有生津解渴、开胃解郁、解热祛寒、清血强肝、消除疲劳、抗衰老和改善心血管功能等多种奇效，是品味美食和探亲访友的特色佳品。

多年来，柏塘光华食品有限公司先后被评为“广东省质量管理先进单位”、“惠州市农业龙头企业”、“市农村科普示范基地”、“市知名商标”、“名优产品”、“博罗县民企 50 强”和“先进纳税户”，获得“中华人民共和国出口食品卫生注册证”和“全国工业生产许可证”（QS 认证）。

（三）观音阁红瓜子

红瓜子，就是打籽瓜所产的籽，是博罗县观音阁镇的传统特产，也是博罗一宝。其片大厚实，籽仁肥腴，壳薄仁厚，色泽红闰，鲜艳喜人，又富含蛋白质、脂肪、钙、磷和多种纤维素，营养极为丰富。因其红艳，寓意“福星降临”；因其籽多，又与“加子”谐音，含“人丁兴旺”之喜；因其好看，有“漂亮脸蛋”之意。瓜子肉味香脆，是过年节、婚庆、休闲的好伴侣。款待宾客时往桌上一摆，边聊天边嗑瓜子，拉近距离，场面更显轻松惬意；喝茶时配点瓜子，更是锦上添花！

籽瓜喜温、耐旱、怕湿，因此种植以排水良好、疏松肥沃的沙壤土最为适宜。籽瓜和西瓜栽培一样，同一块地不能连续每年种植，也不能一年种植两次，必须与非葫芦科作物实行 2～3年的轮作倒茬。

由于红瓜子种植受气候、水土及

栽培技术等方面的局限，唯有观音阁红瓜子品质纯正，是馈宾送友的佳品，被誉为独一无二的土特产品。

博罗红瓜子曾有过“光荣”的历史。在20世纪60—90年代，博罗红瓜子是广东省的出口商品，每年出口百吨以上。在计划经济时期，博罗红瓜子是紧俏货，要凭领导的“条子”才能买得到。

博罗红瓜子以博罗观音镇阁棠下村所产的红瓜为最好，以色艳、粒大、结实、易磕、产量高、香甜可口而出名。该村种植红瓜已有近200年的历史，从1983年才开始大规模地种植。几乎家家户户都种红瓜，该村成为远近闻名的“瓜子村”。

（四）博罗黄皮

过去，惠阳地区流行一句民谚：“增城荔枝，淡水沙梨，博罗黄皮。”此语不假，增城荔枝以量多、淡水沙梨以个大、博罗黄皮以味佳而出名。

黄皮在博罗种植已有悠久的历史，而最出名的是博罗城的“黄皮园”所产的黄皮，俗称“博罗黄皮”。

博罗黄皮有一个美丽的传说。古时候的一个夏天，博罗一带流行一种少见的皮肤病，这种病传染快、难治疗，患者痛痒难受。当地药铺苦无药方，医生束手无策，百姓惶惶不安。

博罗城下街住着一户黄氏中医世家，家中的继承者正当壮年，学有所成，医术非凡，因其姓黄，当地人称他为“黄药仙”。黄药仙见患者痛苦不堪、求医无门，心想，自家历代为医，什么奇难杂症没见过，这小小的皮肤病算的了什么？于是，他带着徒弟走家串巷，为患者就诊。时间一天天过去了，黄药仙试遍各种药方，均不见效，病人的病不但没有好转，而且大有蔓延之势。面对棘手的顽病，黄药仙感到内疚，自己还配得上“药仙”这个称号吗？于是，他决心到罗浮山寻医问药，寻不到药方誓不罢休。七天七夜，他翻越了罗浮山所有的山峰，走遍了山中的道观寺庙，拜访了观寺中的道僧名医，仍未寻访到治病良药。一天晚上，他住宿在铁桥峰下。梦里，他看见一位鹤发童颜的道人，从一棵树上，摘下片片黄叶，煎水给人治皮肤病，他向前施礼，刚想开口向道人请教，却醒了……第二天，他来到五马归巢中的拨云寺，刚进山门，梦中的大树展现在眼前，这不是黄皮树吗？他摘下一片叶子，放在手中搓揉后，嗅之芳香，嚼之甘凉。他高兴极了，凭经验判断，此乃良药也！于是，黄药仙连夜下山，次日清晨赶回县城后，亲手把家门前黄皮树的叶子摘下煎水，给患者洗涤皮肤。“一日止痒，二日消肿，三日结疤”，此消息传到县太爷耳中，县太爷亲自带县衙前往验证，确切无误。为了奖励黄药仙治病有功，县太爷下令在县城栽植果树。从此，黄药仙一边行医一边经营果园，由于土质良好，加上经营得法，几年后，长大后的黄皮树果实累累，金黄色的果子形似鸡心，故得名“博罗鸡心黄皮”，黄药仙经营的那片果园，也就叫黄皮园（注释：博罗黄皮的典故，是作者采访老者、参考李鹏先生所写的有关文章，综合整理而成）。

博罗黄皮，皮脆肉爽，核少且小，甜酸可口，营养丰富，具有消食化痰、生津止渴、理气的功效；常用于食积不化、胸膈满痛、痰饮咳喘等症；并可解郁热、理疝痛；其根、叶性味辛凉，有疏风解表、除痰行气之功效；黄皮果泡酒，风味特别，滋润养颜，健胃行气；博罗黄皮果制成的凉果，可与普宁杨桃、东莞糖柚皮相媲美。

“饥食荔枝，饱食黄皮”，这话颇有道理。因为黄皮含有丰富的有机酸，可以帮助人体消化，虽然有人将它视为酸果，但它不像青梅、山楂酸得那么厉害。黄皮吃来酸中带甜、甜酸适口，故民间把它作为开胃消滞的水果。小小的黄皮浑身都是宝，果实除了可以鲜食，还可加工制成果脯、果酱、果冻、果饼等食品，黄皮干用来煲猪肉，喝起来特别鲜甜，黄皮树也好看，四季常绿、花香浓郁，花粉还是优良蜜源之一。此外，黄皮树木质坚硬，纹理美观，也是做家具的好原料。

（五）罗浮仙茶

罗浮仙茶，吸罗浮之仙气，纳名川之灵气，成为人们的“宠儿”。

罗浮山山麓连绵，峡谷纵横，气候温和，冬暖夏凉，雨量充沛；红黄壤土，偏于酸性；丘陵、山坡地居多，坡度在 15 ~ 45 度之间的山地不少。这样的生态环境不仅适宜山茶的生长，更加有助于茶叶质量的提高。

罗浮产茶，历史悠久。《全唐诗》载有胡宿的《冲虚观》诗：“茗园春嫩一旗开”，可见罗浮山在唐代已有茶园。李翱于唐元和四年（809 年）知循州，他的《解惑》文则说黄野人移居罗浮，“积十年，及构草堂，植茶成园，犁山田三十亩以供食”，那时罗浮山的茶园已颇具规模了。

罗浮仙茶有三种：云雾茶、甜茶、山茶。

（1）云雾茶。

云雾茶一般生长在海拔高、温差大、空气湿润的环境中。它受云雾的滋润，形成其独特的品质：叶厚毫多、醇香甘润、富含营养、延年益寿。

真正的罗浮山云雾茶，只有罗浮山拨云寺才有。

拨云寺，位于罗浮山飞云顶北侧的五马归槽，海拔1 080米，峡谷幽深，森林茂密，云腾雾绕，空气湿润，冬无严寒，夏无酷暑，湿度大，光照时间短，日照不强烈，土壤腐殖物含量高，最适宜高质量的茶树生长。这得天独厚的环境，使罗浮山的云雾茶在众多的绿茶中形成了自己独有的品质。罗浮云雾茶味香气高，滋润而耐泡。头饮浓郁甘甜，芳香扑鼻；二饮纯正鲜爽，幽香芳芬；三饮余香缭绕，茶韵不断，饮后口颊留芳，沁人心脾。

拨云寺，原址为“见日庵”，宋郡守赵汝驭建，选任老道人王宁素为住持（佛道兼修），其在庵的四周种上茶叶。“见日庵”日久荒废，清代（同治丁卯）罗浮山花手寺僧严光于此重建茅庵，后人建寺。一直以来，在此营生的出家人，以采药种茶为生。高品质的云雾茶，鲜为人知。

如今，拨云寺四周的茶树随处可见，郁郁葱葱，枝叶茂盛，甚是美丽。青茵茵，绿茸茸，一丛丛，一簇簇，一垄垄，依着山势起伏，那翠绿欲滴的枝叶，散发着淡淡的清香，令人心旷神怡。寺院中，有一棵老茶树，极为特别，茶树基围约20公分，离地2米处分枝，树冠约3米，树高约10米。树干呈铁褐色，枝条虬曲，绿荫如盖，枝多叶密，叶面肥厚。传说，“此茶树为惠州官人所种，有百年以上历史，是罗浮山最老、最大的茶树”。物以稀为贵。据说，罗浮山真正的云雾茶年产数斤，谁人知道？谁人又能够品尝？

（2）甜茶。

罗浮山甜茶是居住在罗浮山的制茶人采集天然生长在罗浮山的独有茶种，用独有的传统工艺精制而成的特产。

野生甜茶为多年生长的，纯天然、原生态、无污染的常绿木本植物。其叶子呈椭圆形，边缘有锯齿，茶水橙黄，口感良好，味道甘甜，回味无穷。

罗浮甜茶有三大效能：

①药效。它除具备普通绿茶的功效外，还具有清热利湿、药食同功、“三抗”（抗氧化、抗癌变、抗过敏）的作用。同时可以防暑解热、利尿消炎、扩张血管、提神益思、清除疲劳、延缓衰老，还可以预防牙齿疾病、醒酒护肝益肾，对风湿性关节炎、气管炎、肺炎有较好的抑止治疗作用。

②糖效。罗浮甜茶含有二氢查耳酮，二氢查耳酮的甜度为蔗糖的300倍，热量仅为蔗糖的三百分之一，且无苦味、无毒性。因此，甜茶是目前各国寻求的天然甜味剂的理想资源。

③茶效。由于甜茶还含有茶多酚、硒、锗等物质，具备普通绿茶的功效。它是具有防癌、治癌、预防心脑血管疾病、防治花粉过敏等功效的保健茶。

罗浮山甜茶已成为罗浮山旅游的名牌产品。

（3）山茶。

山茶，株形矮小，叶细而尖，又叫“细茶”。

罗浮山方圆百里都有种山茶的习惯，如横河的白马山、何家茶、平安的毛屋茶、响水的角背茶、湖镇的石芽霸茶、柏塘的柏塘春。因这些地方常年雾气氤氲，所出产的山茶以形、色、味而闻名于世。

进入罗浮地区，满眼尽是绿，在绿的中间，最为抢眼的是山茶，茶园遍山，茶树碧翠，茶花飘香。每当到了万物复苏的季节，在罗浮山，不论是到白云生处的羊肠小径上踏春，还是在田头地角散步，处处飘溢着淡淡的幽香。在城镇，有茶行、茶店、茶馆、茶楼和茶市；在乡村，有茶亭、茶庄、茶园，真是无处不有“茶”。

在罗浮山特别珍贵的是“春分茶”和“白露茶”。

“茶以春为贵，春贵在其时。”春分茶，亦称清明前茶。这时候的茶树经历了冬天严寒的磨砺，充分吸收了春天的阳光雨露，使得茶芽肥硕，茶叶浓绿而柔软，各种营养物质的含量高，茶味也鲜活，香气扑鼻。春分采茶，以独芽或一芽一嫩叶为佳，即茶树新发出的茶芽，刚长到一芽（一枪）或一芽一叶（一枪一叶）时，就及时采摘。这些独芽茶外形，或扁平或如针，立挺，绿莹；一芽一嫩叶的茶泡在水里，叶如旗，芽似枪，如古代的猎猎旌旗，被称为“旗枪”。春分茶，以其色泽、香气、口感，被视为茶中精品。

白露茶，就是白露时节采摘的茶叶。白露时节，经过几个月的酷热，天气由热转冷，随着气候、季节的变更，茶叶的质地发生了变化。白露茶不像春茶那样娇嫩、不经泡，也不像夏茶那样干涩、味苦，而是有一股独特的甘醇味道，因而也得到“靓茶”之美称，所以老茶客们特别喜欢。

茶农制作茶叶，工夫相当精细。制作加工的流程为一晾干、二炒青、三搓卷、四烤干。每炒一锅茶，须用一个多小时的时间。待茶叶凉后，去掉尘沫，用干净的草纸包装好，放进密封的金属茶罐或陶瓷罐封存。这样加工的茶，特点是色鲜形美、味醇且持久。

好山好水出好茶，罗浮山的山茶负有盛名，其色澄清碧绿，其质回味醇厚，其香清雅浓郁，细品慢啜，齿颊留芳，甘泽润喉。在茶香的氤氲萦绕中，细细品味碧绿的汤色，闻着清馥的香气，仿佛置身浓浓的春色里……近者因“醉”而不闻其香，远者因“渴”倒倍觉芬芳。一人品茶满屋香气，这正是罗浮山茶与众不同之处。其具有自然赐予的健康的营养成分和甘香清滑的味质，每片茶叶都凝结了大地的精华，故有“仙茶”之美称。

（六）罗浮仙菜

仙山罗浮，以其得天独厚的自然环境催生万物生灵，“罗浮仙菜”又是一例。

罗浮山下有两种蔬菜，因味道好极了，而远近闻名，更成为当地的拳头产品和旅游商品。时逢该产品上市，到罗浮山旅游的人必吃之，必买之。这就是罗浮仙菜：“罗浮菜心”和“罗浮芥菜”。

对于广大读者来说，福田菜心、增城菜心和酥醪菜心可谓是耳熟能详，“罗浮菜心”与“罗浮芥菜”也许第一次听闻。这并不奇怪，也不是作者的创造。因为福田菜心、增城菜心也好，酥醪菜心也罢，都是一种常见的蔬菜，但是，它们根植于罗浮之土，饮罗浮之仙水，吸罗浮之仙气，故曰“罗浮仙菜”。

（1）酥醪菜。

晒菜干，是罗浮山人的传统。罗浮山人青睐用菜干煲汤煮粥，因为它有清热去燥的功效。菜干的原始材料是芥菜。

罗浮地处五岭之前、南海之滨，亚热带气候型，温暖湿润，是种植芥菜的好地方。每年秋收之后，农户都要广种芥菜，面积大，产量高。到了冬季，家家户户便制作菜干。罗浮山菜干分淡菜干和咸菜干两种。淡菜干色泽乌黑油亮，香气浓郁，味道甘甜可口，每家每户都晒淡菜干；咸菜干呈黄褐色，咸中带甜，制作稍为复杂，故晒咸菜干相对较少。这两种菜干制作精细，便于贮藏，食用方便，荤素皆宜。它既可清蒸、干炒，也可煲汤。菜干炖食肉类，香味醇厚，油而不腻；酷暑天用酸菜干泡汤，具有生津止渴、解暑开胃之功效；烹调荤素小菜，风味独特，清香飘溢，有诱食欲、助消化、减肥胖之用。

晒菜干一般都是选用经霜冻后的鲜奶白菜和芥菜，取其顶端的三四节嫩尖为原料，砍下后清除泥沙，放在田头地边晾晒数个小时，用一个大镬烧一镬水，将菜放进去，煮至菜身发软，然后迅速捞起散热，放在竹竿绳架上，吹风晾至八九成干，再移至阳光下晒干。

在众多的菜干中，罗浮山酥醪村的菜干最为出名。酥醪村坐落在罗浮山群山深处，四周环山，风景优美，犹如陶渊明笔下的世外桃源。几百年来驰名中外“仙人菜”（即酥醪芥菜）就产于此。

据《罗浮山志》记载，秦朝的方士安期生服食九节菖蒲，在广州白云山羽化升天，成了神。他经常到罗浮山，与神女约会于玄邱，历史上留下了“玄邱玄碧之香酿成甘露，为酥为醪之味散于诸天”的佳话。“酣玄碧香酒，醉后呼吸水露皆成酥醪”，就是安期生与神女幽会过的地方，因为沾了仙气，长出了酥醪菜。罗浮山北麓的苏罗村，尔后也改为酥醪村了。

酥醪菜实为山芥菜，原是罗浮山北麓的高氏、兰氏种植的，因当地土质独特，所种的芥菜整个生长期浇淋山泉，收获后经细致的加工制作：当蔬菜长之尺高时，砍下晒软；烫水时要快速，火候要到家，保持菜色青绿；晾晒时，挂在竹竿上，不宜暴晒，时阴时阳。制成的酥醪菜是一种金绿色的菜干，用作上汤和炖品，汤色碧绿澄清，菜质爽滑无渣，有清心润肺、降血压的妙用，是老少咸宜、寒暑可饮的佳品。这就难怪苏东坡在品尝之余，连声称其“肥美如糕”了。

罗浮山酥醪土壤、水质、气候特殊，加之其种植的仙人菜无污染、无公害，别具独特风味。数百年来，酥醪菜饮誉中外，远销东南亚。游客来到罗浮山，总以能带上仙人菜回家为荣。

（2）迟菜心。隆冬季节，罗浮山下依然一片青绿，绿的树，绿的草，更诱

人的是翠绿的菜心、白菜、萝卜苗、芥菜、菠菜……数不清，说不完。在万绿丛中的一枝独秀——“迟菜心”，远近闻名。广州、深圳和邻近市县的菜市场，迟菜心的销量、价格，独占鳌头。在通往罗浮山西南麓、西北路的公路上，车水马龙，人来人往。到罗浮山吃迟菜心、买迟菜心，已经成为广州、东

莞、深圳、惠州等城市白领们“双休日”的主要“节目”。一群群游客在田野嬉戏，一箱箱青菜往后尾箱塞；公路两旁的饭店，生意兴隆，顾客爆棚，饭桌上的腊味炒迟菜心、金银蒜蒸迟菜心、盐水迟菜心、鹅片烧菜心、鸡丝拌菜心、菜心肥牛卷、腊肉腌菜心等，琳琅满目，层出不穷，搭配丰富，形式多样。更有趣的是，近年来，广州各大酒楼兴起了一股迟菜心的创作烹饪热潮。

迟菜心是罗浮山特产的蔬菜之一，它以幼嫩的菜叶、苔、花序等部位供人们食用，被誉为“蔬菜之冠”。

迟菜心每年 11 月初开始种植，用刚刚收割完稻谷的田地栽植，农家土肥精心培育，不喷施任何激素药品，经过 100 天左右才能收成，到收割期每棵菜心都有 1 斤左右，最重的有 2 斤多，罗浮人称为“菜树”。这种菜心比一般地区的菜心都要迟收割，且时至深冬才上市，所以称为迟菜心。迟菜心最大的特点是清新爽口、甜美鲜嫩，无论是炒、煮还是做汤，吃起来都清脆爽口，鲜甜美味，菜心较短的下部分可以横切炒肉片，味道极佳，不是芥蓝，胜于芥蓝。

迟菜心在罗浮山相邻的市、县皆有，但唯独罗浮山水土栽培的特异，尤其是罗浮山西南麓的博罗福田、西北麓的增城小楼、正果种植的为最佳。为了推广迟菜心这个品牌，增城、博罗每年都举办菜心美食节。

罗浮迟菜心，以其品质优良、美味可口而饮誉千家万户、传送四方，素有“菜心之王”、“菜品之冠”的美誉，随着中央电视台《乡村大世界》、《消费主张》栏目的大力推介，“罗浮迟菜心”驰名于神州大地。

（七）罗浮仙酒

一种诱人的液体，幽香四溢，它从远古飘来，飘在乡村田野，飘进千家万户，飘入农民的心里，这就是琼浆仙泉——罗浮米酒，俗称“罗浮仙酒”。

米酒是罗浮山人生活中必不可少的饮品。从出生到寿终正寝，米酒都一直伴随着罗浮山人，它仿佛是罗浮山人的魂，散不得，少不了，离不开。

真正的罗浮山米酒，是使用纯大米，经过传统工艺酿制而成，色泽纯正，口感醇厚，米香浓郁，微甜醇和，酒力柔和，入口甘美，入喉静爽，入肚温暖。喝着罗浮山米酒，一股甜润渐渐涌上心头。试想，辛苦劳作一天的农民回到家中，炒上几盘菜，团团围坐，一家人一起毫不拘束地边喝边谈，那多么惬意啊！几杯酒下肚，热血沸腾，劳累顷刻消散。尤其是三九寒冬，哪怕是再简单不过的一砵腌菜或一碟葱油拌花生，喝上几口，在热乎乎的米酒的作用下，一家人兴致勃勃地谋划来年的生计，小小的屋子顿时春意浓浓。每逢新春佳节，农家户户启封酒缸，浓郁的酒味伴着微微的轻风飘荡，满屋、满村、满巷散发着醉人的香味儿。宾客相聚，从除夕喝到正月十五，喝得酣畅淋漓，喝得天昏地暗，喝得醉醒不知身在何处，把一年的辛劳和苦恼忘得干干净净。不过不用担心，罗浮山米酒不伤头，酒后腾云驾雾，飘飘欲仙，躺在温暖的被窝里醉睡一觉，醒后通体舒泰，神清气爽。饮而不醉，醉而不乱，也许就是罗浮山人喝酒的风格。

传统的罗浮山农家米酒可谓历史悠久、源远流长。究竟有几百年还是几千年的历史，已难以考证了。罗浮山农家世世代代都会自己酿造米酒，自酿自饮、以酒待客已成为罗浮山人生活方式的一大特色。

在罗浮山地区，尤其是山区的客家人，可以说每家都有一本“酿酒经”。酿酒的原料是稻米。酿造前先要把稻米洗净，用水泡透，然后沥干水分，将米盛进木制的饭甑，再把饭甑放入预先放有适量清水的大锅中，用柴火将稻米蒸成“酒饭”，等“酒饭”透凉到微温时，按一定的比例配入特制的“酒饼”搅匀，再把“酒饭”装入酒缸进行糖化发酵，缸面盖上麻包或稻草等保温材料。发酵的时间为：天热要10到12天，天冷就要15至17天。如果想酿造出质量上乘的米酒，发酵的时间要超过30天，因为发酵时间越长，酿出的米酒就越甘醇。上好的酒酿清澈、微黄、微酸，呈甜香味。

酿酒的关键环节是蒸酒，即通过蒸馏技术把经过发酵的“酒饭”（叫酒糟）中的酒液分离出来。

蒸酒农户在大炉灶上架着一口大锅，在大锅的上面放上一个由两个圆梯形小口相互连接的，叫作“莲花”的蒸笼，蒸笼的上面再放上一口锅，锅里装满冷水，用蒸汽冷却成酒，蒸笼中间有一个小孔，小孔插上一支小竹管，酿造的酒就会顺着小竹管流进装酒的容器中。

一切准备停当之后，酿酒人就守候在炉灶前观察火候，不断地添减柴火、控制火力，并随时注意“莲花”上面的锅中的水温，及时更换冷水，保证水温不超过蒸笼里的温度，确保蒸汽凝结成酒。这种以控制火势和调节水温进行酿酒的方法，罗浮山人称为“逼酒”。

“好水酿好酒”，罗浮山米酒优良的品质源自于罗浮山的优质山泉，那清冽甘甜的泉水不仅保障了罗浮山的五谷丰登，而且酿造出罗浮山独具一方特色的米酒。除了好水出好酒，上好的罗浮山米酒还需要酿酒人辛勤的劳作和讲究的工艺，也正因为这样，罗浮山米酒显得格外珍贵，只有到当地酿酒的农户家里才能买到正宗的罗浮山米酒。

第七篇
生产民俗

博罗地区北部山峦绵绵，溪流纵横；南部田野广袤，江河交错。俗话说："靠山吃山，靠水吃水"，博罗人依靠这山山水水，凭借自己的勤劳和智慧，从原始的茹毛饮血、刀耕火种、伐木渔猎、播种五谷，发展到现代工业、农业，生产方式不断地演化、发展。历史的积淀，使之形成独特的生产习俗。

一、传统农具

悠悠岁月，博罗人使用的农具多为简单的手工农具。多少年来，博罗人就是靠着这些简单的农具春耕、夏耘、秋收、冬藏，度过他们漫长的农耕生活。

从下面一些传统的农具和劳作方式，可以了解博罗人民世世代代相沿传承并不断发展的劳动习俗，透过它们，可以看到博罗人的聪明才智和艰辛劳动。

（一）犁

"犁呀犁，耕呀耕，犁了个五谷丰登，耕出了丰衣足食。"这一首博罗民谣唱出了犁田那富有诗意的农活情景。犁是农耕者的一支神笔，是农民心中的憧憬、心中的希望，在辛勤的劳作中犁出了丰收的明天。

犁，是犁田的工具，古时称曲辕犁，民间俗称为犁。

犁是由金属制造的犁镵（犁尖）和犁壁，以及由木材制造的犁底（犁床）犁箭、犁辕、犁梢（犁柄）、犁评、犁建、犁盘、犁舵等部件构成，另有副件牛轭（牛轭是用结实的红木之类雕制而成的，呈倒"V"字形，挂在牛颈上，两边分别用绳捆绑，直接连于"犁"、"耙"等，是牛在拉"犁"拉"耙"时的主要工具）、套绳等。

这些部件都各有特殊的功能和合理的形式。犁壁在犁镵之上，它们组成一个曲面的复合装置，是用来起土、翻土的；犁底和压镵把犁头紧紧地固定下来，增强了犁的稳定性；犁箭和犁评是调节犁地深浅的装置，通过调整犁评和犁箭，使犁辕和犁床之间的夹角可张大或缩小，这样就使犁头可以深入浅出；还可以通过犁梢来掌握耕地的宽窄；犁辕是短辕曲辕，辕头又有可以转动的犁盘，牲畜是用套耕索来挽犁的。整个耕犁是相当完备的，也很轻巧，耕地的时候回头转弯都很灵便，而且入土深浅容易控制，起土省力，效率比较高。套绳一头套在牛轭上，另一头拴在犁的舵上。

使用时，将牛套上轭头和套绳，耕者手握犁梢或提手，并拉住牛鼻绳，将犁镵插于土中，挥扬牛鞭，驱使牛前行，牛行走的路线、耕地的深浅、速度、转弯、掉头等，都由耕者手中的牛鼻绳和口中发出的吆喝声来掌握和调节。

犁田要靠人、犁、畜三方面的协同才能完成，除了人和犁外，在前面拉犁的耕牛也很重要。驾驭犁的人在牛绳上绑一条竹枝，一手拿着它，便于赶牛犁田，叫牛前进时嘴里要喊“嘿，走”，后退时要喊“呜，退”，停止时要喊“好，停”，左转弯时要喊“转左”，右转弯时要喊“转右”。必须教牛学会这些“牛技”，它才能犁田。教牛要连续，不能中断，直到牛能正常犁田，一般一个星期就能把牛教好。罗浮山人每次教完牛收工时，会在牛脑门拍三拍，并对牛说：“要记得犁田啊！”

其实，犁田跟踩自行车一样，初学，似乎很难掌握，但只要勤学苦练，也不是很难。这当然要掌握一定的诀窍。一块田地，大的好几亩，小的却只能插三五丛稻秧。田地就像一张白纸，在你的面前平展开来，犁地时如何选取切入点，如何回避暗礁、陷阱，如何快速高效，就看你的真本领了。

胸有成竹的好把式犁手，傲立田头，胜似临战前的将军。只见他大声吆喝，镇住牛威，扯牛鼻、套牛轭、结牛绳、调均犁、左手牵牛、右手提犁、顺应牛步、瞄定准心。一点一撇、一撅一铧、一横一竖、一行一圈平行地扩展，耕犁过处，泥浪哗哗，无不妙趣横生。

随着农业机械化，小型拖拉机的普及，特别是城镇化、工业化进程的加快，种田的人越来越少，农村养牛的人不多了，一些老农说：“现在的年轻人也不愿意种田，更不愿意学使牛（犁田、耙田）技艺，我们这一代人老了，以后再也见不到耕牛犁田、耙田了。”

（二）耙

耙是一种农具，在形制上分为长耙和短耙两种，长耙用来耙田，短耙一般用来给旱地作物除草和松土。

长耙一般长达280厘米，有28根齿（也有长150厘米、15根齿的），短耙长30厘米，有3根齿。耙由扶手、撑杆、耙梁、耙子公（耙钩）和耙齿组成，另有副件牛轭、套绳等。耙除扶手和耙子公外，全身都是铁。扶手和梁之间的两头装有两根竖撑杆，起支撑和连接的作用；耙梁由一根圆形铁做成，两边装有弯曲的铁筒，用来安装镶有铁环的小木头，俗称“耙指公”，用来栓系套绳；在耙梁的下方（即两个耙指公之间）安装一排铁齿；套绳一头拴在牛轭上，一头拴在耙两边的铁钩（耙指公）上。耙田时，将耕牛套上牛轭和套绳，牛在前拉，耙把式随后扶耙，拉着牛鼻绳，手执牛鞭，驱使牛前行。耙把向后扳，可将泥土壅起带走；向前推，可放下所壅之泥。

耙田，是插秧前的必经工序，是一种较艰辛的重体力活。俗话说：耙田不用巧，全靠力气好。耙田的功夫全在手和臂上。耙田时，为让一耙能赶走更多的田泥，对耙不再是“扳”，而是“压”，即把整个身体的重量，通过手和臂将耖把向后侧下压，以强壮的水牛能拉得动为限。

耙田很有讲究，田中的水要适中。水涨，泥水分离，形成不了泥烂如浆的效果；水少，泥土结团，行进困难；水的量以能起泥浆为好，农谚云：“深水（适中）插秧、浅水耙田”。

一般来说，耙田要“耙四次”：首次通耙，清除杂物，清洁田块；其次推耙，上下推进，借高补低；再次滚耙，耙烂耙熟，平整田块；最后平耙，耙齿压木，平滑如镜。

好的耙把式，耙过后的田块，灌水后水深相差不足半指，田平如镜，泥烂如粥，插秧不坏手，插后壅蔸严实，秧苗返青快，收获的稻子金黄沉甸。

除了耙田，旱地的耕作也需要耙地，其操作原理同耙田大致相同。

（三）水车

水车，是中国古代一种最先进、流传最久、使用最普遍的农用灌溉工具，其发明和使用时间要追溯到东汉中平三年（186），距今已有1 800多年的历史，一直使用到20世纪60年代。

每年的农忙季节，小河边、溪水旁、池塘里的水车，有节奏地旋转着，发出“嘎吱嘎吱”的响声，犹如一支古老的歌谣，传颂着乡间先民艰苦创业的精神和利用自然的宏伟业绩。

水车简便、实用，不用电，不用油，提水成本低，而且没有污染，是乡间人利用自然水力灌溉的杰出创造。

水车有两种形式：一种是脚踏水车，另一种是手摇水车。东江畔的平原地区均有此种灌溉农具，但最常用的是脚踏水车。

脚踏水车有踏水架和车身两部分，车身由木链、水槽和刮板（叶片）等组成，节节木链似根根龙骨，因此又名龙骨水车。水车的踏水架和车身一样，是用木头制成的。踏水架高2米，宽2.5米左右，踏水架横有一条轴，轴中间有一个圆形的木齿转轮，转轮左边设有两组、右边设有一组的脚踏木墩，三个人上来踏水时，各自踏着自己的木墩，像走路一般让木齿轮带动着放在水里的水车。车身水槽上端和踏水架连接，车身下端水槽和刮板直伸水中，车水时，车身水槽的节节木链，似自行车轴承拉链，利用链轮传动的原理，带动木链周而复始地翻动，装在木链上的刮板就能顺着水槽把水提到岸上，进行农业灌溉。手摇水车只是在车头装上摇把，拆装方便，多用于山垄田。

踏水是很费力气的，长时间踏水会使身体疲倦且难以坚持，所以一定要换班，轮流休息。过去没有时间钟点，人们只好利用点香的办法，每一组人从开始踏水即点燃一支或连点二支香，待燃烧完毕才换班。

踏水是力气活儿，又是个悦心活儿。当踏水人一脚浅一脚深地踩着水车的轱辘，竭尽全力地把池塘里的水抽进农田时，一种愉悦的心情油然而生……他们踩得越快，水流就越大，踩着踩着，仿佛自己跑了起来。在茫茫的旷野里，水也跟着他们的脚跑了起来，从池塘出发，从水车幽深的身体流出，流向水沟，流向田畴，流向庄稼的血管。听着“嘎吱嘎吱”的响声，望着白花花的流水，踏水人的内心充满着希望……

（四）板桶

板桶，指农家用以打稻脱粒的木桶，也称稻桶、打禾桶。

板桶，顾名思义，是用木板做成的，一种是匾圆形，因而叫扁桶；一种为四方形，因而称四方桶。

板桶是水稻的脱粒农具，使用者两手握住适量的稻把，向上扬起，然后往下（板桶）摔打。“摔打”，当地方言叫“攀”，“板”、“攀”在方言中同音，在这语境中，“板”是一个动词，指向着板状平面用力摔打。因此，摔打稻谷的木桶，被称为板桶。

扁板桶由禾桶、打禾梯和打谷围三部分组成。主体是一个用木做成的椭圆形或方形的木桶，是装谷用的，称为禾桶。禾桶多数由一人或两人操作，高约1.2米，半径接近0.5米。桶正面有个凹口，凹口上放着一块厚横木，横木上斜放着的小木梯叫打禾梯，其作用是甩打稻谷；桶的上边是用竹篾织成的打谷围，它犹如一面屏障，把想要飞出去的谷子挡回禾桶内。

四方板桶由两部分组成，为上下层，其中下层又称下扇，边长1.3米；板桶，上层为上扇，呈四边梯形，上口大，下口小，下口与下扇相吻合，上扇的底边边长与下扇的边长相等。

“打禾”是一项比较艰苦的农活，那些年轻力壮的劳动力，紧跟在割稻者的后面，拿起卧在地上的稻把，侧着身子站在板桶边，把稻把扬过头，狠狠地打在桶边的木板上，随着“咚咚咚”的响声，稻谷像下雨一样“沙沙”地掉入桶内，霎时，稻把成了草把，再换一把稻把，再打。打完一段距离，便推着板桶往前移动一节。板桶的底部装着两根两头微微向上翘的木板，所以即使在水田里，禾桶也不会陷进泥土里，移动相当灵活。每到夏秋两季，农田里的打谷声、号子声，此起彼伏，好不热闹。

（五）打禾机

打禾机，即脚踏打稻谷机，是取代板桶脱稻谷的一种半机械化的农具。

脚踏打稻谷机大约于20世纪70年代初出现，它由木桶（或铁皮桶）、踏板、连杆、齿轮、飞轮、机架、滚筒和档罩等构成。其操作原理在于：滚筒外围是n形的铁环，滚筒中间有一根轴伸向稻桶外，而稻桶外的左右两边（或一边）装有齿轮，齿轮上装有一根连杆，连杆一端连接踏脚档，人在踏脚档上用力一踏，在连杆的带动下，齿轮就转了起来，带动中间的轴和桶内的滚筒，就这样，构成了整套转动式脚踏打禾机的转动系统。

打稻时，农夫把整束谷子举在自己面前的圆形滚筒上，脚下用踏板使劲踩，圆形滚筒就会转动，滚筒上的铁环就会把谷子从稻把上脱下来，左右翻动几次，稻把就变成了草把。最后，用左手抓住草把的颈部，右手在草把中抽出几根草，用左手的拇指夹住稻草的尾部，右手将稻草缠绕两圈，然后把根部的一段捏进去拉紧，几秒钟的功夫，就可以做成一个“稻草人”。

与板桶相比，推广使用脚踏打禾机以后，人们的劳动强度大大减轻了，打稻效率也提高了。不过需要身强力壮的人才踏得动、踏得快，所以要几个强壮劳动力跟着它。

对于收割稻谷的劳作，人们称之为田野上的表演。那割稻者一个个熟练、精湛的割稻动作，那传递稻者一次次来回抓稻把的身影，那打稻者一轮轮手舞足蹈地打稻，交相辉映，表演着一出热情四溢的田园舞；那镰刀与稻梗的摩擦声，那阵阵脚踏打谷机和木桶脱谷粒的声响，那欢声笑语和农村劳作小调，交融为一体，变奏出一曲不同凡响的交响乐，和着人们热火朝天的劳动场景。整个农田一派热烈而又紧张的农忙景象，那是世上最美丽的舞池，上演着最完美的舞蹈。

（六）禾打

新筑场泥镜面平，家家打稻趁霜晴。
笑歌声里轻雷动，一夜连枷响到明。

这是南宋著名诗人范成大所作的《四时田园杂兴》中的一首诗，诗人以轻快的诗句，真实地描绘了秋收时节，农民们用连枷打稻谷时快乐的劳动场景。

连枷，又称“打场”，罗浮山人称为“禾打”，是我国使用最早、使用地域最广、适用多种农作物的手工脱粒农具。在农村，不管是丘陵山区还是平原，这种手工脱粒的农具仍在使用。

“禾打”由三部分组成：“禾公”（即柄、把子）、“禾打仔”（即杖、条子）和“禾打心”（即擐轴、木轴）。

“禾公”是一根质地很硬的连头长竹。竹子的头称为“禾打头”，“禾打头”的中间钻上指头大小的粗孔，安装可转动的硬木轴，用以连接“禾打仔”。

“禾打仔”是“禾公”的敲杆，由小硬木做成（一种长在深山里的灌木，其干极有韧性，不易断裂），其长度为“禾公”的三分之一，比“禾公”略细而短，所以称为“仔”。“禾打仔”一端与“禾打头”的“禾打心”连紧，就组成了禾打。

“禾打心”，即木轴，由硬木做成，有10公分长，形似螺丝钉，穿孔而过，卡在“禾打仔”的上端，是“禾公”与“禾打仔”之间的转轴。

使用禾打脱粒，通常叫“打禾打”。打禾打时，使用者前后挥动“禾公”，让“禾打仔”绕轴转动，敲打已收回的农作物，作物的籽粒就会脱落。“禾打”操作方便，适用于稻谷、黄豆、小麦、大麦、油菜、芝麻、高粱、豌豆及各种豆类等籽粒作物的脱粒。

打禾打要有真功夫，操作者的双脚前后叉开，身体微向前倾，双手一前一后紧握“禾公”（手柄）的下端，两手相距一尺左右，将“禾打”高高举起后，稍顿，“禾打仔”与柄杆会转到一条直线上，然后用力打下，“禾打仔”

便平行于地面落下，着力稳重，掷地有声。惯于使“禾打”把式的人还可变出花样来，如倒手、转身等，这是高难度动作，一般人做不出来。

由于禾打使用的是腕力和巧劲，只要能挥动“禾公”并掌握好力的平衡，即可以进行脱粒作业，对劳动者的体力、操作技能等没有特定要求，妇女、老人都能使用。数千年来，“禾打”一直是深受广大农民喜爱的脱粒工具。

打禾打一般在晴朗的日子里进行。人们早早地把收获的农作物搬出来，晾晒在院子里、房檐下、禾塘中……只要是阳光照射到的地方，都会晒上。农作物被翻来翻去地晒着，听到“吱”、“嘎”、“啪”等声音时，这时候用“禾打”打，就省了不少力气。

打禾打的人数，视晒作物的场地的大小来定。禾塘面积小，需要的人就少；禾塘面积大，需要的人就多。

大场面的打禾打，非常热闹。几十个人面对面，排成两行，把“禾打”高高扬起，整齐一致，干净有力，此起彼伏，边走边打，或前进或后退，或走左或行右，没有谁左顾右盼，人人都在尽力，只想把“禾打”打好。为了统一动作和步子，打禾打时有的还要喊号子，也叫“打禾号子”，一般由一人领唱，众人合唱，唱词灵活多样，有什么唱什么，节奏感特别强。一轮打下后，打禾打的人们将“禾打”合起，握住“禾打”的前端，用“禾打”的后端将作物翻转，暴晒一段时间后，再继续打，反复多次，直到将果实打脱为止。

打禾打，虽不是一项技术活儿，但也要讲究方法，初学者常打破自己的手，纵然打下也无劲道。打禾打的动作和步子要按节奏来，“打禾仔”要落在拍上，否则就使不上劲，尤其是有些节奏感差的人，打禾打时总难合群。

打禾打的场面非常壮观，高亢的号子声、雷鸣般的连枷声、石滚碾压的“呕哑”声，会集成一曲欢庆丰收的交响曲。然而，随着农业机械化的普及和农业耕地的逐年减少，打禾打的生产习俗已不普遍了。

（七）风车

先说说传统的扬谷方法。扬谷，就是指稻谷在收割和脱粒之后，用一定的方法把糠秕、碎稻秆和籽粒分开。中国的扬谷方法比西方领先大约 2 000 年，最简易的方法甚至可以追溯到人工栽培谷物之前：将谷粒抛入空中，最好是在有大风时，这样，糠秕被风吹走，而籽粒落到地上。其后采用簸箕，即簸谷法：随着手腕有节奏地抖动，就能把糠秕与重的籽粒分开，即糠秕逐渐被簸到簸箕的前部边缘，而籽粒留在簸箕的后部。后来，又发明了筛谷法。

但这些扬谷方法均需要等到有大风时才能采用的，其速度缓慢而又费力。

公元前2世纪，中国人发明了一项卓越的扬谷工具——旋转式风扇车。风扇车实质上是一架手动鼓风机，以人力为动力源，其功能是将经过脱粒、晾晒后的谷物中的秕、草除去，是粮食收获的最后工序。

风扇车为全杉木农具，由车架、外壳、风扇、加料斗及调节门等构成。远看像只马，近看无头无尾巴。车体有四足，它的“肚子”是一个大风箱，箱体左为通风口，右内装风扇，风扇用薄板制作，扇轴一端有柄，供操作用；上置加料斗，四边梯形，上口大，下口小，为正方形，斗上口边长为65厘米，斗高35厘米；斗下口为长方形，与风箱上口孔相吻合。风箱上口孔为一条狭缝，长25厘米，宽5厘米，装有活动门，随意开关，与孔垂直，下有出口，用箩筐盛在出口处。

工作时将粮食放进上边的加料斗，手摇风扇，加料斗下边就有风吹过，开启调节门，谷物在重力作用下会缓缓落下，密度小的谷壳及轻杂物被风力吹出风扇车尾外，而密度大且饱满的谷物直接流出到下边出料口。这样，就把糠秕与谷物分开了。

风扇车在作业谷类粮食时，一般由两人配合，一个人把场院地上的谷用畚斗倒入风扇车加料斗里，另一个人左手打开活风扇车动门，右手握住风箱摇手柄用力摇，将秕谷、稗草从风箱出口处扇出，谷粒从风箱肚下出来，分别落入箩筐内。关于农村风扇车的扇谷还有一则谜语：“头戴稻桶帽，身穿滚龙袍，有人来开门，地下二股分。”

风扇车主要在中国南方使用，与扬稻有关。尽管飏车最初是在北方发明的，用于除去小麦和小米的壳，但在几个世纪以后，传到了南方。而在北方，出于各种原因，这种农具却被人遗忘了。

与刀耕火种相比，与铜时代相比，风扇车已经是当时相当先进的生产工具了。尽管它如今也已退出历史的舞台，即使还存有，也被遗弃墙角无人问津，可它当初出现时却具有划时代的意义，绝对可称得上是一项伟大的农具发明。

宋朝诗人梅尧臣写了一首歌颂风扇车的诗，诗云：

田扇非团扇，每来场圃见。
因风吹糠粃，编竹破筠箭。
任从高下手，不为喧寒变。
去粗而得精，持之莫肯倦。

二、传统工具

（一）锄头

锄头，作为中国古代农业的标志，是镰刀和犁耙不可比拟的。

在农村耕作，不管要种哪一种农作物，都一定要先用锄头来松土、翻土。锄头也可以除草，田地的小草生长很快，每种农作物都要多次进行除草；开荒垦地、挖沟疏浚、筑路修道，都离不开锄头。总之，锄头历来是农人最重要的农作工具，“锄禾日当午”、“戴月荷锄归”，从古人的诗句中可以看出劳动的艰辛和锄头存在的价值。

因所服务的生产对象不同，锄头的形状、大小、长短和轻重各异，例如，锄草用的锄头一般呈斧铲形，锄口薄而锋利，把柄长，这样既轻便又省力；而松土用的锄头，其锄口与锄草用的比起来稍钝且窄些，锄面较厚，利于松土；而翻土的锄头锄身重，宽度适中，锄口锋利，入土有利，翻土快捷。

锄头的结构十分简单，由锄头、楔子（锄头尖）和锄柄构成。铁匠铺师傅根据客户的需求，打造各种形状和厚薄的锄头，然后根据锄头的规格选择锄柄，柄长最长的1.6米，最短的仅40厘米，视用途而定，一般是下粗上细，锄头圆柄直径约2.5～3厘米，可作担挑之用；楔子主要起到稳固锄头和锄柄的作用，材料一般以硬木为主，有的也用铁质的楔子。有的在锄头与锄柄连接处放置一块棉布，主要起到增加两者之间的摩擦力，即加固的作用。锄头制作完成后，使用前还要浸泡在水里几分钟，然后手握锄柄，用力让楔子撞击地面或石块，目的是使锄头更加稳固。

锄头构造过于简单，与某些人一样，其性格不喜张扬，处世低调。你看它和主人出去劳作时，即使被主人光荣地扛在肩上，锄口还是朝下，保持低调；到了松土时则扬起高昂的头，奋力扑向坚硬的地面，让大地开裂，让石头粉碎，让泥土成灰。即使有时因为主人不慎挖到特别坚硬的石头，锄口被钝圈或崩缺，到铁匠铺后经过火炉的“热身”和铁锤的“亲吻”，淬炼数小时依然完好如初，恢复到此前的状态，一边保持低调，一边以高昂的斗志“鞠躬尽瘁”。每当劳作回家，锄头则独自默默地待在偏僻的角落或者杂物房里待命，无怨无悔。它没有像刀一样出门偎依在主人的腰间，回家后相伴在舒适的大雅之堂，感到自豪与荣耀；也没有像犁和镰刀那样幸运，曾走进了中国共产党领导下农民运动的旗帜里，特别是镰刀图案至今仍属于党旗的一部分，走上人类社会的政治舞台，为人类所瞩目。相比之下，锄头数千年来一直保持着低调、不喜张扬的姿态。

（二）铁搭

铁搭由搭刃（搭齿）和搭柄组成。铁搭，又名带齿镬，它与锄头一样，都是农村一种常用的劳动工具。

铁搭的刃部有4至6个略弯的铁齿，头部有圆形孔，与柄部形成60～70度角。铁搭类似于耙，但和耙不同。

在罗浮地区的农村中，有“勾搭”劳作之用语，“勾搭”即勾住、搭起（住）之意。“搭”，不仅是指“架起”，而且有“捞起（住）”之意。如将“铁搭”插入土地，将泥土“捞起”，“捞起”就称为“搭起”，故能锄能捞的铁制劳动工具被称为铁搭。

元王祯的《农书》卷十三记载：“铁搭，四齿或六齿，其齿锐而微钩，似耙非耙，斸土如搭，是名铁搭。”清徐珂的《清稗类钞·物品·铁搭》记载：“铁搭，农具也，其以耕垦。状如钉耙而齿较阔，四齿或六齿，柄长四尺，举此斸地，可代牛犁。”

这种铁搭“制如锄而四齿”，结构简单，但很适用于在黏重的水田中翻地。用铁搭翻地，可翻得很深，工作质量明显优于耕犁。

铁搭的作用有：

（1）在作物播种前，利用铁搭来整治已经翻过的田地，使土壤平整。

（2）适用于小规模耕作的播种覆土。如种植花生，花生下地后进行耕地，在覆土过程中会用到铁搭。

（3）用于筑田埂或水渠的清淤。因为铁搭入土时阻力较少，再加上铁搭的齿很长，把手部分向上或向前，可以很容易地挖土。

（4）在不具备牛犁耙的地方，利用铁搭的刃来耕地，还可以用铁搭的背面将翻出来的土块轻松地打碎。

因此，铁搭不仅有耙的功能，还有打碎土块、平整土地、清淤疏沟等作用。

（三）禾镰、镰刀

禾镰与镰刀，也是农村常用的劳动工具。

（1）禾镰。禾镰有单柄禾镰和钩镰（本地叫镰钩）两种。单柄禾镰是在一小段柴柄上安装铁制镰刀即可；但钩镰要找有勾的木枝，在枝上装上镰刀。割稻时，先用镰钩把稻杆拢在一起再割。收割水稻是有讲究的，握稻的手要实，下镰要准，收镰要快……由于镰刀非常锋利，一不小心就会割到手，非常危险。看来用镰刀收割水稻不仅是一项技术活，还是一件危险的事情，新手干活时，镰刀割到手、腿是常有的事情。

（2）镰刀。镰刀有木柄镰刀和拨镰两种。木柄镰刀是用铁打成弯形刀后，将其装入木制的把柄中，常用来割草、割麦子、砍杂木等，是农家最常用的工具之一。农人去园地干农活时常把它挂在腰间。拨镰是用全铁打制的，在铁柄中插进木条或竹枝作柄，常用来砍除带刺的植物或杂枝，清除高处的藤蔓或枝叶。用它砍物，手、脚不易被刺伤或划破。

禾镰、镰刀都呈弧形，弯弯的，犹如新月，但两者用途不相同。禾镰，顾名思义，就是割稻子的刀，镰身窄，刀刃薄而有细齿，刀把处装有木柄。镰刀宽，用于割麦子或砍柴割草。

禾镰刀虽小，但事关农村的千家万户。禾镰刀看似简单，做起来却颇有难度，从选材落料到最后开齿热处理，十几道工序道道都马虎不得。一把禾镰刀的锋利、耐用与否，开齿是根本，热处理是关键，开齿技术精细，刀齿的深浅疏密度要掌控得当。操作时神情专注，眼到、心到、手到，锤重手轻，用力均匀，凿到齿成。

（四）石磨

石磨的历史十分悠久，据说，它是春秋战国时期鲁班发明的。远古时期的人们要把谷、麦等粮食的壳皮去掉并碾成粉，是一项很烦琐的劳动，自从有了石磨，粮食加工就变得容易多了。直到20世纪60年代以前，祖祖辈辈的博罗人就是用石磨来加工稻米、小麦、玉米和磨豆腐的，伴随着现代面粉加工机械的发明、应用和普及，石磨慢慢地退出了历史舞台。

石磨是由石匠用质地坚硬的花岗岩开凿而成的。用作石磨的花岗岩并非到处都有，而是需要资深石匠对其外形、材质、纹理、硬度等进行认真考察才能选定。在博罗地区就没有这种花岗岩。那时候，乡间一般是一个生产小队或十来户联合置办一副石磨。

石磨有大小之分，都是由上下两块精心加工而成的圆形石盘组成，分别称为“上扇”和“下扇”，上下扇皆称为“磨扇”。两块磨扇上下对合，其中央部位凿有磨膛。上扇边缘十厘米以内凿有低于平面约一厘米的凹陷，用以堆放粮食而不使之流出。偏离中心部位凿有添加物料的孔道，称为“磨眼”，大石磨有两个左右对称的磨眼，小石磨只有一个磨眼。石磨上扇的外侧凿有一个长方形的石眼，用以安装磨耳。磨眼与磨膛相连。在上下磨扇的对合面上，分别凿成上下对称、凸凹不平、排列有序、阴阳错落的“磨齿”。下扇的中心安置一根向上突出的木质立轴，称为“磨脐”；上扇的中心，则凿有能套在下扇“磨脐”上并套以铁套的孔，称为“磨脐眼”。使用时，固定下扇，推动上扇使其旋转即可磨碎粮食。待加工的粮食堆放在石磨的上扇上，石磨的上扇在作旋转运动时，由于上下扇的磨齿相互咬合、相错，因而形成很微小的升降运动，于是上下扇之间便出现了齿隙，这样，待加工的物料就会通过上扇的磨眼不断进入磨膛，经碾磨之后顺磨齿自然流出，堆放于磨盘之上或向下流到石磨下面的器皿之中。

石磨有连体石磨和分体石磨两种，连体石磨指下扇石磨与磨盘连为一体，下扇石磨与磨盘外沿的中间为磨盘沟，磨盘沟有一个出口嘴（磨盘嘴），磨下的粉浆经磨盘沟从磨盘嘴流（扫）出。分体石磨是由两块尺寸相同的上、下磨扇构成，一般是架在石头或土坯等搭成的台子上，接粉、接浆用的石或木制的磨盘上摞着磨的下扇（不动盘）和上扇（转动盘）。

使用石磨的方法是“拐”。所谓“拐”，就是在石磨上扇的石眼上安装一个三四十厘米长的木质磨耳，在磨耳的顶端凿一个直径为三四厘米的孔，将事先制作好的磨拐插入孔内，磨拐手柄的两端分别用绳索系于上面的横梁之上。拐磨也是力气活。拐磨者两手抓着木拐，一推一拉，身子一前一后，脚尖和脚跟也一踮一落，全身的力量都集中到膀臂上。在拐石磨过程中，每转动一圈，都要由位于拐磨人对面左侧的另一人向磨眼里添加待加工的物料，并以每次添加的多少来控制粮食进入磨膛的速度，两人互相配合，一边转动，一边添加物料，俗称“添磨”。添磨者或站或坐于磨旁，不用耗费多大的体力，但两眼要紧盯磨盘。看着磨盘一圈一圈地转，最容易犯困打瞌睡。一犯困，脑子就迟钝，就极容易被磨拐子打着手。凡是添过磨的人，几乎没有不被打过手的。

石磨，多用于磨米粉、米浆和豆腐。当磨好的米浆或豆浆从磨缝里溢出，挂下，聚在磨槽里，流到磨嘴，淌入盆里时，洁白的汁就像奶一样。这时，拐磨者分外使劲……磨在“吱咯吱咯”地响，在一圈一圈地转着，拐磨者一前一后地推拉磨担，放料人一俯一仰，在不停地挥动勺子，好像这不是在干活，而是在表演，演的就是生活，吃着那些磨出的食物，也觉得格外的香。

（五）谷磨

千百年来，农民种出的稻谷，必须经过脱壳，舂去糠皮，变为白净净的大米，才能供人们食用。而在加工过程中，谷磨是不可或缺的工具。

谷磨的制作原理和石磨的一样，它利用上下磨盘相互逆向转动，稻谷在磨齿的缝隙中滚动摩擦，使谷壳与大米分离。它的设计原理科学，在工业不发达的时代，已经是一个非常实用的机械了。

谷磨形似石磨，与石磨不同的是，谷磨使用的材料是农村到处都有的竹、木和黄土。谷磨分为两部分：磨盘和座架。

它的制作过程是：先用木料做一个基座，中间用由硬木做成的磨蕊作支柱，再用竹篾编成竹屏，将座架围好。座架上再编一圈直径约一米的磨圈，用来接住已脱壳的谷米。中间是磨盘，磨盘分磨底和磨盖（磨底是固定的，只有磨盖活动），先用木条做成支架固定，再用竹篾编好磨筐，填上黄土，镶上磨齿。除了需要有编织和木工技术外，土质的选择和磨齿的安装也很讲究；因各地的土质差异很大，含水量不同，土质有白胶泥、杂沙质的黄泥和掺杂腐殖质的黑土，需要依据土质的不同来加入不同比例的水分，填入上下两扇磨筐中，再插入磨齿。磨齿是以螺旋状呈放射形按比例一片片插入、镶好，再将黄泥舂紧。磨齿犹如人的牙齿，是“咬脱”谷壳的重要部件，需要坚硬的木料，通常用的是硬竹片，每片长宽各10厘米，厚5毫米，厚薄一致，片片均匀；在磨齿安装前，还要将齿片拌上粗砂在铁锅上加热炒透，去掉水分，增加硬度。镶嵌磨齿时，必须以螺旋状按一定角度安装，而上下磨盘的螺旋的方向相反，谷粒在磨盘的滚动中受到反作用力摩擦而脱壳。在上扇磨筐里，填黄泥时要预先埋一根扁方形木柄，如同拨浪鼓的手把，外露的一头打个圆孔。同时，上扇磨筐的正面还要预先做出喇叭口式漏斗，以便盛装稻谷。

谷磨下扇磨筐安坐在一个四腿支架上，正中心露出一根上下贯通的木轴。另外，制作一个长1.5米左右的丁字形木拐，一头安根二尺长的把手，一头安上近尺长的轴头。在谷磨上方的房梁上系根绳子，绳子下端拴住木拐的把手。木拐的轴头放进谷磨上扇木柄的圆孔里，通过人力进行拐磨砺谷，其工作原理与石磨一样。

砺谷时，漏斗中的稻谷随着磨盘边的小洞流入磨盘内，随着谷磨的转动，谷粒在磨齿的摩擦下将谷壳与米分离，从磨盘边流出。然后放到风车上，利用风力将谷壳与米分离，这就是糙米，也叫“生米”，还带有不少谷糠和部分谷粒，需要再用“石碓”加工成精米，即做饭用的“熟米”。

农家生活，除了有耕种的艰辛，粮食收到家里，还有一个“稻谷好吃米难磨”的过程。大人们白天要外出干活，“磨谷”常常放在早晚和中午时间，下雨而不能做外面的活时则更是“磨谷”的好时机。每到春节之前，人们还要磨出一些“年米”储备起来，以免过年期间启动用具“磨米”。所以，腊月中下旬的那些时日，人们一是加紧打柴（主要是烤火用的“大柴”），一是挤时间磨“年米”。这时，在各村各户，可以经常听见砺谷和舂米之声，有的直到深夜。或浓或淡的年味儿，也包含在这种准备“年米”的辛苦劳作之中。

年复一年，岁月催春，20世纪60年代后期，小型碾米机械逐渐进入农家，取代了这种人力操作的“土机械”。谷磨也成为历史古物，在人类进化的历史长河中渐渐消逝。

（六）石绞

绞，即挤压。用石头制成的机子来挤压（榨）甘蔗，俗称石绞。

20 世纪 60 年代以前，博罗山地区的大部分乡村种植甘蔗，几乎每个村庄都有农民自办的土糖厂。蔗农用石头制成的机子来榨甘蔗，而不是像现在的糖厂使用电动的大机器榨甘蔗。

石绞榨蔗机由两块圆形的花岗岩碌碡组成。每块石头直径约 1 米长，高约 90 公分。碌碡的周围也都凿有右深左浅、形状相同的方孔，用以插入硬木楔，做成齿轮，带动两个碌碡旋转。碌碡底下是一个大石盆，也是用花岗岩打凿而成，厚约 20 厘米，四周边缘凸起，中间凿有凹槽。石绞两个碌碡上下端都有碗口大小的方孔，用途就是绞榨甘蔗时套上两根木柱子，再用一条弯弯的木条往外延展，在外围形成一条环形的轨道，以供畜力拉动石头绞榨甘蔗。

带动两个碌碡同时转动的是畜力。两头牛被麻包蒙住眼睛，一根木头做成的榨拐，这一头套在牛的脖子上，另一头连在石头榨机上。两头牛同时起步，拉着榨拐绕着圆周行走。牛力牵动榨拐，榨拐带动碌碡的齿轮转动。

石绞所产生的动力不怎么大，每根甘蔗往往要榨 2～3 次才能榨干，因为牛拉石榨很吃力，所以石榨转动的速度就比较缓慢，每天只能榨几十捆甘蔗。蔗农将甘蔗一条一条地“喂”进石头榨机里，不停滚动的碌碡便把甘蔗汁榨出来了。蔗农把清甜的蔗汁放进土制的糖锅里煮沸，制出一篓一篓的黄糖。

据记载，早在南宋年间，中原部分居民举家迁至南粤。其中，迁居罗浮山地区的移民定居后艰苦创业，开荒造田。他们除了种植水稻外，还大面积种植甘蔗。农闲时节，身强力壮的男人就从附近的山头挖出巨大的花岗岩，花了九牛二虎之力，搬上四驳牛车，拉回村边。妇女们就从山上割回茅草、树枝，搭盖起简陋的茅寮。手艺精湛的石匠就在茅寮里将花岗岩打凿加工成碌碡和石盆。到了冬天甘蔗收获的季节，家家户户将漫山遍野的甘蔗砍了运回茅寮，准备加工成黄糖。

土法制糖工序相当繁杂。第一道工序是榨甘蔗汁。负责“转碌”的两人赶着套上轭的两头牛，将两只沉重的碌碡拉动，待碌碡飞快地旋转起来后，负责“下蔗”的五六名男女将甘蔗连续不断地插进碌碡下端的缝隙。蔗汁顺着石盆的凹槽流入木桶里。第二道工序就是煮糖。煮糖要经过三个大铁锅，分为头锅、中锅、尾锅。土法煮糖工序分为以下4个步骤：

（1）除杂：煮糖师傅将蔗汁倒入头锅，以猛火烧煮30多分钟。一边煮，一边用漏勺将蔗汁中的杂物（蔗渣）及糖泡捞出（可作烧酒的原料），直至蔗汁清洁为止。

（2）加料：蔗汁清洁后，将头锅煮过的蔗汁舀到中锅，又烧煮约20分钟；在此过程中，每50千克汁加入石灰粉或蚬粉50克～100克，目的是中和蔗汁中的酸性。酸性大的加灰量可达250克，反之则少加些。在蔗汁没煮开时，先下加灰量的70%，余下的部分在蔗汁沸腾后再分两次加入，检验加灰量是否适中，一般用鼻嗅其味，以气味清甜、无酸味或无灰味为适量，也可根据颜色来判断加灰量。若加灰不够，汁色就较浅；如加灰过多，汁色如茶色或棕色；加灰适量的汁色，应当呈淡黄色。

（3）浓缩：中锅熬制20分钟后，舀入最后的尾锅。继续以猛火烧煮，一边用长柄木勺不停地搅动蔗汁，防止黏锅烧焦。经过大约20分钟的烧煮，蔗汁的水分逐渐蒸发，慢慢变成黄色的糖浆。

（4）成糖：若要加工成粉糖，需把起锅后的糖浆倒入槽内铲平，使之半凝固。当冷却至85℃左右时，便开始搅拌，冷却至75℃时就会起砂状，此时应迅速用劲将糖搓成粉状。若要加工成片糖，需将糖膏倒在竹席上推开，冷却凝固后切成方块状即成片糖。若要加工成砂糖，就将糖浆倒入瓦缸，慢慢地用铁锹搅动，等冷却之后就制成了红砂糖。

用石绞榨甘蔗制糖，这种原始作坊，不知道祖祖辈辈使用了多少年，直到20世纪60年代中期，才用上铁制的榨蔗机。如今，在博罗乡间的一些村头村尾的乱草丛中，还可以找到被遗弃的石绞。

（七）木榨油机

过去榨花生油靠的是木制榨油机，而后，20世纪70年代产生了铁制作的榨油机，最后演变到现在所用的机械化榨油机。

如今，那种秦砖汉瓦的榨油坊和极具特色的榨油工艺已不再出现，古老而原始的传统榨油法只成了回忆，徒留在人们的心中……

过去，开油坊最重要的设备就是榨油机，它是用原木加工而成的，且一定要用“特种”大树原木不可。所谓“特种”，就是一定要长得高大而直，树龄要有百年以上，这样木质才够坚硬，才合适加工成榨油机。但并不是所有的

“特种”大树都可以加工成榨油机，树干原料一般是专用耐压且不易爆裂的荔枝或龙眼木，而且长近5米，围径2米多，重量达1吨多以上的木头才能被选上。这样的木材可以说是木材中的佼佼者。

木榨油机是个庞然大物，制作榨油机时，将树干整修好掏空树心，制成一个长2米、宽40公分的“油槽”，用以填装油胚饼；槽底有一小孔贯通，用于榨油时流油。木榨油机安放在平整的地上，地上挖个坑置放油缸。据说，一个上等的木匠师傅要用足足一个月才能把一个木榨油机凿好，一个木榨油机可使用一两百年甚至更长时间。

木榨油机配备有5个大木槌，其中一个最重的为45公斤，3个为20公斤左右，最小的一个也有5公斤以上，是供师傅使用的“指挥锤”。另配有2个重达40公斤左右的“木牛”（注：在机中心卧放的大木桩），还有十几根坚硬如铁的木楔。另外，油坊还要有如下的配备：土磨、脚踏破碎舂、手摇鼓风机、大笼和大铁锅等。

斗转星移，时过境迁。如今许多老人忆起那些木榨油机产的花生油，仍是满脸的喜色，却只能是一种回忆了。木榨油机的榨油方法非常复杂，详见第七篇“生产民俗”之“传统手艺——榨油佬”。

（八）石碓

石碓是一种古老的粮食加工工具，又称脚碓、舂臼，是由杵臼发展演变而来的。

石碓利用杠杆原理，将一根长木方安在石架上，木方一端装上石碓头，下面埋放一石窝。人踩木方的另一端，碓头即翘起，脚移碓头落，下舂打谷米。

石碓可舂稻、麦、黍、稷、粟、粱。碓舂比杵舂省力且效率高。东汉《桓子新论》中说：“因延力借身重以践碓，而利十倍杵舂。”在罗浮山地区，石碓主要用来舂稻谷、舂米粉、打糍粑。

石碓主要由碓窝、堆身和支撑点组成，堆身包括主杆和碓头两部分。

石碓是由心灵手巧的工匠建造的，其中，最富技术含量的活当然是制作碓。碓窝也叫作碓槽，一般选用坚硬耐磨的青麻石，从中间凿磨成深窝状，埋进地下，碓窝沿面与地面齐平，那形状很像嵌在土灶上的铁镬。和碓窝配套的是碓头，碓头连接在主杆的前边，与主杆呈垂直状。碓头上宽下窄，形状极像马头，也因此被称作“马头”；主杆后边是碓尾，碓尾是产生和控制动力的部分，所以，脚踩部分的下面要留出低洼，让碓尾能往下沉，这样脚踩碓尾，“吱呀”一声，碓头便昂起来，脚再一抬，“咚”的一响，碓头舂入碓窝，地面似乎都在颤抖；随着“马头”的起起落落，碓窝里的食物就会被粉碎。碓身的活动点在并碓身前面的三分之一处，两侧竖起两个小石墩，在碓身中心穿了个孔，小棒子穿过碓身后，横扛在两个小石墩的“肩”上。

使用石碓的一般是二至三人，一人或两人踏碓，一人舂碓。踏碓者用脚踏踏板，使碓头上下起落舂轧；为方便踏板，头顶上方伸下一环绳索，方便使用者手拉助力。假如一个人踏板的话，就在碓嘴上系一条长绳牵在手中，脚踏的同时，手拉长绳，重重的大圆木就起来了，宛如架着匹骏马。

舂碓人手里拿一根木棍，脚踩下去而碓头抬起的同时，迅速用木棍将碓窝前边的稻谷（米）向后拨一下，使碓窝里的米能够“翻身”循环，舂得均匀。如此反复舂米一两个小时，碓窝里的米才会出现大量粉状物，米粒变得白亮光泽，这说明米已基本舂“熟”。用撑碓棍将碓头支起，持葫芦瓢将米挖出，先用小眼的“糠筛”筛下米中的糠粉（这是喂猪的最好饲料），再用眼儿略大的“米筛”筛下米粒；仍然存在的少数谷粒在手的巧劲下，呈涡旋状转动（这有一定的技术性），谷粒便集中到筛子的中心表面，用手将其抓起，待下次舂米时倒在一起再舂。筛好的米会有少量的米糠，再用风车“风”一下，就完全成可以入锅做饭，成为成品米了。从现代营养角度来看，大米舂得太“熟”了，富于维生素的表层和胚角都被舂掉，失去了很多营养。但由于米舂得越“熟”越好吃，一些人总喜欢把米舂得很“熟”，甚至米粒都被舂得很小了。也有的人为了多得到一些糠粉作猪饲料，特意把米舂得很“熟”。再加上农村人做饭把米汤用于喂猪，这实际上是把大米中最有营养的部分都给猪吃了。

在博罗地区，逢年过节、红白喜事都要做各种各样的“粄”，“粄”的主要原料是米粉。舂米粉自然成为当地妇人的一项烦琐而又复杂的劳动。在舂米前，先将稻米用清水浸泡6小时，捞起放在竹簸箕上晾干；舂粉时，先把米倒进碓窝中，以三分之一为好，然后开舂。随着“吱咚、吱咚”的响声，守候在碓窝过的舂碓人不时用木棍将舂实的米挖松，一个小时之后，舀上来用筛子筛，成粉的落在簸箕中，粗的又倒回碓窝里继续舂，如此反复几次、十多次，甚至几十次，最后，剩下的是不能再舂的“粉头”。“粉头”不能浪费，可用来做或甜或咸的“米糊”。“米糊”的做法很简单，将“粉头”用清水拌成糊状后，放进锅煮熟就可以食用了。“米糊”具有黏稠、劲道、滑口等特点，是难得的乡间小吃。

在过去，农村用石碓舂米粉也是司空见惯的，每次听到“吱咚、吱咚、吱咚”的舂碓声，兴高采烈的孩子都会赶来围观，淘气的小孩也要求上去踩上几脚，等踩了一会，觉得累了，便退下来让给大人。大人们一边踩着碓一边哼着曲调，有时还会情不自禁地唱起来，虽然多是一些即兴而作的歌词，但由于节奏轻快、活泼诙谐，总能引起一阵阵善意的笑声。诚然，碓头与碓窝总是重复着磕磕碰碰的状态，却一如既往地配合得天衣无缝，这种和睦从容，不正如千千万万劳动人民的相依相存吗？每家舂米粉后，都会主动清理石碓的卫生，这似乎也成了某种约定俗成，等到下家使用时就会干净如初了。

如今，乡下的石碓已经退出了历史舞台。存放石碓的百年老屋，如今都是七零八落、杂草丛生。青砖墙壁上长满了青苔，砖面上的砖土也在风雨的侵蚀下一点点剥落。而那座石碓，已经只剩下一个埋在地上的碓窝，碓身早已不知去向，也没有人再去关注它的去向，它和舂碓时的欢声笑语一起消逝了。

三、传统用具

（一）蓑衣

蓑衣曾经是博罗地区的农民雨天在田野劳动时遮风挡雨的必备的重要工具，正像现在人们在雨天穿的雨衣一样重要。蓑衣又称棕衣，历史悠久。《诗·小雅·无羊》中有云："尔牧来思，何蓑何笠"，在塑料雨衣还没问世的时候，几乎每家每户的墙壁上，都挂着一件或几件蓑衣。唐代柳宗元《江雪》诗有云："孤舟蓑笠翁，独钓寒江雪"，以及宋代苏轼《渔父》诗有云："自庇一身青蒻笠，相随到处绿蓑衣。"

蓑衣，对于老一辈博罗人来说，再熟悉不过了。在那曾经贫穷的岁月里，蓑衣是老百姓居家过日子少不了的物件。平日里，它悄然挂在泥巴隔墙上，随时待命。农忙时，蓑衣、竹笠，再加上氤氲的烟雨，就给罗浮大地的乡村增添了许多韵味。屋后的菜园里，勤劳的村妇身披蓑衣在斜风细雨中种瓜点豆，愉快地感受着泥土的气息，蓑衣上结满了一颗颗珍珠似的水珠儿……在犁田、收稻插秧时，穿在身上的蓑衣，像一只蝴蝶风筝张开着的那两扇翅翼，潇潇雨水顺着蓑衣的外沿向下流淌。赶上狂风暴雨，主人披蓑顶笠，而顾不上一身的泥水，只是口中升腾着些许慨叹。或在屋檐上检瓦防漏，或在堤坝上护堤抢险，或在田野中防洪排涝。

蓑衣用棕叶或箬叶制成，没有袖口，披在肩上能盖住胸背。后背长过臀部，下缀蓑裙，穿着时既能活动自如，又不使雨水淋湿衣裤。蓑衣分上、下两部分，上面的叫"蓑衣披"，颇像古代妇女穿的坎肩儿，有圆圆的领口，前开襟，有细细的棕绳可供系牢；下面的叫"蓑衣裙"，很像现代美女穿的吊带裙，有两条棕绳供吊在肩上。但裙腰很大，可随意摆动，方便主人甩开大步走路，攥足力气挑担。蓑衣的缝制比较讲究，下面的棕毛却随意披散着，为的是让雨水迅速坠落。从前的人穿衣服讲究“新三年，旧三年，缝缝补补又三年”，而蓑衣的坚韧足以陪伴主人一辈子。

蓑衣的制作工艺异常复杂，拼接定位，揉搓缝挑。最为关键的是“串”蓑衣，工匠把所有棕叶或箬叶整理梳顺，按照蓑衣全身所需的料件摊得厚薄均匀，用一根较粗的针，套上一根细软结实的小棕绳，一把接一把，一片连一片，一针一线地穿插编织。因此，在农村，习惯上不叫编织蓑衣，而是叫“串”蓑衣。料片的棕丝是纵向的，算是经线；针穿织的小棕绳是横向的，是纬线。如此纵横交错地编织，使蓑衣结实牢固，多年穿用也不会散架脱落。一件蓑衣，有十多道工序，技艺娴熟的师傅也要两三天的时间才能编成。由于工艺异常烦琐，每个环节必须全为手工制作，而且需要娴熟的技巧，所以这项手艺在今天几乎已失传。

蓑衣的优点和作用很多。其优点：一是美观耐用。一件蓑衣可穿上十几年，倘若用得小心，还可用得更长久些。二是穿着透气。蓑衣结构复杂，由多块组成，多层重叠，空虚遍衣，空间宽敞。三是舒适自然。穿着时不会有碍手碍脚之感，手脚活动伸展自如，身体伸直弯曲方便。其作用：一是挡风遮雨。蓑衣虽然就是一种古老的雨具，但数千年来，它是农民野外作业最好的挡风遮雨工具。二是可作席用。在多雨多湿的南方，蓑衣成为在野外劳作的农民席地而坐的坐垫。没雨的时候，劳作累了，可摊开蓑衣，头枕斗笠，躺在田间地头歇息。夏日晚上，闷热难眠，蓑衣又成了农民露宿的席子，把蓑衣铺在当街中，躺在凉爽的蓑衣上，数着天上的星星，带着一天的疲惫，悄然进入梦乡。三是保暖御寒。蓑衣的保暖性对于当时贫穷的人们来说是很实用的，清明或梅雨时节，穿着蓑衣下田，挡风御寒，护身保暖。寒冬里甚至可以用来当被盖，增加温暖祛除寒意。四是兴旺镇邪。乡里的人们还一直相信蓑衣能辟邪驱鬼。那大概是因为一些历史传说：宋高宗赵构在金兵追击的过程中，因为穿蓑衣，装作放牛的而侥幸躲过金兵的追捕；明太祖朱元璋小时候当放牛娃时更是与蓑衣相依相伴，相传，他有次遇到危急，正因为用蓑衣遮掩，才顺利躲过劫难。赵构和朱元璋两人都当上了皇帝，皇帝是天子——天的儿子，所以自然皇帝也就成了人间至高无上的“神”。是神，那么他们曾经用过的衣物当然就具有了神奇的法力，一般的小鬼见了都得退避三舍。这就是民间的逻辑。依照这种逻辑，农民晚上在野外搭棚看管瓜果、秧苗，甚至走夜路，总要带着一件蓑衣，为的是避邪、防风雨。乡里人认为，用蓑衣包裹正梁，家业一定能兴旺发达。用蓑衣包裹木炭，放置在井底下，除了能起杀菌过滤的作用外，还能镇住邪气。以前谁家建造新房子，到了上梁时，正厅中间的正梁肯定要用蓑衣包裹。

历史在发展，时代在变迁。千百年来，蓑衣一直为樵夫、耕者和渔民遮风挡雨。随着科学的发达、社会的进步，蓑衣逐渐被轻盈、灵动、色彩斑斓的塑料薄膜或尼龙雨衣所替代。蓑衣——人类传承下来用箬叶或棕叶做的衣服，渐渐地离开了人们的视线。然而，蓑衣并没有消逝，它仍会闪现其特有的诗情和风韵，成为文人津津乐道的雅物，譬如那生活中的蓑衣黄瓜、蓑衣萝卜、蓑衣茄子、蓑衣饼……又譬如那风流千古的古诗："吴山楼上江湖景，饮茶更食酥油饼。酥油音转是蓑衣，雅人高兴争品题。"

（二）竹笠

竹笠，在博罗乡间亦称"笠嫲"、"竹帽"。因为其有广泛的实用性，几乎长期与中国人的其他衣物同在。

竹笠，是心灵手巧的乡人用竹篾、夹油纸和箬竹叶等基本原料编织而成，可以遮雨、遮阳光。竹笠究竟是从什么年代开始流传下来的？只能从张志和的《渔歌子》中去找答案了。唐代诗人张志和在《渔歌子》中就有对竹笠的描述："西塞山前白鹭飞，桃花流水鳜鱼肥。青箬笠，绿蓑衣，斜风细雨不须归。"这足见竹笠之历史悠久。

编织斗笠的主要材料是竹篾，薄薄的竹篾编成两层网状结构的斗笠坯，笠坯上面有许多铜钱大的六方形小孔，以减轻斗笠的重量。上坯为竹青（竹的面层）篾，较软且密，底坯是竹瓜瓤（竹的里层）篾，较硬且疏。两张斗笠坯合起来，中间夹着由两层油纸叠包的箬竹叶，再用青篾丝锁好边。整顶斗笠呈圆形，像一朵掐了杆的蘑菇。为了使斗笠比较适合固定在头上，不至于被风吹掉，就在内面顶部安一个竹丝编就的帽圈，在下面系上一段小麻绳，戴时将绳套在脑后或下巴处。竹笠有尖笃与圆顶之分，前者适用于男性，后者则为男女老少所通用，所以，农村户户都有竹笠，有些一家可有几顶。斗笠因其轻便细小，无论是犁田锄地、挑担买卖，还是上路赶集都可以用。劳动之余，停步休息，可作坐垫；闷热时，可作扇子扇风用。竹笠，携带方便，不用时放在身边或畚箕、担子上，也不占空间。笠破了补，补了又补，直到烂得不能再补了，也可派上别的用场，或用作家中坛坛罐罐的盖子，或用作盖子盖住烂箩孵鸡仔，或用作稻草人的帽子。

竹笠，是农夫身份的见证。只有长年累月、含辛茹苦、风餐露宿、不怕日晒、栉风沐雨、辛劳耕作的乡人，才经常头戴竹笠，身披蓑衣，手中拿一件农具穿行在风雨中，干好农活回到家，摘下竹笠甩甩水，解散蓑衣抖抖水，蓑衣挂在墙上的木钉子上，竹笠挂靠在蓑衣头上，未抖落净的余水还会"滴答"往下落……

现在，置身于塑料的世界，城市农村中轻便的草帽、布帽、塑料雨衣和太阳伞代替了小竹笠，但是竹笠价钱低廉、实用大方，还是有很多农民劳动时会用它，它不会因五颜六色的草帽、布帽、塑料雨衣和太阳伞的层出热销而消失。竹笠——这种已有数千年历史的农民“身份证”，将永远被携带在老一辈农民的身边，永远“珍藏”在他们的“记忆博物馆”之中。

四、传统手艺

博罗地区位于珠江三角洲东北端，西、南为平原，东、北为山区，地势起伏很大，因而形成了山区与平原各半的地貌特征。山区山高林密，坡陡路窄，住户分散，交通闭塞。平原低洼沼泽，江河湖泊星罗棋布，交通不便。无论是山区还是平原，农民生活都十分困难。在这种情况下，因生计所迫，逐渐产生了一些特殊的劳动人群，这些人群全靠肩挑背驮和手艺安身立命，养家糊口。俗话说，“天下饿不死手艺人”，农家子弟只要学会了一门手艺，即使发生天旱洪涝等灾害，粮油欠收，在无法维持生活的情况下，手艺人也可以外出，凭着自己的手艺挣钱养家。因此，有很多农家子弟尚未成年便拜师学艺，出师后，有的常年游走江湖，专门从事手艺工作；有的半工半农，农忙时在家务农，农闲时出门从艺；有的在集镇或家里摆摊设点，苦心经营。这些能工巧匠，被当地人称作“佬”。他们虽然社会地位不高，但是是社会财富的建造者。

（一）阉猪佬

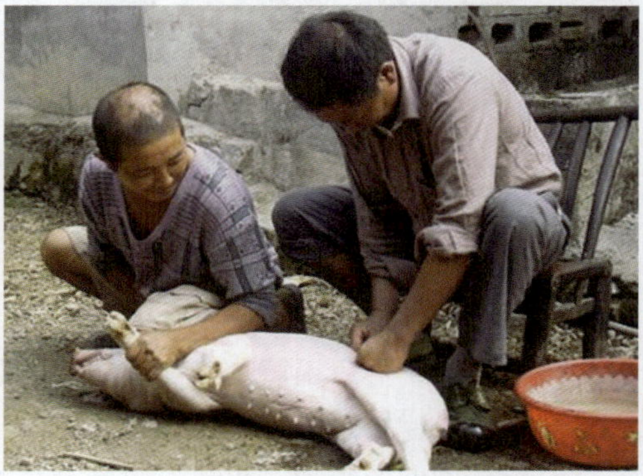

阉，指一种去除手术，就是摘除或破坏动物卵巢或睾丸的手术。阉割后的家畜，失去了生殖机能，性情变得驯顺，便于管理、使役、肥育和提高肉的质量，还可以防止劣种家畜自由交配，对改良家畜品种起了积极作用。

在以前的农村，阉猪、阉鸡与阉牛等禽畜的手艺人，百姓都管他们叫“阉猪佬”。

阉猪佬用的方法虽然残忍，但人缘很好，走进哪家，都会得到热情招待，走进哪里，都有一群孩子和空闲的大人围观。

（二）补镬佬

补镬佬是指专门修补各种锅具的手艺人。“补镬佬的扁担，两头翘”，这句话是形容以前挑肩挑木箱，走村串巷叫喊“补镬啰”的补镬匠。

20世纪六七十年代，农村大多数的人家使用的是铁镬。镬为生铁铸造，不耐用，性脆，易裂、易烂，日子久了难免有漏洞。若洞口比较小（沙“眼”），把镬对着太阳，看出洞口，用棉花堵住，再在镬底抹上锅灰，可以将就烧几天。若洞口太大，烧火时镬里看得到火光，就要补镬了。因此，补镬工艺便应运而生，并且流传了很长的时间。人们称补镬师傅为补镬匠、补镬佬。补镬佬往往是手黑如煤、脸黑如镬。

补镬佬挑的担子一头是手拉的风箱（鼓风机）和小炉子，一头是工具和补镬用的材料。

旧时，补镬也是有行规和禁忌的。如补镬匠只能住公众地方如破庙、祠堂、檐阶等，不住家宅；再就是睡地上，不能睡床板，睡地上也只能用谷草、麦草、草席开铺，不用木板，认为用木板在地面睡觉不吉利（因死人多用木板摊尸）；还有进村补镬必须先到为君，后到为臣，后到者除非征得先到者同意，否则应主动离开，绝不能抢饭碗。

补镬一般以流动上门服务为主。补镬工具大致有风箱、炭炉子、锤子和破布等。每到一处，补镬匠在树荫下架好鼓风机和炭炉后，有徒弟的就叫徒弟走村串巷兜生意，师傅则在原地生火开炉。徒弟兜生意时大叫“补镬啰”，音韵通俗优美。有时把收集到的要补或补好送还的铁镬顶在头上吆喝，别有一番趣味。

补镬前，先要对破的地方做一些处理，用尖嘴小铁锤敲掉锈斑。若破口太小，就把破口钻大一点，这样才能让铁水和铁镬咬合；若破口较大，就要从破口的四周补起；若是大的窟窿，则要根据窟窿的大小，准备一块比洞口小的镬生铁，然后用篾片将镬生铁固定在窟窿中央。

操作时，首先把铁碎片煮熔，烧成铁水。补镬时，补镬佬左手掌里放着一块圆的厚布垫，布垫上面放上糠灰。右手则拿着一个用白泥做成的长柄小匙，在小熔炉里舀上一勺铁水，倒入左手的布垫上。这时，布垫上的铁水像一颗明亮的珠子，闪闪发光；霎时，补镬佬右手放下长柄小匙，换拿一根布卷成的端部已经烧焦发黑的圆布棒，左手迅速地将铁水珠放到锅下裂缝处，向上一顶，铁水就从镬缝中冒出，右手的圆布棒向下一按一擦，“吱”的一声，直冒白烟，铁水冷却后就成了一颗“铆钉”，牢牢固定在镬的缝隙上。这就算是补了一个点，要多个点甚至十几个点才能补好一条裂缝。最后一道工序是将内外补好的地方刷一层黄泥水。

补镬佬除了补镬外，还会补铁钵子、搪瓷盆、续犁头……

“破镬是脸上的疤，镬巴是镬上的花；补镬佬镬里栽花，总想让人夸奖他。”补镬佬干活时，也总爱哼上几句类似的顺口溜，惹来旁观人一阵笑声，但他的心里总是会涌出一股酸楚的味道。

支付给补镬佬的工钱，一般按照给破锅浇铸铁水的次数支付，可以是现金，也可以用大米。一般来说，补镬佬终年生意不断，且收入不错，故世上流传的俗语“头阉二补三打铁”，说的正是当时的补镬行当在民间手艺中排行第二。

（三）打铁佬

铁匠，在博罗地区俗称“打铁佬”，是一门古老的职业，他们以铁为原料，只凭手中一把小小的铁锤就能打出各式各样的生产工具和生活用具。

旧时在博罗农村，除了补镬续犁头外，其他有关铁器的修补，都纳入打铁这一行业。生产工具多是简便风箱、铁锤、钳和铁砧等。由于旧时铁器制品在生产和生活中的广泛使用，代表着先进的生产方式，所以打铁业的经济收益一度是乡间手艺中的数一数二的，打铁服务领域广，业务量多，因而有“转过这条巷，无人不打铁”的说法。

打铁的燃料以前多为木炭，后来也有了煤。不管是炭或煤，都必须混涂湿泥浆，这是因为混了湿泥后，不但耐烧，而且有助于燃烧，因此又有“不怕铁不红，只怕炭无泥”的说法。对煤炭的要求比较高，100 公斤煤炭中大约只有十来公斤煤可以用来打铁，能够打铁的炭叫铁炭。

铁铺一般都是父子或兄弟经营的单干户，一般一个师傅带一两个学徒，学徒的主要工作是用一把比师傅手中铁锤的体积和重量大出五六倍的大铁锤，帮助师傅把用来制作工具的被炉火烧熟了的铁毛坯打成所需的造型。

打铁开始，师傅用铁钳把烧得通红的铁器从火炉中抽钳，放在铁砧上，师傅开第一锤，这第一锤是虚锤，并不打在铁器上，打在铁砧上，那实际是一个讯号，意思是叫徒弟“准备好，开始啦”。从第二锤起，才打在铁器上。师徒保持默契，师傅的这一锤落在什么地方，徒弟也跟着往那儿落锤，师傅指（打）那里，徒弟就打那里，到最后工具成形的阶段就没有学徒的活了。

师傅最拿手的技艺还在于“退火”，民间叫“蘸水”。铁器经过烧煅，就会改变它的硬度，要恢复它原来的硬度，或增加原有的硬度（如刀类），就必须要经过一个“退火”的工艺。铁器锤打完后，师傅就把它放进一盆冷水，或者插进一堆湿泥沙里。是放进水中，还是插进泥土里？其时间需要多久？这由师傅多年的经验决定。这一技艺，聪明的徒弟必须在漫长的学徒生涯中潜心领会。

铁匠行业中流传有“从师三年，访十三年”的习俗。学徒在从师期间，待遇低微，“出师”之前，一般都无薪水，有的只是给点零用钱，出师后继续留下做工，才按月给工钱。

打铁虽是一门较吃香的乡间手艺，但同时又是艰苦的行当。俗话说：“世上三样苦，撑船打铁磨豆腐。”打铁，日夜在炼炉旁忍受炎热，就如入炼狱。抡一辈子的大铁锤，劳力费神，又脏又累且不说，长年的烟熏火烤，眼睛也受不了。

打铁工人打铁顺带做一日三餐，因此，总是一边烧煅，一边在火炉上面架个支架，悬吊个饭煲煮饭，这种饭煲叫“吊煲”，现在已很难见到。它约一个篮球大小，一尺高，下大上小呈锥形，底部半圆形，用生铁铸成。这大概是打铁佬专用的炊具。

打铁行有云：“三日无打铁，快快卖吊煲”，“吃得三年吊煲饭，腰寒背拱兼内伤”，这是对打铁工人工作艰辛的写照。

（四）厨师佬

一直以来，博罗农村的红白喜事的家宴都在自己家里操办，一般人家也得摆上二三十桌，富裕的人家则有四五十桌，甚至更多。这么多桌的宴席，需要有一定烹调技艺的厨师下厨，才能办好。于是，乡村厨师佬这一行当就应运而生了。

乡村厨师是在农村土生土长的，他们是靠勤学多练或是靠祖辈传承的手艺人。他们同乡间的木匠、瓦匠一样，是烹调菜肴的能人。厨师的工作很辛苦，每次下厨的日子，都要早上6点起床，一直忙碌到晚上8点才能收工。虽然辛苦，却很受人们的尊敬，都被人们叫作“师傅”，心里更是盈满着自豪，毕竟自己也是个农民，不是职业厨师，平时还是在自家里忙乎农活。若是谁家办事情了，请他来帮忙，才成为厨师。给人家下厨也不挣工钱，只是以主人的赏钱替代劳动报酬。

在乡村操办宴席，厨师是关键人物，食材开销的大小取决于厨师的调整，掌握好量度，就可以多调整出几桌菜，既要让客人吃得恰到好处，又要显出主人不吝啬。这也是主人非常上心的一件事。所以，他们不论到哪家，都会受到主人热情的礼遇。当厨师走进主人家时，主人一点也不敢怠慢，急忙堆笑，递烟敬茶，掏出事先准备好的谢厨红包，先向厨师道谢，说声：“受累了，辛苦了。”厨师回应：“不累，不辛苦。”主人手拿红包说：“一点心意请收下，谢谢厨师的好手艺。”厨师忙说：“不用谢，不用谢。”

厨师的烹饪技术也是乡土的，所制菜肴多适合乡亲口味，尽管没有城里酒店餐馆里丰富的佐料，但是乡村厨师凭借自己调制的调料，照样把“八大盘”、“十二篇”烹饪得让食客们吃得有滋有味。

都说农村的酒宴更能体现邻里亲情，到农村喝酒才能喝出气氛、喝出感情，这句话一点都不假。一般在农村里，遇到哪户人家有红白喜事，只要能帮忙的、能出力的都会自觉地奔走相告，邻居不但会无偿地提供自己的住所作为酒宴场地，而且帮忙洗菜、端盘，朴实、浓情的农村宴席真正体现出了邻里一家亲。而也正因为有邻居的帮忙，才为农村厨师提供了一个生存的空间，有位农村厨师说："我们厨师一般只有两三个人，最多提供刀和砧板，其他酒宴所需的都由主人家自己准备，一般一家人根本忙不过来，所以邻居就起到了很好的帮扶作用，有了他们的帮忙，我们也就轻松了许多。"

（五）豆腐佬

"卖豆腐噢……"汉子的叫卖声从村头响到村尾，从村中响到村外。温润的嗓音在清新的空气中弥散开来，村子便有了鲜活的气息。

木桶里装着新出锅的豆腐，豆腐呼呼往外冒着热气。汉子将木桶搁在巷头的青石板上，就有人围过来。他用刀子熟练地切好豆腐块，往秤上一称，再倒进头发蓬松的妇人手中的砵头里，妇人边打哈欠边说："凑一点，凑一点"，汉子又轻轻舀了一角："今天的豆腐好！"妇人满意地递过钱票。

汉子是谁？豆腐佬也！

"豆腐佬发不了大财"，汉子每天的收入不多，眼睛也已熬红，脸上却始终带笑。"一轮磨上流琼液，百沸汤中滚雪花……"诗句是美丽的，可做起来却无诗意：磨浆、煮汤、滤渣……哪一个工序不累人，不磨人？

俗话说："世上三样苦，撑船打铁磨豆腐。"我们研究豆腐的制作流程就可窥见一二了。

（1）选豆。选豆的目的就是去除混杂在大豆中的各种杂物，保证原料的洁净；剔出个别变质的和没长成的豆，保证口味。选豆的方法大致有二：一是干选法。用筛子使大豆通过振动筛把杂物分离出去。二是湿选法。将大豆倒入浸泡池内，加水后由于大豆中的杂物、浮豆、破口豆、霉烂豆和虫蛀豆等的密度小于水，因而漂浮在水面，然后用笊篱捞出来。但密度大于水的铁屑、石子、泥沙等杂物，仍与大豆同时沉淀在水里，因此在浸豆之前要把先杂物拣出来。

（2）浸豆。大豆组织中的蛋白质是一种胶体，大豆用水浸泡后，可使蛋白质胶体吸收水分而膨胀，有利于把蛋白质提取出来。此外，大豆通过浸泡后，组织软化，便于磨碎。大豆浸泡时间的长短，应根据气温、豆种、水质及成品等因素而定，但主要因素是温度，气温越低，大豆的浸泡时间越长。一般在8小时左右。

大豆浸泡大致要经过一淘、二洗、三擦、四沥等过程。一淘就是浸泡时要定时搅拌；二洗，浸泡完毕要冲洗干净；三擦，就是用工具把浸泡过的大豆的表皮擦破，使表皮内所含的微生物和酸水流出；四沥，即用水冲洗，把余水沥尽。

（3）磨浆。大豆浸泡完毕，沥去泡豆水，经磨擦冲洗并沥尽余水后，即可入磨碾磨。进料时必须随料定量进水，一般碾磨时的加水量为原料大豆的四至五倍比较适宜。为保证豆腐的卫生质量，碾磨前要注意清洗石磨，特别是夏秋季节，气温比较高，细菌繁殖快，更要注意卫生。

（4）煮浆。将磨出的生浆倒入镬内煮沸，不必盖镬盖，慢火煮开，大火煮沸，边煮边撇去面上的泡沫。注意搅拌，小心黏底。豆浆煮到温度达90℃～110℃时即可。温度不够或时间太长，都会影响豆浆质量。

（5）过滤。过滤就是把豆浆中的豆渣分离出去。豆渣的主要成分是纤维素和杂质，经过滤后，可使豆制品的品质细腻润滑，提高营养价值。豆浆过滤用的是包滤浆法，即把滤浆布的四角系在木制吊浆架的四个顶端，使滤布呈深镬形。然后将煮熟的豆浆置入滤浆袋内，操作工人用两手各扶着两根吊架木棍的一端，运用杠杆原理推拉摇动，使豆浆通过滤布，豆渣则留在袋内。一般家庭制作豆浆，采用这种滤浆法：用细纱布做一个布袋，将磨碎的豆浆倒入其中，用手挤压即可。

（6）点浆。煮开的豆浆里的蛋白质团粒被水簇拥着不停地运动，仿佛在豆浆桶里跳起了集体舞，聚不到一块儿，形成了“胶体”溶液。要使胶体溶液变成豆腐，必须点浆。点浆是用盐卤或石膏，盐卤主要含氯化镁，石膏是硫酸钙，它们能使分散的蛋白质团粒很快地聚集到一块儿，成了白花花的豆腐脑。

用石膏点浆，先要将石膏焙烧至刚刚过心为止，然后碾成粉末，加水调成石膏浆，冲入刚从镬内舀出的豆浆里，并用勺子轻轻搅匀。不久之后，豆浆就会凝结成豆腐花。

用盐卤点豆腐，要将盐卤一勺一勺慢慢地放入过滤好的豆浆中，或用一个碗装上盐卤，用一根筷子横在碗口，右手握住碗和筷子，让盐卤顺着筷子往下滴，在滴的过程中不时用勺子搅拌一下豆浆，慢慢地，豆浆就会开始有变化，出现絮状物。忽然，一瞬间，从量变到质变，豆浆完全分离成白色棉絮样沉淀物和清澈的淡黄色液体——豆腐花。至此，“盐卤点豆腐，一物降一物”，基本上大功告成。卤水点豆腐，最大的特点就是嫩。

（7）成品。将压豆腐的木框摆好，把宽方形的白纱布放在木框之中，开始将豆腐花一瓢一瓢地舀到木框里，水哗哗地从下边流出来，豆腐花沉积在木框里。等到木框里的豆腐花积满了，将豆腐包的四角翻过来，再将豆腐花包住，上面用木板压好，上边再用石头压住。等到豆腐不老又不嫩的时候，揭开木板和豆腐包，豆腐就做成了。用刀割成一块一块的，就是好吃的豆腐了。

豆腐的制作，从一粒粒的黄豆到一块块白嫩嫩的豆腐，其过程繁杂、用功细腻、味道可口。不管厨师们用焯、炸、煎或是把它和其他食材放在一起长时间地炖焖、烩等，柔软的豆腐始终“倔强”地带着它本源——大豆的味道。

感谢豆腐佬，为了人们的美食起早贪黑，三更睡，五更起，浸豆子、磨豆腐、烧浆……

（六）劏猪佬

劏猪佬，即屠夫，指在农村以农为本，以替农户杀猪为副业者。劏猪佬一般有两个固定或临时的帮手，有各种大小的屠刀、铁钩等一套专门的宰杀工具。民间忌说“杀”字，古称杀猪为“出栏”，以避凶讨吉。劏猪佬杀猪大致有以下几道工序：

（1）放血。即把猪横放在条凳上，帮手坐在凳上，两手抓住猪一边的前后腿，劏猪佬左手扳住猪的下巴，右手拿起一把锋利的双刃尖刀，对准猪的喉咙部位猛地捅进去，杀猪要一刀毙命，否则来年养猪不利等。随着一阵号叫，一股殷红的血“哗”地喷涌而出。

（2）脱毛。将死猪扔进滚烫的开水镬里，然后用手抓住猪腿不停地翻动着，能用刮毛刀将猪毛刮掉为好。烫毛要掌握好“火候”，太早了毛煺不干净，太久了猪皮等要裂开，卖相不好。

（3）开膛剖腹。将猪体仰卧，劏猪佬用尖刀对准猪体的胸腹开刀，取出内脏，运刀时一定得小心，否则割破肠子，猪屎流出来，猪肉便臭烘烘的了。

（4）劈背。刀起刀落间，猪被劈成两半，然后挂起来。此时，宰猪的全过程结束，一头猪变成两大片猪肉，挂到外面的棚下出售了。

劏猪佬的生物钟与一般人有所不同，晚上 10 点准时入睡，第二天凌晨 3 点半起床，一般到早上 10 点结束。洗漱后继续睡觉至下午 3 点左右，也有的不再休息，完事后就去干农活。

（七）剃头佬

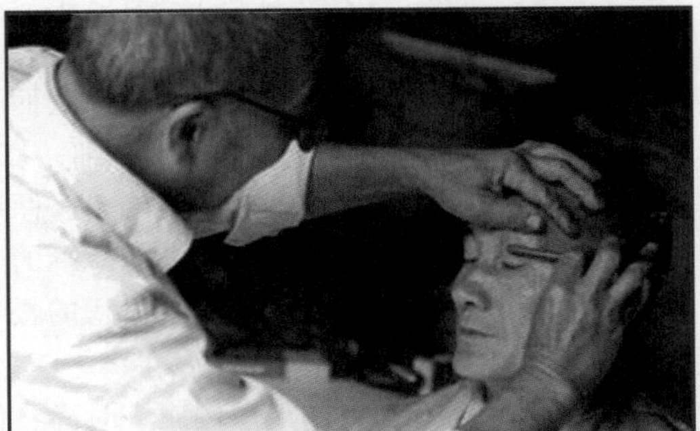

剃头佬，现在称为理发师。理发师在中国古代有许多称呼，如剃工、镊工、篦头师傅、剃头匠和整容匠等。

理发不仅是单纯地剃头、剪发，自古以来，特别是清代以来，理发还包括拔白头发、拔鼻毛、剃须、挖耳朵、推拿等。

清朝以前，汉族人都留满发，不剪不剃。小孩生下后，头发任其自然生长，到读书的年龄，梳洗后挽结为髻，叫“束发受书”。古人认为剃头是不孝的，“身体发肤，受之父母，不敢毁伤，孝之至也”。后来清军入关后，多尔衮颁布了剃发令，即“留头不留发，留发不留头”，激起江南各地民众的反抗，多尔衮派兵镇压，清兵在江南制造了“嘉定三屠”等一系列惨案。后来，顺治皇帝为了稳定局势颁布了“缓剃发令”，所以辫子还是在中国人头上留了两百多年的时间。1911 年辛亥革命推翻清朝统治，“剪发兴，辫子灭”，中国人剃头理发走进了新的时代。

过去，理发因以剃发为主，故民间俗称剃头，理发者称“剃头佬”，古往今来即如此。

剃头是一种职业，是一门手艺。剃头的师傅挑着担子穿街走巷，一头是木柜子，里面一把设计得科学合理的折叠椅，柜有抽屉，装了推剪、剪刀、篦子、梳子、剃刀、刷子、胡刷、扑粉、香皂等；椅背架旁边挂一条剃刀布，剃刀钝了，随时蹭一蹭。另一头则挑了一个特制的脸盆架，上搁铜脸盆，脸盆里放了一条叠得整整齐齐的毛巾。脸盆下则为土炉子、木炭、火钳和扇子。木柜、坐凳、脸盆和毛巾架等都漆成大红色，再配以锃亮的铜饰件，精巧玲珑。剃头佬摆摊的地方多为榕树头下、祠堂门口、街头巷尾。

剃头，可推剪，可刮光头。不管是哪一种样式，小孩都不喜欢，为人父母者使尽了浑身解数，好不容易把流着鼻涕抹着眼泪的小孩子送上椅子，接受剃头佬的“洗礼”。大人则不然，年轻的追求西装头，中年的喜欢平头，老年人乐意全面光。现在，上了年纪的人都很怀旧，头发长了，很自然地到街头巷尾剃头档口或老招牌剃头店图个享受。

推磨、剪刀、梳子在头上飞舞，“咔嚓、咔嚓”的推剪声和“沙、沙”的剪发声在耳边交互响起，节奏明快，声音清脆；断发徐徐而下，拂过眼前，飘散落地。随着磨剪声的停止，剃头师傅解开系在客人脖子上的围裙，向上一扬，向下一拔，只见围裙猎猎，毛发飞扬，宣告剃头的第一道工序完成。期待的享受——剃面、刮须、掏耳朵的手艺悄然而至。顾客微闭双目躺于靠椅，剃头佬将热烘烘的毛巾往顾客脸上一焐，蘸了肥皂沫的胡刷，在脸上除眼睛、鼻子和嘴的部位细细地涂了一遍。锋利的牛角剃刀在顾客的面颊、下巴、脖颈、耳郭、眼眶缓缓游走几番——利而不灼、行而不滞，胡须汗毛一扫而光。掏耳朵，凭的是眼神，借的是心细，靠的是经验。技术娴熟的师傅掏耳，动作柔和，轻重适度，客人非常轻松、惬意与舒坦。一把锋利的剃毛刀，在耳朵里连刮带转，随阵阵的快意、痒酥酥的感觉通透全身，耳垢被清扫得干干净净，至于睡觉落枕的脖子、寒食淤积的腰背，剃头佬也有办法，三招五式把颈椎、腰椎捶得咔咔作响，手到病除。

而今，人们追求健康、时尚、休闲、愉悦的生活方式，剃头不再是剃剪那么简单了，早已提升至美发、美容、护理、保健的层次。大街小巷，美容美发厅三步一岗、五步一哨。然而，精彩绝伦的传统理发工艺并没有消失，在城市的霓虹灯的后面，在乡村的村头巷尾，剃头佬的影子依然在人们的眼中，在中老年人的眼中……

（八）榨油佬

古人说：“早晨起来七件事，柴米油盐酱醋茶。”油是每户人家必不可少的物质，是人类必需的营养物质，与人类生活密不可分、息息相关。

在那没有电能的农耕时代，人类为了生存所需的油，除了从动物身上猎取外，还发明了土法榨油，从植物身上获取。

原始古朴的木榨油机旁，穿着短裤，汗如雨下的榨油佬，正神勇地舞起大锤奋战不止；金黄色的油，从榨油机中汩汩地流出，几百米外，都能闻到诱人的油香……这就是旧时，在博罗乡间的榨油坊中，常见到的原始榨油的“镜头”。

每当秋季到来，当油坊主收购的花生堆满仓库后，此后几个月的每天凌晨3时至下午4时，在几里外都可听到从油坊传来“咚咚”的榨油声，都可闻到油香。榨油佬忙得够呛，他们按照以下的工序，从一粒粒带壳的花生里，压榨出黄澄澄的油。

（1）脱壳。把干花生果放到石磨上磨脱外壳，用风柜把花生壳风净。一榨大约要400斤花生果，即300斤花生米。

（2）碎料。花生米风净后放到石臼里椿，石臼很大，用荔枝或龙眼树做的碓很大、很粗、很重，需要三个身强力壮的人扶着扶手一起用力才踩踏得动。有打油诗这样写道：“榨油师傅听鸡啼，三人踏碓两人筛。未见油出汗先流，累得满身是油泥。”

（3）蒸料。蒸料用的是杉树做的大甑子，将加工成碎粉的花生料全放在里面，约半个小时后，当蒸笼中散发出诱人的香味时，就要由师傅来定火候了，油质好与否、得油多与否就看这一招了。技高的师傅远在几十米外，都可通过闻香来定火候。

（4）装箍。油料蒸好了，师傅这时会亲自操作，把一大甑的熟料倒出来，分成四等分，接着进行装箍，就是把熟料装进一个个用篾线绕成的箍络里，从而压成一个个箍饼，装好箍饼后要晾干水分。装箍是极讲究的环节，全由头手师傅掌握。水分多了，熟料会从油行的上口溢出来，水分多少会影响出油率高低。

（5）开榨。箍饼晾到合适时，师傅指挥工人小心地把它装入油槽里，箍饼必须放得扎实平正，不许倾斜。放好箍饼后，在油槽里放入一个油牛（木头），接着就在尖横里放上垫板，下木楔。

接下来，在师傅的指挥下，徒弟们就要开始挥打油锤了。师傅持小锤打哪根楔，徒弟们就要跟打哪根楔，这是规律，不能乱来。木楔在木槌的轮砸下，挈入木槽，并挤压其他木楔和事先放在木槽中的花生饼。花生饼受到强力挤压，挤出了金黄色的生油，从木槽的小孔流至木桶里。经一个多小时的千锤百炼，第一遍油（称为头榨油）基本榨出。据说，因为头榨油是靠蒸花生碎粒提高温度而榨成的，所以，头榨油水气比较重，成色也较混浊，虽然卖相不好，用来炒青菜、蘸鸡肉菜却很香。

（6）炒麸。头榨油过后，徒弟们又要把从木榨油机中退出的花生饼再舂碎，再放入大铁镬中以猛火爆炒。然后，师傅把炒过的花生麸放入箍络中。这是榨油中最讲技术的活，也是只有师傅一人能做的活，徒弟们在旁爱莫能助。箍饼入榨后，那些身强力壮的大徒弟就更辛苦了，他们要扛起那个重达45公斤的大木槌不停地打，直至榨油机中再无一滴油流出。这时，整个榨油工序才宣告结束。

民间榨油多是午夜起来开榨。清朝嘉庆年间，一位名人给一个油坊的开张写的对联，写的就是午夜榨油的情景：

声音如雷惊动满天星斗，
油光似月照亮万里乾坤。

这里说的是榨花生油。此外，油坊还可以榨芝麻油、菜籽油、豆油、蓖麻油和桐籽油等，流程大致和榨花生油相同。

榨油讲究技术，用相等的原料而不同的榨油佬会榨出不同分量、不同质量的油来，油坊老板对榨油佬的待遇都比较丰厚。出于利益等诸多原因，头手师傅多属祖传，二手师傅大多与头手师傅有亲缘关系，满师后可当头手师傅。榨油是乡间人的传统工艺，是劳动人民智慧的结晶。即使是普遍使用机器榨油的今天，许多村寨也仍用木榨油机来榨油。

（九）猪牯佬

在乡下，常能看到赶猪牯的。猪牯佬，配种猪也。乡下有人以此为业，他们走东围串西村，替乡人的母猪配种，以此赚钱养家糊口。

猪牯佬是一个特殊的职业，被人瞧不起，只有孤寡男性，实在没有办法了才干这一行。不养母猪的人家是不和猪牯佬打交道的，特别是年轻的妇女，见着赶猪牯的总是绕道而行。

猪牯佬虽然名声不好，收益还是不错的，每赶一次猪牯，不管交配成功与否，对方都要付给交配费和大米，如果不成功，下次交配费用减半，交配费相当于当时一个壮劳力三天的工钱，还要给公猪吃一顿见米的猪食，这是给公猪的奖励，有此条件反射，下次出巡，公猪才会卖力地赶路。

猪的配种一般都是“男”到“女”户。公猪出门后，一味地在阡陌田塍间横冲乱撞。猪牯佬特意准备了一根棍子，跟着公猪时左时右地校正这猪的行走路线，嘴里不停地咒骂呵斥，腾挪跳跃忙得满头大汗，其状甚是窘迫滑稽。好不容易到了东家，这公猪见了母猪，像天下所有动物的天性一样，不用教就爬了上去。也有“女”到“男”家的，母猪发情时，养母猪的人家便把母猪用猪笼装好运到猪牯佬里“倒插门”，公猪见了母猪，同样“一见钟情”。

农村里的猪牯佬，是没什么地位的。因职业涉及动物性的关系，赶猪人多是被调侃、嘲弄的对象。但农村少不了这一职业，猪牯佬也从不因职业的卑微而有放弃的念头。

到了近代，除了猪种的改良，猪的交配的方式似乎没有发生什么大的变化。在农村，也有偶尔看到用四轮车载猪去配种的。但不管怎样，你想要吃肉，就少不了这个职业。你若轻看这职业，浅薄无知地去嘲笑赶猪人，又岂知那赶猪人和那被赶的猪，不也暗暗地在嘲笑着你？

（十）泥水佬

泥水佬，也叫瓦匠、砖匠、砖瓦匠或泥水师傅、砖匠师傅，泥水佬会砌墙、铺瓦、粉墙、打灶，这是那个时代里他们借此混口饭吃的全部手艺和技术。

什么时候动土，什么时候奠基，什么时候上主梁，都要讲个日子时辰。例如，建房子上梁是整个建房工程的重头戏，行话有云：“初九初十立乱做，初三初四莫上梁”，上梁一般在夜里，要烧炮仗，工头还要“祭梁”，祭梁时口中念念有词，祝颂一些平安吉利的话。木梁一般要上红漆，还要披一条红布和蓑衣。主人在这时要循例给泥水佬一份红包，以示酬劳，亦讨个吉利。动工开工时，则在新房四周贴上用红纸写的“开工大吉”、“方方吉利”、“姜太公在此，百无禁忌”之类的吉利话。

干泥水的也须沿门兜揽生意，或一人“单刀赴会”，或结伴同行。一般由主人去联系工头（也叫师傅或大工），由工头临时再请几个帮手（叫小工或泥仔）。泥水佬的工作是有季节性的，一般来说，农村冬季的建筑生意比较兴旺，迎亲嫁娶的和有余钱的人家几乎都集中在这个时间翻建新房，一直旺到次年春季。家主一般是挑一个吉利日，叫泥瓦匠师傅挑着工具担子上门开工，要做完一家的泥水活，至少得花上个十天半月甚至更长的时间，由主人安顿就近住宿，至于吃饭，一般由主家安排，这些按旧俗几成定例，所以开工前往往是议价不议吃。

房屋建好了，泥水佬会特地在瓦面留下几桁瓦，等吃过主人的入伙酒之后，结算了工钱，再上去盖好最后几桁瓦，然后卷铺盖撤离工地。这惯例原是旧社会泥水佬怕主人拖欠工钱而采取的手段，沿袭下来，竟也成了个俗例。

农家新建房屋后都是要砌新灶的，也有的人家要翻新。有的地方单项专列打灶，即有专门从事打灶的泥水佬。

打灶除了挑个好日子外，还得定下灶门向位，东西南北，取哪一向，须按风水决定。至于烟囱由瓦面伸出天空的长短、方向，也有讲究，他们根据“天地人”的位置来决定烟囱该从哪一桁瓦开上去。

炉灶直接关系到吃饭问题，而吃饭问题在农民心中是头等大事，所以农民对打灶十分重视。一年来收入不好，明年就要重新建一个灶，养猪不长肉，也要重新建灶。新买别人的屋，不管人家原来的灶建得好不好，都要拆了重建，怕的是“替做”（白替人家做工）。

新灶打好，须当堂验收试烧。试烧时煮一锅汤圆，既示好兆头，亦当是给打灶佬请吃了一顿饭。

不管是过去还是现在，泥水佬的工作都非常辛苦。

（十一）斗木佬

木匠，俗称“斗木佬”。“斗”的释义是拼凑，斗木佬即用木料组合木器的工匠。木工活，是我国传统的手工艺作业，春秋时期的鲁班为开山先师，足见其历史悠久。

木匠以木头为材料，伸拉绳墨，用笔画线，后用锯、削、刨等方法，制作各种各样的农具、家具和工艺品。

过去的木匠，全凭手工工具操作，靠走乡串村揽活。一根扁担，一头挑着装有锯、刨、斧、凿、钻、墨斗和角尺等工具的提手木箱；另一头挑着长约8尺前低后高的木工凳，云游四方。随着社会的进步，这种木工活在今天已属远去的老行当，慢慢湮没在历史的长河中。

斗木，是一种手工艺术。娶亲者要请斗木佬做一些如大床之类的家具；建好新房的要做衣柜、台椅、水桶等。一条村，这家做完那家请。有些有钱人家请斗木佬到家里做家具，一干就是十天半个月甚至两三个月。

斗木的报酬多按日计工，并且管饭。有的地方，请斗木佬干一天，除了三餐之外，有时还给相当于10斤稻谷的报酬。

木匠操作过程有句术语：“打铁余短，斗木余长。”这句话的意思是说，打铁的留短些也可以打得长以至于合用，但斗木的必须留长一点，以便截断。如果斗木留短了，不合用时要延长便很难办了。

在旧社会，斗木佬虽属底层阶级，但其手艺往往是很高超的。他们做的木家具十分坚固耐用，一般都可用几十年甚至过百年。有些木制嫁妆可以用到孙子一代甚至更长时间。有些斗木艺术可造家具，甚至大的可以构筑桥梁或房屋，以及庙宇亭阁、铸造工模等，他们构筑的桥梁或房屋可以不用钉子而只靠一个一个的楔子便联结得牢不可破；小至一口镬盖也让人赞不绝口，整个镬盖没有一根铁钉，不用一条铁丝。斗木佬把十几块弧形的木片用竹钉连接，用竹箍固定。镬盖的工作环境温度、湿度变化反差很大，全部使用竹材木料，可以使镬盖整体的收缩膨胀随温度、湿度的变化而变化，不会变形。做好的镬盖与铁镬十分吻合，绝少漏失蒸汽，能保证米饭和蒸菜做熟。

斗木佬，这门古老而传统的职业，是一个得吃苦的技术活，现在人们大多已不愿从事了。城市化的进展推动家居制造业的迅猛发展，那些一直用手的力量来打造百年传世家具的斗木佬们纷纷预言，随着供需矛盾的不断加深，未来的手工木工业必将是“高薪”行业，是一个被人忽视的具有发展潜力的行业之一。

（十二）撑船佬

元代诗人周权曾写过一首《晚渡》诗，诗曰：

离离野树绿生烟，灼灼山花烂欲然。
沽酒人归春渡寂，柳根闲系夕阳船。

这首诗描绘的是：小船静静地躺在湖边的柳荫下，双桨晾在后艄上，时近黄昏，夕阳西下，沽酒人回到船上，船夫轻轻地划起来，此时，水动，波摇，船夫与渡船人的心也随着水波飘荡起来。这首诗描写了渡口迷人的景色，表达了作者对这种幽静、悠闲的环境的向往之情。

过去在博罗地区的江河湖泊渡口处这种意境随处可见。罗浮山南面东江河，东江河的支流杨村河、沙河分别从东、西，由北至南流向东江河。境内河湖纵横，沼泽星罗棋布，水网密布其间。而就在这水网之上，生活着这样一个群体——船工。在他们中间，有的“浮家泛宅”，跑长途搞运输；有的坚守渡口，为百姓“迎来送往”；有的以船为家，打鱼为生。他们或扬帆起航下广州，逆水撑船上老龙；或摇橹渡江，激流勇进，划桨过河，不分昼夜；或竹篙撑船，拨水行舟。不管是掌舵者、划桨手，还是撑篙人，老百姓都称他们为“撑船佬”。

“行船跑马三分命”、“欺山不欺水”，这些民间警语，人们耳熟能详。撑船佬终年在船上作业，陪伴着暗礁险滩、激流漩涡。虽有险滩横渡、激流回旋、浪尖飞舞等雄伟壮丽、惊心动魄的场面，但也有狂风暴雨、阴风怒号、浊浪排空的心惊胆寒的情景。过去，没有天气预报，也没有多少救生设备，撑船佬出船前只有靠湖神保佑了。

由于职业风险高，撑船佬养成了强烈的忧患意识，对禁忌习俗深信不疑，因而虔诚崇拜海神、水神或有关的神祇，以满足祈福寿、求财丁和保平安的精神需求，达到潜意识里的心理平衡。

船上禁忌颇多。船头是船上神圣之处，受到格外敬重。妇女上船不得自船头经过；男人不得向水中小便。帆与“翻”谐音，为避讳称其为“篷”；桅杆谐“危”，故叫“将军柱”：称船主为船老大，而不叫“老板”（捞板）。为图吉利，船上主要物件均以一二生肖代名：葫芦叫“猴头”，缆索叫“狗脑”，船头叫“龙头”，锚枕叫“虎口”，插栓叫“鸡冠”，船头部叫“猪嘴”，篷上竹竿叫“兔耳”。此外，船上器具忌用桑（谐丧）树、槐（谐坏）树制作。

俗话说：“世上三样苦，撑船打铁磨豆腐。”行船一靠竹篙撑，二靠拉纤拖。有句老话说得好：“抹得鳗鱼篙，百苦吃得消。”那时的冬天特别冷，数九寒冬，篙子上结着薄冰，上下来回抹，犹如抹着带刺的鳗鱼。船是他们的家，困倒是床铺，爬起是厨房，伸手是水缸，屁股转出是尿缸。撑船苦，它被列为三百六十行苦之最，一点也不过分。

过去，交通运输的主要载体是船，出远门、运农资、载农产、卖粮食、放鹅鸭、娶新娘、送病人……哪一样都离不开船，可以说没有船寸步难行。船工们披星戴月，风雨兼程，辛勤劳作，为他人“作嫁衣裳”。

逆水行舟用力撑，一篙松劲退千寻。撑船可是技术活，既要力气更需技术，前进拐弯全凭手上的竹篙。他们“眼望前方，立足船帮，贴船下篙，船篙笃底，用力支撑，遇深水左划右摆，转弯时反方向使力”。你看，那轻盈的小艇在娴熟的船工的手上快如弦上箭，进退好自如；那满载稻谷的木船，在撑船佬的驾驭下，稳重慢行，停靠妥当。

除上述“诸佬”外，还有裁缝佬、酿酒佬、抬轿佬、抢刀磨剪佬、窑匠（扳砖烧窑的师傅）、金匠、银匠、铜匠、锡匠、石匠（打石刻碑的师傅）、漆匠（油漆工）、雕匠（雕龙刻凤的师傅）、画匠（画工师傅）、弹匠（弹花弹絮的师傅）、染匠（染布的师傅）、篾匠（打篾货的师傅）、毛匠（旧社会专门帮穷人用毛草盖房子的师傅）、箍匠（专门箍盆子、水桶、黄桶等圆形工具的师傅）和皮匠等。据不完全统计，博罗地区的传统工艺超过了中原地区旧时代“九佬十八匠”的归纳。

第八篇
游艺民俗

生活就像一个万花筒，可以转出许许多多色彩斑斓的图案，也能呈现出许许多多的喜怒哀乐。作为中国传统文化重要组成部分的游艺民俗，就是一个万花筒，它转出的色彩图案是欢快亮丽的。那些传统的民间游戏与竞技活动是千百年来普通民众平凡生活中的闪光点，是一个个释放着生活重负的“出气筒”，是伴随着人们一生的一个个美好的回忆。

古往今来，博罗地区的民间游戏和民间竞技活动，宛如满天繁星，闪烁着金色光彩。这种种以消遣休闲、调剂身心为主要目的，而又有一定模式的民俗活动，源远流长，独具特色。

在博罗各地流传着许多具有浓厚生活气息、风格各异的游艺，它在许多人的脑海中留下了属于童年的美好回忆。在那遥远的童年时代，令人印象最深刻的就是孩子们在空气新鲜、阳光充足的空地上、禾塘里、校园内跳飞机、抓石子、捉迷藏、抓俘虏……一些农民则忙里偷闲，在田头地尾下三、下窗。民俗游艺玩法简单易学，趣味性强，材料简便，不受人数、场地、环境的限制，在那特定的年代，它深受人们的喜爱。

一、欣赏游艺

（一）春牛舞

春牛舞，是博罗民间娱乐性的传统节日之一，具有历史悠久、观赏性强、场面壮观、乡土气息浓郁的特点，是群众喜闻乐见的乡土民间艺术。

每年春节或开耕时节，乡间的人们满怀深情地歌颂辛勤劳作、默默相伴的耕牛，此时便盛行春牛舞这一活动。“春牛舞”一般由十多个人表演。“掌牛仔”（牧牛人）两手抱着塑料或毛皮制作的春牛道具在前面引领，淡定与稳重；“使牛佬”（耕夫）右手掌犁，左手扬着牛鞭边唱边吆喝，潇洒与自如；后面的男子挥动着锄头跟着，调皮与诙谐；四个花旦挑着花篮，唱起客家歌谣，摇曳与浪漫。他们踏着锣鼓声边唱边舞。乐器虽然简单，但旋律浑厚、欢快、抒情、优美。

“舞春牛”团队串村走寨，挨家逐户地拜年。每到一村，先在土地庙前舞牛。而后，村中的每家每户用鞭炮和锣鼓迎接他们。歌手们唱起四季歌，还根据各家各户的具体情况，随编随唱，恭贺大家新春大吉、万事如意。歌声一寨传一寨，“春牛”舞完一村又一村，直至元宵节方罢。

表演前，“牛”先躺在一边，在一阵欢快的锣鼓声中，再由“掌牛仔”引着春牛绕场走几圈，并对“牛”说几句俏皮打浑话，逗引发笑，渲染气氛，然后边舞边唱：“锣鼓打来喜洋洋，各位观众企（站）两旁”，接着，耕夫、掌牛仔齐唱：“锣鼓打来叻勒声，今晚在此打头棚，各级领导拣（这么）重视，百花齐放竞争妍”，“锣鼓打来叻勒声，舞牛等下就下棚（开始），人多地窄难开档，借阔地方就开棚。”一段锣鼓之后，接着又唱下去。表演时，牛的舞蹈动作很简单，只是随着牵牛人的唱颂，摇头摆尾，作欣喜之状，接受人们的称赞。“使牛佬”是这台戏的主角，动作比较多，一边唱，一边挥动着牛鞭，唱词内容朴实，曲调深沉，感情真挚。春牛舞了一阵之后，又有秧歌队上场，边扭边唱，敲锣打鼓，十分热闹。表演者还一边唱，一边借助牛这一道具表演牛耕、鞭牛、吃草等情景，充分表现了农民对这一农家宝贝爱怜的纯朴感情，动作逼真、诙谐，稍有破绽，观众就要唱歌来讥讽：“手拿菜花金黄黄，犁田大伯唔在行，丁丁园园团团转，样般（怎样）中间唔开行?”表演者即接过话头，逗趣作答：“锣鼓打来闹洋洋，老兄讲得也在行，耕田还要水汪汪，留出中间做鱼塘”，这样有来有往，使得气氛更加热烈。有的地方还有一生一旦，分别打扮成新郎、新娘，手持洋伞，肩挑花篮，边舞边唱，唱一阵，扭一阵，又敲一阵锣鼓。唱到兴高采烈时，有几个人走入场中，边拍掌边跳，和演员一齐起舞，大家互逗互乐。

春牛舞，也叫“唱春牛”，源于远古先民的打春活动。曾成书于春秋战国时期的《吕氏春秋·季东纪》中说：“出土牛，以送寒气。”相应的民间传说是，每年立春前，夏朝的国王少昊氏之子句芒率领农夫准备翻土犁田，可是犁田的老牛仍畏寒“冬眠”，句芒不忍心鞭赶勤劳一生、老实一世的老黄牛，就用泥土制成一个土牛，然后摔鞭响打，以警示老牛“不用扬鞭自奋蹄”。老牛被鞭的响声惊醒后，看见伏地睡觉的同类正因贪睡而挨打，吓得赶紧下地干活了。从此，鞭打开春的土牛渐渐成了古人的迎春习俗。传说，汉代的迎春接福，即祭春神、农神，都由土牛和农人表演，象征性地向人们展示春耕季节的到来，催劝农桑。宋代以后，春牛活动除围绕农事活动之外，在原有迎春礼俗的基础上更加完善，为节令喜庆活动。宋后南迁的罗浮山客家人，包括客家语系的地方，还保留了中原迎春“舞春牛”的习俗。至今，春牛在罗浮山已流传有五百多个年头了。其起源有多种传说，其中之一是：远古时，人间没有牛，农民靠人力拉犁耕地。天神体恤民情，放仙牛下凡人间，从此人间便用牛代替了人力犁田。人们为了感谢牛的帮助，就在每年开春之前，唱牛赞牛，赞美牛的勤劳、勇敢、诚实、纯朴，祈祷一年四季平安、风调雨顺、六畜兴旺。罗浮山就流传着“春牛春牛，黑耳黑头，犁地耙田。越岭过沟，常年辛劳，五谷丰登……”的春牛调。

“舞春牛”是地戏的一种。演出设置简陋，以唱为主，配以做手、台步和圆场等简单的演出动作。它不需要舞台、布景、戏幕，与观众面对面、背靠背，通俗易懂，是老少皆宜的演出形式，深受当地老百姓的喜爱。通过这种乡土气息浓郁的春牛舞，人们满怀深情地赞颂和他们一起辛勤劳作的耕牛，充分表现出对这农家宝贝的爱怜、对未来生活的祈求和期望。表演时，演员和观众同声欢呼，互相逗乐，气氛热烈融洽，充满着农家特殊的欢乐情趣。“做戏是人，看戏是人，打响锣鼓人看人”，是“舞春牛”最真实的写照。这种歌舞活动在罗浮山下的平安、柏塘、湖镇、长宁和福田等乡镇较为普遍，新中国成立前后曾盛极一时。20 世纪五六十年代，罗浮山的“舞春牛”进入发展的全盛时期，各乡镇都有戏班活跃在罗浮山乡村的每一个角落，盛况空前。“文革”期间，这些节目被禁止了，直到 20 世纪 80 年代才得以恢复。随着时代的进步，这种民间舞蹈现已较为少见，仅有福田镇横溪头村仍保留着这朵蕴含浓郁的客家风情、浓缩迷人的客家文化的民间艺术奇葩。经过几代艺人的努力，流传民间多年的“春牛舞”终于登上大雅之堂，受到越来越多的群众的欢迎。

（二）舞狮

每逢喜庆佳节、迎春赛会、开张庆典，必敲锣打鼓、舞狮助兴，以寓吉祥。这个习俗一直沿用下来。

过去，博罗地区大部分乡村都有舞狮队，表演时间大多安排在春节期间。舞狮主要有“大斗狗”、“麒麟”、“斗牛”这几种。几种狮舞中有“单狮”和“双狮”。尽管“狮种”不同，但都有相同的表演程序：一是狮拜，即到大户人家和族头拜主人、拜灶头；二是舞狮表演；三是“打棚”，即武术表演。

狮拜是舞狮子的前奏。全副武装的狮子队向村子走来，师爷携匣领路，继而是狮子，锣鼓、镲、钹，持刀、棍、茅等冷兵器的武术队殿后。舞狮者舞动狮子，上蹦下跳，左推右挡，步伐灵巧，身形如威龙出海，如猛虎下山，一派威风、潇洒。这时观者如潮，大街小巷被围得水泄不通。在人群的簇拥下，在师爷的引领下，狮子队到村里有头有脸的大户人家拜年。每到大户人家的门口，师爷便弯着身子，在锣鼓声的指挥下，两手紧握木匣子左右挥动，两脚向前向后移动地向主人施展了几个马步礼，接着，那狮子摇头摆尾地跟随着主人拜了大门和厨房的灶台。此时，鞭炮声、锣鼓声、欢笑声、狮子的舞姿，汇成了一派喜庆的景象。这热闹的气氛让主人笑逐颜开，他一边递烟，一边送茶，招待远方来的“客人”。15 分钟后，锣鼓再次响起，狮子拜大门的动作再次出现，主人给舞狮队送上了红包，这红包是狮子队收入的来源。

舞狮表演分为两部分 “地狮”和“桌狮”。舞“地狮”时，一人擎狮头，一人顶狮尾，舞动起来活灵活现，狮子在“大头佛”的引导下表演瘙痒、饮水、舔毛、嬉戏、打滚、捉蚤等一系列动作，着重刻画狮子温顺可爱的性格。“桌狮”的动作比较难，演出时间比较长，先由“大头佛”把狮子引上“八仙桌”，表演各种动作，桌下有“沙僧”和“孙悟空”逗趣，挖耳、搔背等表演诙谐、风趣；“桌狮”的高潮是“抢青”，相传“采青”原来是有“反清复明”之意，以后是取其“生猛”意头，是生意兴隆的象征。“青”用的是生菜，把生菜及红布高高地悬挂在一根竹竿上，狮子在“青”底下舞数回，表现出见“青”、惊“青”的动作，将狮子的烦恼、急躁、发怒、发威等神情表现出来，然后一跃而上，张开大口，把生菜咬下来，然后一口“吃掉”后再“嚼碎吐出”，这时，“战胜困难”的狮子表现出它嬉戏、玩弄、跳跃等神态，从容地向东南西北四方行“四方揖”礼，祝愿人寿年丰、生意兴隆。

“打棚”是舞狮的精髓。首先打的是“四门子”的拳路招式，出场的人双手抱拳向各位鞠躬，然后朝四个方向同打一套拳路。依次出场表演的是棍、刀、剑、耙、戟、凳等套路。耍拳是较令人感兴趣的，那些壮汉光着上身吆喝着，刚劲有力，虎虎生威，“套路虽短，架势俱全”。这些套路既有观赏性，又有实用性，深受武术爱好者的青睐。棍术让人眼花缭乱，那棍子舞起来铺天盖地、水泄不通，观众曾试着用果皮扔过去，结果果皮被棍子反挡回来，射在人群中，人群霎时欢呼雀跃起来……

舞狮，是一壶陈年的老酒，它根植于民间，醇香朴素，回味无穷。然而，出于各种原因，它作为一种传统的民间艺术，已经逐步走向衰退，尽管现在每个县区仍然保留有自己的醒狮队，但大部分民间狮舞已经失传。

（三）舞龙

“龙”是华夏民族世世代代所崇拜的图腾。在古代，中国人就把“龙”看成能行云布雨、消灾降福的神奇之物。数千年来，炎黄子孙都把自己称作“龙的传人”。

“舞龙”的习俗大约是承继殷周“祭天”的遗风。上古时代，如遇瘟疫、凶灾之时，便会举行舞龙祈福的仪式。在仪式上，巫师模仿龙的活动姿态，回旋舞动，以“似因生似果”的法术原理，以求达至祈福的效果，这就是舞龙的原始起源。

关于舞龙的来历，当地民间有这样一个传说：一天，海上龙王患腰疾，疼痛难忍，把宫中的所有药物都吃了，仍不见效，只好变成一老农夫到人间求医。大夫切脉后甚觉奇怪，问道：“你不是人吧！”龙王看瞒不过去，只好说出实情。于是大夫让他变回原形，解开腰间袋子，在鳞甲中捉出一条蜈蚣。经过拔毒、敷药，龙王完全康复了。为了答谢治疗之恩，龙王向大夫说：“只要照我的样子扎龙舞耍，就能风调雨顺，五谷丰登。”这件事传出后，人们便以为龙能行云布雨，每逢干旱便舞龙，祈求风调雨顺、国泰民安。

舞龙，是指舞龙者在龙珠的引导下，手持龙具，随鼓乐伴奏，通过人体的运动和姿势的变化，完成龙的游、穿、腾、跃、翻、滚、戏、缠等组图造型和动作套路，充分展示龙的精、气、神、韵等内容的一项传统民间艺术。

博罗地区民间舞龙的活动历史悠久，各地的舞龙表演种类繁多，有火龙、草龙、人龙、布龙、纸龙和焰火龙等，各具特色。舞龙最基本的道具是“龙”，根据龙形的大小和样式的不同，道具扎制材料亦不同。龙的节数一般为 7 节、9 节和 13 节。舞龙的构图和动作一般具有“圆曲”、“翻滚”、“绞缠”、“穿插”和“穿越”等特征。舞龙的传统表演程序为“请龙”、“出龙”、“舞龙”和“送龙”。民间有“七八岁玩草龙，十五六耍小龙，强壮年舞大龙”的说法。

公庄镇的舞龙活动已有 100 多年的历史，最初是作为祭祀祖先、祈求甘霖的一种仪式，后来逐渐成为一种娱乐活动。逢年过节或有喜庆活动时，当地民众都以舞龙活动来期盼来年五谷丰登、吉祥如意。公庄镇矮岗、南溪两支舞龙队在当地小有名气，曾多次参加县及市里的文化表演活动。

公庄镇的舞龙融汇了武术的功架，翻腾跳跃、刚劲雄健，全舞分为 9 套 10 式。

入场式：手擎舞龙大旗的旗手绕场一周后，铿锵锣鼓响起，由擎龙球者引龙入场，龙首摇动，频频向观众致意。

彩龙戏球：哨子短促鸣响，龙手呈临战状态；随之，擎球者拉开架势，腾挪跳踢，并以观音坐莲姿势，挥球戏龙，彩龙追球不放。

首尾穿跃：擎球者争鸣哨子，作腾挪转身动作；继而又以“双扣马”步式，诱龙身呈“Z”字形翻滚，寓咬龙出海、掀波催浪之意。

首尾潜跳：擎球者作转体山身的动作，众龙手以“单扣马”姿势出现，使彩龙腾跃翻滚；接着，龙首由第3、4节穿入，呈“S”形，使彩龙呈腾云驾雾之状。

龙身半转：擎球人闪身摇响球铃，古乐放慢，龙的第4～7节卷尾至龙头转身跳跃，这时龙首时而高昂，时而低俯，上下盘旋。

左右翻肚：擎球者自东而西、从南而北引逐飞龙；彩龙左右翻滚，犹如风云大作、飞沙走石、天昏地暗之状。

单双翻肚：乐曲频催，擎球人腾跳转体，作“金鸡独立”之势，继而左右踢跳，引龙首转入第3、4节，龙身潜底单双跳跃。

总体翻肚：锣鼓大作，哨子长鸣，龙身全力以赴，翻腾跳跃，擎球者跳跃于龙头之颈部，龙手横跃翻腾，龙身总体翻肚，快如闪电，表现了龙为夺珠而奋力拼搏的精神。

退跳诱龙：龙全力拼搏后略显疲倦，此时，擎球人采用双叠蹲倒跳马步式，球慢慢由右边而上，至左边而下，行诱彩龙前进，漫步出场。

公庄龙一般是用竹器编织龙身模型，将灯火（光）固定在模型身上，分为龙头、龙身和龙尾三个部分。龙身以黄色为主，用黄色布料包扎龙模型全身，配以少量金银色布片作装饰。龙身模型全长30～45米不等；直径为30～45公分。舞龙队伍人员配备为50人；龙珠（领舞者）：2人；龙头：3人；龙尾：2人；舞龙辗（即龙身）：23人（备用20人）；旗帜、龙门：2人；礼仪者：（手持“仙鹤”、“鲤鱼”、“虾蟹”等动物模型）8人；助威锣鼓需2套；其余20人，从领舞者到龙尾的表演人员随时更换。

解放前舞的是草龙，用每年秋收后的稻草编制而成，表演时，整条龙身插满香火，每次表演完，都要点火烧化。在第三次全国文物普查中，公庄镇的传统舞龙艺术征服了来自博罗县文化部门的专家，2013年被顺利推荐入选为县非物质文化遗产保护项目。

（四）大鼓

鼓是我国传统的打击乐器。在古代，鼓不仅用于祭祀、乐舞，而且用于打击敌人、驱除猛兽，还是报时、报警的工具。随着社会的发展，鼓的应用范围更加广泛，民族乐队、戏剧、曲艺、歌舞、赛船舞狮、喜庆集会和劳动竞赛等都离不开鼓类乐器。鼓的结构比较简单，由鼓皮和鼓身两部分组成。鼓皮是鼓的发音体，通常是用动物的皮革蒙在鼓框上，经过敲击或拍打使之振动而发声的。中国鼓类乐器的品种非常多，其中有腰鼓、大鼓、同鼓和花盆鼓等。

博罗大鼓作为民间打击乐器的一种而著称于世，其中最出名的是横河的花园大鼓和龙华的曲范李屋大鼓。

横河花园村位于罗浮山东北麓的白马山下。元末明初，徐氏家族从横河东角新村分居花园，在白马山东麓世代繁衍生息，使这里形成了独特的人文景观。原始纯朴的自然环境、雄奇独特的生态环境、古老神秘的文化遗迹、风格迥异的客家风情，遥相辉映，因而有“美丽花园”之称。在百花丛中，一朵独放异彩的奇葩——花园打鼓，穿越600年的时空，世代相传，熠熠生辉。

花园大鼓高1.8米，直径1米，重100余斤，它以鼓形大、分量重、气势宏伟、风格独特而闻名于罗浮。花园大鼓的特色在于它的“玩法”多样、别具一格。

一是赛鼓。每逢农闲或节假日，人们将大鼓摆在祠堂前，全村男女老少轮流上阵击鼓，谁的鼓点节奏铿锵有力又有序，并且能够坚持到底，谁就获胜。

二是拜年。新春伊始，随着一阵“噼里啪啦”的鞭炮声，“咚咚锵，咚咚锵”的锣鼓声响彻在花园村大街小巷中，人们纷纷放下手中的活儿，有的走出家门看热闹，有的准备爆竹和食品在家等待大锣鼓拜年。那些穿着节日盛装的青年男女，也有说有笑地赶来凑热闹。孩子们更是迫不及待地奔到门外，嘴里吃着零食，嘻嘻哈哈地在人群中钻来钻去，路旁一下子挤满了看大鼓拜年的人。大鼓拜年，人声鼎沸，热闹非凡，花园村击鼓拜年的活动，几百年来，一直没有停止过，他们以击大鼓这种独特的方式，为村民献上欢乐喜庆、祥和美好的新春祝福，形成一道亮丽的风景。

三是“猎龙”。传说中的“龙”俯卧于白马山，保佑一方风调雨顺、五谷丰登、四季平安。龙要冬眠，新春催龙醒，故称“猎龙”。每年的大年初九到元宵节，浩浩荡荡的大鼓队伍开拔到白马山下，摆开阵势，击鼓催龙醒，把“龙气”接回家，是为求让村里人丁兴旺、风调雨顺。

四是庆贺。在花园村，大凡村中有人家操办喜事，都会用花园大鼓庆贺。在这些喜庆活动中，最为热闹的是“灯日”的接灯（买灯）。在罗浮民俗中，生了男孩叫添丁，添丁者在次年春节后、正月十五前规定的日子举行“上灯”、“添灯”活动。客家人以“灯”通“丁”，即把生男孩称为添丁，谐音“添灯”，添丁者都要在祠堂里上灯。

数百年来，横河墟正月初八为买灯日，到了这一天，横河周边村庄的人家凡是在上一年添有男丁者，都会到横河墟接灯，接灯的人一定有锣鼓队相伴。

是日上午，来自花园、黄竹、何家、河肚、郭前和西群等地的接灯队伍从不同的方向先后涌入横河墟。这时候，横河墟万人空巷，街市中人头攒动，锣鼓喧天，爆竹声声。接灯者请来醒狮、麒麟助威，醒狮与麒麟沿街挨家挨户而舞，他们在接受人们祝贺的同时，也将“添丁发财”、“如意吉祥”等祝福捎给千家万户。

在众多的接灯队伍中，最引人注目的是花园大鼓。队伍前头4位村民用小腿般粗的竹竿抬着巨型大鼓，鼓手挥舞着鼓槌，奋力敲击，跟在后面的村民几乎每人都拿着一面锣，随着节奏配合着敲。“咚咚锵！咚咚锵！”高亢浑厚的锣鼓声经久不息地回荡着。

能与横河花园大鼓相媲美的是龙华曲范李屋大鼓。曲范李屋大鼓这一民间艺术已经有三百年的历史，村里无论是五六岁的小孩，还是七八十岁的老人都会敲。大鼓高约1.5米，直径大约长0.8米。每年从农历十二月二十四日晚至次年元宵节，都会有村民不定时地约在一起到祠堂敲锣打鼓庆贺，上百号人聚在一起，场面相当壮观。

曲范李屋的大鼓以鼓形古朴大方、声音浑厚洪亮、套路花样繁多、鼓队声势浩大等独特风格而久负盛名，深受当地群众喜爱。

一般来说，大鼓表演就是一面大鼓，或是几十面、几百面大鼓一齐奏鸣罢了，而曲范李屋的大鼓表演却有了新的内容。只有一面大鼓，却配上了数十面铜锣，这不仅让声音更为雄壮，节奏更富于变化，而形式也更为多样：一只大鼓、数面大锣、数十面小锣，组成一个声势浩大的锣鼓方阵。大鼓犹如泰山之东岳大帝，或居于中央，或率领在前。几十面小锣分组跟随大锣，或列队、或分散、或围拱、或跟随，依附在大鼓的前前后后。随着大鼓响起，大锣、小锣齐敲，配合默契，旋律分明，霎时，动天撼地。那大鼓的击鼓手牛高马大，脸色像罗浮山那样凝重，铜鼓色的脸庞上的皱纹如沟壑纵横；粗壮的手臂骨节突出，青筋暴起；老茧厚重、皮粗肉粗的手掌犹如铁钳般握着鼓槌，那两柄鼓槌在他

娴熟地操弄下，似一对小木人在鼓面跳舞。那锣鼓打到高潮时，无数个闪光的铜钹同时高举，一时间百鸟翔集、盘旋翻飞，在吆喝声的和鸣下，发出了强烈的震撼声。鼓槌雨点般地在鼓面落下，锣槌一下下落在锣心，像一对对恋人在热烈地接吻，那么有味，那么有劲，那“咚咚”声、那“咣咣”声，沙哑而粗犷，这正是庄稼汉的高喉咙大嗓门在向黄土地发出的呐喊。

龙华大鼓，这一“民俗交响乐章”曾在广东省第十三届运动会的开幕式上奏响，那幸福吉祥、亢奋雄起的鼓声，给人们留下了深刻的印象。

二、竞技游艺

（一）赛龙舟

赛龙舟，是端午节的主要习俗。相传古时楚国人因舍不得贤臣屈原投江死去，许多人划船追赶试图挽救他的生命。他们争先恐后，追至洞庭湖时不见屈原踪迹，之后每年5月5日驱散江中之鱼，划龙舟以纪念他。借划龙舟以免鱼吃掉屈原的身体。竞渡之习，盛行于吴、越、楚地。

其实，“龙舟竞渡”早在战国时代就有了。在急鼓声中划刻呈龙形的独木舟做竞渡游戏，以娱神与乐人，是祭仪中半宗教性、半娱乐性的节目。后来，赛龙舟除纪念屈原之外，各地的人们还赋予了不同的寓意。

过去，罗浮山下、东江北岸的石湾、园洲和龙溪等地区，江河纵横交错，湖泊星罗棋布，沼泽片片相连，是富甲一方、远近闻名的水乡，端午节赛龙舟很自然地成为该地区的风俗。尤其是靠近东莞虎门的石湾镇，因经常开展龙舟竞渡活动，且规模大，参加队伍多，被誉为“龙舟之乡”。2011年“石湾龙舟”更被惠州市列入市级第四批非物质文化遗产名录。

石湾是罗浮山下西沙河与东江环抱的一个港湾，河床多石，故名石湾。石湾的龙舟竞渡活动，早在20世纪30年代就有了。龙舟竞渡均在每年5月的端午节前后举行。龙舟一般在4月份择日起水，将小捆青草塞在龙头口中，谓之“采青”。采青后，村人在岸边鸣放爆竹以示龙已觉醒。龙舟起水后，人们便选拔村里年轻力壮、有划船经验的人，并将他们集中起来，进行封闭式的训练。

石湾龙舟长达27米，宽1.6米。龙舟尾部一般插有各自姓氏的三角旗一面。每艘龙舟参赛人数为54人，其中，划手50人，鼓手、锣手、指挥、舵手各1人。指挥由村中最有威望、身强力壮的中年人担任，当地人称之为“上人”或“跳头”。舵手则要选本村最熟悉水性、水路及有娴熟的操舵技术的人担任。

在石湾，几乎村村都有龙舟，人人（男人）都会划龙舟。这里的人们把龙舟竞渡看作是和谐、拼搏的象征，是一项增强团结、强身健体的活动。同时，这里的人们又把龙舟竞渡的胜败，视为本村的声誉好坏的关键。因此在石湾村村重视龙舟竞渡，人人喜爱划龙舟活动。石湾龙舟赛名村——里波水，四个村小组，总人数2 000人，有五支龙舟队，总人数达300人，占全村总人口的15%。龙的传人传承了龙的气息，龙的精神激发了龙的传人，里波水人民在奔小康的征途上，千帆竞渡，百舸争流。

星移斗转，沧海桑田，随着水利设施的改变，河道裁弯取直，开垦湖泊变农田，沼泽地全面干枯，充满活力的龙舟竞渡在龙溪、园洲等地已消失。世殊事异，人们都在盼望着龙舟竞渡那“百花齐放春满园”场面的到来。

（二）放纸鹞

纸鹞，即风筝，又称纸鸢，历史悠久，流传甚广。

过去，放风筝是一种大众化的娱乐活动，人们用放风筝来放飞、寄托自己的心愿，认为放得越高越吉祥，以见其“青云之志”。此外，放风筝还为了“放晦气”，人们认为风筝飞得高，能将人身上的晦气带到空中一齐放掉。因此，古人放风筝还常将自己的名字写在风筝上，放到高处时，故意剪断牵绳，让风筝飞走，以此放掉晦气，消灾祛病。而且人们都不拾拣断线风筝，就是唯恐染上别人的晦气。

相传春秋时，鲁班作木鸢以观宋城，而五代汉李邺，于营中作纸鸢，引线乘风而戏，后于鸢首以竹为筒，使风竹中如筝鸣，故称“风筝”。唐代起，风筝成为一种娱乐工具，但只限于皇宫和贵族府第。北宋后流传于民间。

明清时，风筝制作更加精巧。曹雪芹的专著《南鹞北鸢考工记》中，记载了几十种制作风筝的扎、糊、绘、放的工艺。风筝的一般制法是：先用细竹片扎成骨架，模拟蝴蝶、蜈蚣、凤凰等禽、鸟、鱼、虫的形状，糊上皮纸或薄绢，绘上图案。玩时用麻线牵引，利用风力，放上天空。牵引线上可悬挂有滑轮的小灯，随风飘上，星夜望去，似一串星星，在风筝上安上琴弦，嗡嗡作响，如筝鸣，称鹞琴。风筝是小孩喜爱的玩物，每到春暖花开时，他们喜欢成群结队争放风筝，并流传至今。

博罗地区放纸鹞历史悠久。地理位置所致，博罗地区春秋多风，风力温和，最适合放飞纸鹞。按民间的传统习惯，放飞风筝多在重阳时节，因为重阳前后秋高气爽，劲风不断，人们按传统习俗要登山登高，进行户外活动，此时放纸鹞，天时地利人和，纸鹞飞得又高又远。有民谣歌唱出了当时的风俗：

“九月来到好放鹞，纸鹞嗷嗷在天上。你父有钱放大鹞，我父无钱放小鹞！”

纸鹞的制作极为简单，采两枝竹子，一枝弯曲，一枝直竖，撑住一张四方纸，贴上尾巴调好线，放飞时用麻线牵引，利用风力，放上天空。还可以在做好的风筝上涂上自己喜欢的色彩，镶上花边，或者系上丝带，挂上纸环。有一种风筝不带尾巴，比四方状纸稍大，称为“阿婆鹞”，因放飞时平稳、安定而得名。

（三）打不死

“打不死”，是民间常玩的一种陀螺游戏。因其越打，转得越快而俗称“打不死”。

“打不死”通常是用细纹的硬木条截其一段制成木制的圆锥形，除上部稍微隆起外，其余部分似梨似蛋，下端嵌入一截铁钉，以减少摩擦，并配以一条人工搓成的上大下小的麻绳。玩时，将尖头着地，将绳缠绕在“打不死”的腰上，一手拿着“打不死”放在地上，另一手将绳向外一扯，使“打不死”在地上直立旋转起来，一旦速度减慢，便用鞭子去抽打“打不死”，使其速度不断加快，一直旋转下去。

一般孩子抽“打不死”的方法有两种：一是水平抽法：弯身从身后翻转手腕，将“打不死”往前抛再往后一拉，“打不死”就会沿着地面水平方向向前旋转；二是垂直抽法：将“打不死”从头顶上用力往地下甩，“打不死”就会从天而降，旋转不停。

一般孩子们玩“打不死”有两种比赛方式。

第一种是分边法，将参加的人分成两组，每组 2 ~ 3 人，然后大家一起抽打，看看哪一组的“打不死”先倒在地。倒在地上的“打不死”就称为“死子”，只能任由对方劈击了。赢的这一方，用自己的“打不死”高举过头，对准目标，向下猛击。

第二种是画圈法，在地上画一个圆圈，在圆圈的中央，再画一个小圆圈，各人轮流将自己的“打不死”往圈子里打，使“打不死”能旋转出来。如果“打不死”已固定在一点上旋转，这时，可用绳子将它圈出来，只要到达圈外还在旋转，都不算它“死”。如果“打不死”停止在圈内，或一抽下去就不动了，都算“死”了，要放在当中的小圆圈内，任由别人处罚。若处罚别人的“打不死”也停在圈内，照样要放在小圆圈内，任人处罚。如果很幸运没有被击倒，可以拿出一个“打不死”，用水平抽法，将自己那个小圆圈内待死的“打不死”击出圈外。

过去，玩具少，玩“打不死”是男孩子们主要的游戏活动，也极富竞争性和锻炼性，不过，20 世纪 80 年代以后已少有人玩此种玩具了。

（四）打槌

在一块平坦地面的一端，挖一个两三厘米深、四五厘米长的小沟（或用两个长砖平方在地上），叫槌洞。所用器械为一长一短的两截木棒，长的直径约 5 公分，长 40 公分，叫“槌公”（有的地方也叫“槌乸”）；短的直径约 2 公分，长 15 公分，叫“槌子”。槌公、槌子均用番石榴的树干、树枝做成，木质坚硬耐用。

过去，罗浮山南麓的龙溪等地的成年人、小孩都喜欢玩槌，小孩玩槌更为常见，成年人一般在逢年过节时玩。玩时通常分两组，每组二至四人（也有两人对玩的），分两个环节，第一环节是“挑槌”：先由一组人轮流用“槌公”将横架在小坑上的“槌子”奋力挑出去，另一组人在前面守候，若“槌子”被接，持槌者被淘汰，轮到另一组；若“槌子”落在地面上，被对方拾起，派一个代表向横架在小坑上的“槌公”环节掷去，被击中的话，持槌者被淘汰；若击不中，持筹者接着进入第二个环节：“打槌”（敲击“槌子”）。打槌时，持槌者精神高度集中，弯腰用“槌公”敲击斜插于槌坑里的“槌子”，使它弹起 2 尺高左右，再用“槌公”顺势将它向前撞击，以击出去多少丈、多少尺来累计距离，作为各组的积分，以积分高者为胜；最后胜方罚败方，其做法是：胜方派代表把槌子击多远，败方人员就收起一条腿，独腿向前跳跃多远。打槌是一项比较危险的活动，击伤甚至击至眼睛失明的情况时有发生，但在娱乐活动较为缺少的年代，富有竞争性的打槌活动，以其场面热烈而受到当地人的欢迎。

（五）打榄核

乌榄，是博罗土特产，它全身是宝：榄肉制榄角、榨油；榄仁可作菜肴，又是月饼等食品的上好配料。

过去，每年的中秋节前后，罗浮山下的园洲、石湾、龙溪、义和及湖镇等地的村民，都正忙于摘乌榄。乌榄摘回家后，用铁镬把水烧到八九十度，称为“虾眼水”，然后把乌榄倒进水里，泡一会捞起，透凉后，用一根缝衣服的线在乌榄中间绕上一圈，用力一拉，乌榄“骨肉分离”，榄肉分成两半，分离出来的榄肉就是一道美味的食材，要么晒榄干，要么阉榄酱。榄核晒干碎开后，榄仁成为上等食材，榄核壳可以作为燃料。在那经济不发达的年代，榄核很少得到充分的利用，都成为小孩的“奢侈品”。于是，一种“打榄核”的游戏竞技活动在街头巷尾展开。

打榄核很简单，通常有以下几种形式：

（1）投弹式。投弹式有两种方法：

一是扔榄核，亦称“钉榄核”。人数若干，每个人掏出数量相同的榄核放在圆圈内（大家公认的地方），在数米处画一横线，然后一个接一个地站到横线后，从口袋里掏出“榄核公”（大榄核），眯缝着一只眼，瞄准前方的榄核堆，用力扔去，如果击中，弹出圆圈的榄核就成为自己的战利品。

二是抛榄核。人数若干，在墙根旁边挖一个小坑，离小坑数米处画一横线。每个人掏出相同的榄核，轮流站在横线外边，用一个手掌握住榄核，抛向前面的小坑，进入小坑的榄核为自己的战利品。

投弹式的打榄核是练习自己手感、瞄准眼力的技术，榄核赢得越多，说明各种技术越熟练。

（2）击打式。在地上挖一个小坑，参与者若干人，分别投放相同数量的榄核到小坑里，然后轮流拿出另一个又大又重的“榄核公”击打小坑中的榄核，击中后跳出小坑的榄核就归赢者所有。

（3）指弹式。参与者两三人，分别掏出相同数量的榄核，大家围蹲或坐在地上，弹榄核者用手掌握住榄核，往上一抛，让榄核撒落在地上，用小拇指在两个榄核之间划过，然后拇指缩进食指中，用拇指对准另一个榄核弹击，击中的为战利品，一直到再没有击中榄核才换人。击错榄核或多击榄核的即换人。

打榄核游戏虽然简单，但有几个窍门：

（1）尽量多带点榄核来玩，在气势上压倒对方，输了也有机会赢回；

（2）用来击打的“榄核公”一定要挑有体积、有重量的（很多方法，比如把核掏空，灌沙或者塞铁块），这样才能使手感好，赢得更多的榄核；

（3）一大堆榄核在坑里的时候，要狠狠地用力击打，剩下一两个在坑里时，要精准轻巧；

（4）打榄核的赢输与“先下手为强”有很大关系，打榄核出场的前后顺序是依“石头、剪刀、布”来决定的，因此，在举手进行“石头、剪刀、布”时要格外留意。

那时，身上几个衣袋都装满榄核，这不只是身份的象征，同时能令别人惧怕，还可以在嘴馋时敲破榄核，取出香香的橄榄肉仁，在伙伴垂涎欲滴的神态中自在地享受胜利战果，心里美滋滋的。

榄核赢得多还可以换其他的物品，那时候换得最多的是连环画。可以用榄核换东西，肯定是因为那些少年要参与进来，但如果没有榄核，就无法与大家一同游戏，只能做观众。如果因为没有榄核而不能和大家一齐玩，那就是没有面子的事。

（六）拔河

拔河是民间传统的竞技活动，历史悠久，唐宋以来为军中之戏。《唐语林》卷五有记载拔河的场面：“明皇（唐玄宗）教御楼设此戏，挽者至千余人，喧呼动地，蕃客庶士，观者莫不震骇。”在1900—1920年的奥运会上，它曾被列

为比赛项目。拔河至今仍是机关、厂矿、团体、学校举办小型运动会时常设置的项目之一。

拔河不需要其他器具，只要一根几丈长的粗而结实的麻绳即可，场地也没有严格的要求，只要宽敞平坦就行。比赛人数不等，一般在10人以上，多则几十人，但人数要相等，男女均可参加，也有1对1的比赛。

比赛时，将麻绳拉至场地的中央，麻绳正中系一条红布，以红布下垂至地面处为中心点，在中心点两边划距离相等（通常1米）的界线。双方参赛人员分别沿麻绳两边站立并紧紧握住麻绳，裁判站在中央掌握两方平衡，以吹口哨发号士令，待三声哨响，双方队员用力拉住麻绳“使相牵引”往后拽，红布离开中心的直线越向哪方的界线即为哪方胜。比赛双方都有啦啦队，“震鼓叫噪，为之鼓劲”，由一人领队，众人齐喊“一、二、三，加油”。比赛队员则随着喊声使劲，若啦啦队口号不整齐，就会使参赛队员用力不一致。因此，啦啦队对于拔河比赛胜负起着一定的作用。

如今这项活动依然为人们所喜爱，是企业和社区举行运动会的传统项目。

（七）下三

下三，在过去是罗浮山南麓乡间最常见的，又比较高雅的大众娱乐活动。“下”为当地语言，即“作”的意思，“作棋”称作“下棋”，很自然，“作三”也称为“下三”了。

在地面或物体的平面上画一个有三个大小不同相套而成的正方形，并将三个正方形各个角及各条边中线连起来，组成一个每条边（横、竖、斜）都有交点的网状，供摆放“子”（双方所准备的易辨认而不同的“棋子”，如碎石、瓦片、小纸团等均可）的棋盘，因其由三个正方形组成，故称“三盘”，又因以三枚“子”组成一线构成“三局”的游戏方法而称“下三”。

“下三”时，双方每人准备若干枚“子”，分两步进行：

第一步：“摆子。”双方轮流将“子”摆在“三盘”中，当每三“子”成一直排时，便成“三局”。成“三局”的一方随之用另一枚“子”压在对方的一枚关键“子”上，以使其失去作用（死子），不能与其他二“子”形成“三局”。如此交替，待全盘摆满“子”后，只剩下除去双方被压的“死子”而空出的位置。

第二步：“走子”，即“行三”。在第一步因“死子”空出的位置上，双方轮流“走子”，由后放“子”的一方先行。行子时，当一方的某枚“子”趁着一空缺位置移至与另两枚“子”成一排时，便成“三局”，即除掉对方一枚不利于其形成“三局”的“子”。如此轮流“行走”，直至一方被一方除掉的“子”只剩两枚而不能形成“三局”，或一方所行的“子”被一方“围困”时，才算输给对方。

“下三”容易上手，易学易弈，老少皆宜，妙趣横生，引人入胜，反映了先民的智慧和想象力、创造力。“下三”流传至今，长盛不衰，如今仍是村民茶余饭后的休闲娱乐方式。

“下三”不仅能增强人的思维能力，提高智力，修身养性，而且富含哲理，既有现代休闲娱乐“短、平、快”的特征，又有古典哲学“阴阳易理”的高深学问。

（八）下窗

同“下三”一样，下窗也是一种随时随地可以进行的大众娱乐活动。

在地面或物体的平面上画一个“井”子，然后用四条线段将“井”围住，形成一个“窗”的象形“棋盘”，俗称“窗盘”。

“下窗”由两个人对阵。每人准备六个“子”（碎石、瓦片、小纸团等均可），分两个步骤进行：

一是摆“子”。各方在“窗盘”的第一行的节点上摆上 4 颗子，在第二行的边线的节点上摆上 2 颗子。

二是行“子”。行“子”为进攻方和守方。进攻方先行“子”。在一条直线上，一方的两颗“子”可以击败对方一颗“子”，如此轮流“行走”，一方除掉另一方所有的“子”为胜者。

（九）裤裆棋

裤裆棋以棋盘似裤裆而得名，是一种简易有趣的棋类活动。该棋的棋盘似一“区”字。对弈时，两人各找两枚棋子（多用石子、果核等），分别摆在“区”字上两端点上。双方一次各走一子，先走子的一方不允许第一步时就将对方堵死。棋子被困，无法再走时为输。下裤裆棋的要求是：走子要快，路线要正确，不能悔棋。故此棋能培养下棋者的智力和判断力。

三、斗赛游艺

（一）斗蟋蟀

蟋蟀又名“蛐蛐儿”、“促织”。它们多栖息在树头、乱石堆、草丛等地方，拥有善鸣、好斗的天性。蟋蟀的历史从唐代就开始拉开，到宋代时盛行。它在民间渊源深远，曾一度是宫廷盛行的游戏，被视为高雅的玩乐。蒲松龄的《聊斋志异》中有一篇《促织》，讲述的就是斗蟋蟀的奇事。

炎热的夏天，在野外的草地上，各种小昆虫俯拾皆是。随地逮来两只蟋蟀，将它们放在一起，用小草一逗弄，两个小东西就斗了起来。看蟋蟀相斗还在其次，最有趣的是在草丛中寻找蟋蟀、逮蟋蟀，整个过程充满了乐趣。

想要斗蟋蟀，一定要捕捉到好的蟋蟀。挑选蟋蟀，也有“相格”可辨。“黄头蓝颈金花翼”的蟋蟀又称为“三段锦”，是上好的蟋蟀，但很少见，可遇不可求。一般来说，身厚、头颈粗、薄翼、色泽闪亮的蟋蟀较好。此外，还可观察其牙齿，二字形排列的牙比八字牙好。

待到约好的斗蟋蟀之日，两只蟋蟀被置于瓦盆之中，用一根“蟋蟀须”，撩拨它们的触角，一场惊心动魄的肉搏战拉开序幕：它们首先蹬腿鼓翼，猛烈地振翅鸣叫，给自己加油鼓劲，然后龇牙咧嘴，后腿蹬起发力，伺机向对方发起攻击，纠缠间，若有机可乘，便迅速用牙咬住对方的前腿或颈部。被掀倒，爬起来；被摔个腹部朝天，翻身再战；即使被逼上盆壁，也在上面艰难移动，极力守住最后的阵地。厮杀中的蟋蟀像勇敢的战士，不分出胜负绝不罢休，孩子们的小脑袋瓜不自觉地围成圈，扯开嗓子欢呼雀跃着，“加油”之声不绝于耳。虽说斗的是蟋蟀，但又何尝不是人在暗中较劲？胜者洋洋自得，称雄称霸；输者颜面尽失，接连几天闷闷不乐，只盼望下次能捉到轻捷好斗者，一雪前耻。

过去养蟋蟀为的是斗，它们买回来后，要养在盆里或竹筒里，为保持其战斗力，主人每天还要揭开盖，让它习惯光线，并用“蟋蟀须”撩拨它的触角，让它活动起来，保持活力。此外，还可以把雄性和雌性两只蟋蟀放到一个盆里养，这样雄蟋蟀斗起来会更有力量。如果一只蟋蟀不幸战败负伤，主人通常会把它们放归山野，但如果是骁勇善斗的常胜将军不小心挂了彩，还是可继续战斗，这时便可以替它疗伤。

（二）斗鸡

斗鸡，是男孩子们喜好的一种游戏。选择一块平坦的场地或草地，两人或三人一组面对面，用手挽住一只脚的腿踝关节，一条腿做金鸡独立状，用另一只脚跳跃前进，后用膝盖互相碰撞或互抵对方。游戏开始，双方一边念儿歌一边用膝互撞。斗鸡比拼谁的力气大，谁更凶猛。也有用一只手挽脚，另一手相互搏击的，以先跌倒或所抱的脚落地为败。尤其在冬天，孩子们在课间休息也喜斗鸡，跳跃用力，极为暖和。斗鸡是一项富于激情的极有乐趣的活动。斗鸡不择场地，不需器具，街巷院坝、河滩草地、操场晒坝均可作为场地。不仅儿童喜欢斗鸡，在农村，青壮年也常在田间休息时，开展斗鸡活动，极富情趣。

附儿歌：

兵对兵，将对将，拉开场子来斗鸡。
不要被爹娘看见，不要被老师知道。
心肝宝贝走开点，独养儿子别带他。
兵对兵，将对将，拉开场子来斗鸡。

四、儿童游艺

（一）跳绳

跳绳是民间一项广泛而又简便易行的活动，只要有一根粗麻绳，在门前或一小块平地上都可以跳。

跳绳，古称“跳百索”，早在明代已流行。沈榜的《宛署杂记》中有载：“以长绳丈许，两儿对牵，飞摆不定，令难凝视，若百索然，其实一索也。群儿乘其动时轮跳其上，以能过者为胜，否或为索所绊，听掌绳者以击之为罪，名曰：跳百绳。”儿童跳绳的活动在清代仍流行，并传承至今。

跳绳的方法有：

（1）简单跳绳法。准备动作：双脚并拢，进行弹跳练习 2 至 3 分钟（弹跳高度为 3 至 5 厘米）。开始跳绳，注意手腕做弧形摆动。初学者先跳 10 至 20 次，休息 1 分钟后，重复跳 10 至 20 次。非初学者可先跳 30 次，休息 1 分钟后，再跳 30 次。

（2）单脚屈膝跳。右腿屈膝，向前抬起，踮起脚尖，单脚跳 10 至 15 次，换左腿重复上述动作。休息 30 秒钟，每侧各做 2 轮。

（3）分腿合腿跳。先做跳绳的准备运动，参阅方法（1），然后跳绳，跳跃时双脚叉开，着地时双脚并拢，重复动作 15 次。

（4）绕旋跳。两人跳绳练习：一人叉开两腿蹲下，甩动绳子，使跳绳在地上画弧线，另一人则不断地从甩动的绳子上跳过去。速度由慢逐渐加快，1 分钟后两人交替。

（5）侧身斜跳。两人一前一后地站在跳绳的左右两侧，先侧身单脚跃绳向前跳，然后斜身跳回原位。跳跃时应注意用力摆动双臂。

（6）双人跳绳。①采取并排站立的姿势。每人用外侧的一只手握住绳柄。

先开始练习简易跳绳法，参阅方法（1），两人同时用双脚跳绳，然后练习同时用单脚跳绳。②采取一前一后的站立姿势。身高者站在后面，并挥动跳绳。

（7）侧脚跳。先从简易跳绳法开始参阅方法（1），然后用双手手腕挥动跳绳，右脚跳绳，不着地的左脚则斜向一侧，跳 15 次，换另一只脚跳 15 次。非初学者可练习快速跳绳，即绳子从脚下滑过时连跳 2 次。练习时，应注意脚不要抬得过高、过慢，否则容易被绳子绊住。

（8）双臂交叉跳。先做跳绳的准备运动，参阅方法（1），然后双臂交叉跳绳。当绳子在空中时，交叉双臂，当跳过交叉的绳子之后，双臂反向恢复原状。

跳绳是一项健美运动，对心肺系统等各种脏器的活动力、人良好的协调性、身形姿态优美、减肥等都有相当大的帮助，是一项老少皆宜的运动。但要注意以下有关事项：跳绳之前最好活动一下全身，尤其是相关的部位，如肩膀、手臂、手腕和脚踝，避免扭伤、挫伤。开始跳绳后，速度由慢到快，循序渐进。

（二）跳飞机

用粉笔在地上画出一个双翼飞机的样子，“飞机”身上有若干格，孩子们把一颗石子抛到格内，然后单脚或双脚在“飞机”身上逐格跳，再俯身拾石子，如无失误，再跳第二轮，每跳一轮，石子往前一格抛。这也是孩子们的一种体育活动。

玩前，用小棒或粉笔、木炭等，在平坦的地面画一架有若干个方格的双翼“飞机”图形，一般分为“机头”（一至二格）和“机翼”（两副、左右各二格）、“机身”（一至二格）和“机尾”（一至二格）等部分。玩时，先投“子”（瓦片、小石块、钥匙、小刀等均可）后起跳，即用一个“子”，由近及远，向格内投掷，每投中一格，往返经每个格各跳一次。向前跳时，腿要越过投“子”所在的格，跳到上一格后，要转身 180°，俯身拾起所投的“子”，再往回跳，跳出“机尾”之外。然后在刚才投“子”的格内画一记号，谓之建“屋”。完成这一步骤后，接着由其再跳第二轮，但此轮经过“屋”时，要落双腿（其他人则要跨越过去），否则视为“违规”，之后轮到另一人照上面的步骤进行。当整架“飞机”的各部分都建（画）满了“屋”后，游戏结束，以每个人“屋”的多少排名次，分输赢。

（三）抓石子

抓石子，即玩石子，是一种民间儿童游戏，一般都是未成年人特别是女孩子喜欢玩的。游戏目的是培养幼儿对民间游戏的兴趣，发展幼儿手指小肌肉、手眼一致的灵活性。

“子”是 3 厘米左右的光滑的小圆石。可以一个人玩，也可以多人参加比赛。抓石子有“三子”、“五子”、“七子”三种，各种玩法步骤大致相同。

例如，抓“五子”，是预先选5颗小指头般大小的石子，两三个小孩（多为女孩）席地而坐，围在一起轮流玩。玩法如下：

（1）拣子：

第一步，将5颗“子”握于右手手心，将其中的一颗抛起，其余4颗“子”撒到地上。

第二步，接住抛起的“子”再抛起，利用“子”抛起落下的间隙迅速捡起地上的“子”，并接住落下的“子”。

第三步，再抛起手中的一颗“子”，并迅速将捡起的“子”撒在地上另一处，不至于与还未捡的“子”混合。这样分几次抛、捡和撒，直到把“子”捡完。

第四步，抛起手中的一颗“子”，把撒在地上的“子”一次全部捡到手中，并接住抛起的“子”。捡地上的“子”可以一次一颗、一次两颗、一次三颗不等，由参加者约定。若捡不到、捡错了或者接不住抛起的“子”都判为输。

（2）簸米：同样方法撒“子”后，另一颗马上放到左手，再一个个簸到右手。

（3）穿针：撒“子”后，再一个个抛起，从右手大拇指和食指捏成的小洞中穿入。

（4）提篮：撒“子”后，再用右手一个个捡起地上的石子，同时右手的“子”马上抛到左手中去。

（5）珠子过笼：撒“子”后，左手拇指和食指做一个笼子状，右手将地上的“子”一个个扫过笼子。

（6）捡工头：撒“子”后，先迅速用右手捡两边的“子”，再同时捡中间两颗“子”。

配合做“子”时常念的歌诀是：做一掂一，做二抸二，做三补衫，做四爱喜，做五撞中，鸡屙换梳，过河过河，播米狗仔。

（四）捉迷藏

捉迷藏是中国传统的民间儿童游戏，流行于全国各地。在不同的地区有不同的称谓，又称为“捉猫猫”、“瞎子捉跛子”、“藏人”等。捉迷藏有以下四种方式：

其一是将一个参加游戏者的双眼蒙起来，令之不能视物，其他的游戏参加者就在他的身边奔跑，引他来捉。

其二是一个或几个参加者找一个地方，事先规定好范围，然后匿藏起来，要另外的参加者把他找出来。这种方式最适合的游戏地点，是一幢古老而巨大的屋子，在这样的大屋中，有许多可以藏身的地方，不易被人找到。

其三是先由数人手拉手围成一个圆圈，其中一人用手帕包住双眼扮瞎子，另外一个人将一只手缚在腿上装跛子。游戏开始时，跛子在圈内边吹口哨边跳动，瞎子顺着哨声捕捉，如捉住跛子即胜，可换另一对再捉。

其四是“捉猫猫”，这是最常见的一种儿童游戏。游戏时，几个孩子先围着划拳，有的则唱儿歌：“逮猫儿的重九九，不来的是烧腊肉。一九、二九、三九、四九……九九。”念到九九的人则当猫，然后商定以一地为营盘，输者背向大家用手蒙住眼，其余的人各自找地方躲起来；一声令下，猫即开始逮“耗子”，等猫出动，藏的人就跑出来；未被猫逮住的“耗子”，到达营盘后，猫就不能再抓。躲藏的人若被猫抓住，就替换角色，游戏继续。另外有一种“逮跑跑猫”。小朋友围在一起划石头、剪刀、布，最后输的人为“猫”。一声令下，大家四散跑开，“猫”开始追逮，直到逮到一人替换自己，游戏继续。再有一种“救救猫”。小朋友事先以划石头、剪刀、布来定“猫”，然后在地上画一个圆圈，“猫”逮住“耗子”，让其站立在圈内，其他人开始救他，趁猫不注意，将“耗子”拉出圈外，并不被“猫”抓住，“耗子”就得救。游戏反复进行。藏猫游戏多在黄昏时开始。现在一些家属院，偶尔还能看到一群孩子玩藏猫猫的游戏。

捉迷藏时，藏匿起来不让别人发现和经历多方寻找终于发现，这两者都能引起孩子的快感；它要求参与者耳聪、眼明、奔跑要及时，要用某种巧妙的方法和策略找到藏者，这是对孩子的综合考验。由此可见，民间游戏在带给孩子心情愉悦的同时，还可促进其认知、体能、情感等各方面的发展。

（五）抓俘虏

抓俘虏，亦称“抢旗子”。在一块较广阔、平坦的地面或晒谷场上，画一道界线，分两个“阵营”，每个阵营站着5～10人，界线后面画一个圈作为“关押俘虏”的“监房”，以界线为中心，在距离相等的各方插上一支旗子。玩时，各方轮流由一人走入对方“营地”进行“挑衅”，并拔掉旗子，对方便派人追赶，被抓住者便是俘虏，“投入”后面的“监房”中，以一方把另一方全部的人员“抓完”为赢。捉俘虏，是一种练体力、练速度的游戏，每玩完一场“捉俘虏”游戏，双方人员均满头大汗。

（六）打波珠

打波珠人数为2～6人。规则是，首先在地上挖一个比波珠大一些的小圆坑，距离圆坑两米多的地方画一条边界线，然后游戏者依次站在边界线，将波珠向小圆坑投去。所投波珠最靠近圆坑者得到先玩权，他把波珠向坑里投去，如果投中了，就享有特权，投击他人波珠的时候，可以减小一“捺”（捺，量词，指张开大拇指和中指两端的长度）长。敲击对方的波珠时，先把左手握成拳头状，然后拇指缩进食指中，将波珠置于拇指指甲上，用力向附近的波珠击去。如果击中了，就可连击三次，以把对方的波珠击出线外为胜。

另一种玩法是，相距一米挖一小坑，连续挖三个坑。投击时，波珠靠近第一个坑者先打，能丢进第一个坑者享有减小一“捺”的特权，第二个坑可享受两“捺”，第三个坑享受三“捺”。敲击对方时，先减去“捺”数，再敲击，这种玩法叫作“打三虎”。

（七）跳房子

跳房子又称为跳方阵、跳方格、跳瓦片，只要在家门口的空地，或是村边的路旁，找块小瓦片，画个房子，就能玩上半天了。单脚跳、双脚跳，孩子们的头发随之飞舞，心情更是喜悦。

先在地上画六个方格，每一方格约两尺见方，每一格为一间房子，并注上数字。具体玩法：站在起跳处，将小瓦片丢进数字为1的格子里，丢进去就可以开始跳。小瓦片一定得丢进格子里才有资格起跳。单脚（另一脚弯起）跳进数字为2的格子，然后依格子数一直单脚跳到最后的“天堂”。跳的过程中脚不可以落地，一落地就犯规，不能再跳，只能等下一轮。但是途中如果经过并排的格子以及“天堂”时，可以双脚着地。以单脚跳的方式由“天堂”再依序往回跳。跳回到格子2时，弯身捡起格子1中的瓦片，接着再依序跳回起点。然后再将小瓦片丢向数字为2的格子里，丢进了就重复第一次的动作，若没丢准或是犯规，就换下一个人玩。如果瓦片或是脚，不小心越界或压在线上，也算犯规，必须停跳，让给下一个人，等轮到自己时，再从犯规的格子处继续往下跳。

等全部的格子跳完之后，就有权利盖房子了。方法是背向格子，把瓦片掷入任何一个空格内，该房子即属于掷瓦片者，写上自己的名字或代号之后，其他的人在跳跃时就须跳过此格，不可以落脚在此房子内，但是家的主人可以两脚并立。全部房子都被盖完之后，拥有最多间房子的人就是大赢家。

（八）滚铁环

滚铁环是以前男孩子的炫技之法，拥有铁环就如同现在孩子带着滑板上学一样，非常风光。

玩法是用铁钩推动铁环向前滚动，以铁钩控制其方向，可直走，可拐弯。玩铁环的动作有一定的难度，需要一定的技巧。技术好的孩子能把铁环从家一路滚到学校，绕过各种障碍，甚至可以过水塘、上楼梯。那时候在放学的路上，经常可以看到一群背着书包满脸脏兮兮的男孩子，手里拿着铁钩，推着铁环奔跑在马路上，哗琅哗琅的声音响成一片，场面颇为壮观。

铁环通常是将一根80～100厘米的钢筋，弯成一个直径约40厘米的圆圈，用来操控铁环的“车把”是由一根一米左右的小棍子来充当的，棍端嵌入一个弯曲度很大的类似问号的铁钩头，铁环柄一般要与身体成正比，高者用长一些的钩子，矮者用短钩，要不然就会控制不了铁环的速度和方向。讲究者还会在铁环上套上数个小环，铁环滚起来时，小环会在铁环上滚动，发出悦耳的声音。比谁跑得快时，几个人同时出发，滚着铁环拼命往前跑，速度快者胜；比谁跑得慢时，停在原地不动，但必须保证铁环不倒，保持时间长者胜。

滚铁环的技术一学就会，且熟能生巧。初学时，先将铁环向前转，然后赶快拿“车把”去推着向前走，不倒就行。技术好的人，单手拿铁钩将铁环往前一送，铁环就乖乖地转动起来。滚在路上也能“停车”，即铁环斜靠在“车把”上，要滚时弯钩轻轻起动就行。累了，用弯钩钩住铁环，往肩上一扛，那姿势极为潇洒。

（九）包剪锤

包剪锤，亦称“猜猜猜”、“石头、剪刀、布”，为一种民间的猜拳游戏。粤语称其为“程、沉（寻）、切”，客家人叫“包、剪、笃”。

多个玩家先各自握紧拳头，然后其中一人或者两人一起共同念出口令，在说出最后一个音节的同时，两个玩家出示自己心中想好的手势（石头、剪刀或布）。

石头，即握紧的拳头。剪子，或称“剪刀”，中指和食指伸直张开，其余手指握紧。布，即五指伸直，张开手掌。手心向下，或向上，或竖直（拇指向上）。

每一个手势代表一个“武器”，互相克制的原则是：剪子剪不动石头（石头胜利）；布被剪子剪开（剪子胜利）；石头被布包裹（布胜利）。如果双方出示了一样的手势，就是平局。

包剪锤通常用于孩子玩游戏时挑选角色、进行排名或分东西等。通常这种简短的比赛可能会被重复多次，以三局两胜或五局三胜来定胜负。

（十）打公仔

打公仔，即拍公仔纸。何谓公仔纸？就是画满公仔的硬纸板。公仔乃粤语，意为人物。一张八开报纸似的硬纸板，上面被分割成二三十幅画面（通常是25幅画面），上面画着各式人物，大多取材于著名的古典小说、连环画、漫画、影视作品等，譬如《西游记》的唐僧师徒就屡见不鲜，《杨家将》、《哪吒闹海》、《隋唐英雄传》，金庸小说中的人物以及影视明星也颇为走俏。总之，画面上无一不是脍炙人口的著名人物，或是人物特写，或是打斗场面，或辅之以场景，画面精美，印制精良，让人赏心悦目。

打公仔的玩法有很多，普遍的玩法有：

第一种是击掌法。双方各拿出一张公仔纸，放在手心，两人举手相拍，公仔纸掉落在地，正面在上者胜，反之则输。输者要将该公仔纸拱手相送。

第二种是手弹法。双方在地上画一条界线，用手拈着公仔纸，往远处弹去，公仔纸犹如飞刀似的，飞向前方，谁飞得远谁便取胜。

第三种是拍翻法。这种玩法，既可两个人玩，也可以多方参与。譬如每人拿出一张公仔纸，反转背面叠在地上，等大家轮流用手来拍，谁将公仔纸的正面拍翻过来，便可赢取它。人一多了，就要按次序轮流来拍，而先拍者自然占了便宜。孰先孰后，就只能是依抽签或甩石头、剪刀、布来决定。这种玩法有个窍门，就是将手掌拱起，状若畚箕，用力一拍，其风力较易使公仔纸翻转。有时，先出手的人，将公仔纸一拍，全翻了过来，后面的孩子只能干瞪眼。但有时剩下最后一张，大伙儿轮番拍击，偏偏就无法使其翻转。

第四种是吹起法。就是每人出一张公仔纸，反转背面叠在地上，这次不是用手拍，而是趴在地上，鼓着腮帮，憋足气来吹，谁将公仔纸吹翻过来，谁便能赢取。这种方法纯粹是靠人造风力取胜，嘴巴大、中气足的人占有优势，但也要讲究技巧。通常，由下往上吹便容易得手，倘若从边角吹动，更添胜算。如果从公仔纸的正面吹下，那就艰难异常。这种玩法，也适用于两个人。

时代进步了，现在基本上很难再看见市面上有公仔纸在销售了，应该很多“90后”都没有玩过公仔纸，甚至大多数也没有见过公仔纸。但是相比他们，20世纪80年代初期出生的乡村儿童就对公仔纸再熟悉不过了，那时候没有现在那么多琳琅满目的儿童玩具，很多都是自己亲手制作的，例如：用纸或木做的手枪、甩铁圈、打烟纸角、木陀螺等，但数公仔纸最为流行，当时无论是小地摊、小卖部，还是一些乡镇的零售店，都有公仔纸出售，随随便便一张几分钱就能买到。

（十一）捉小鸡

捉小鸡，亦称“老鹰捉小鸡”、“老虎咬尾”，是一种多人参加的益智娱乐游戏，在户外或有一定空间的室内进行。这种游戏对发展儿童灵敏性和协调能力、培养儿童的合作意识有一定的促进作用。

方法是：游戏开始前先分角色，两人以石头、剪刀、布定出老鹰和鸡妈妈，其余的当小鸡。游戏开始后，鸡妈妈伸开双手挡住老鹰，鸡妈妈后面的人双手捏住前面的人的腰带，依次串起来，然后由老鹰来抓最后的小鸡。玩时，母鸡身后的小鸡做惊恐状，母鸡极力保护身后的小鸡，忽前忽后，时左时右。老鹰不抓鸡妈妈，只去突破鸡妈妈的防线，抓住最后面的小鸡。

鸡妈妈在拦截的同时，可以大声喊着老鹰从哪边过来了等话语，告诉自己身后的小鸡仔们。鸡妈妈的身体为防止老鹰的

捕捉，可以左右移动，在鸡妈妈的身体左右移动的同时，鸡妈妈身后的小鸡仔们也随之以相同方向来转动。一旦老鹰突破了鸡妈妈的防线，快要抓住最后面的小鸡仔时，小鸡仔就立即蹲下，双手捂住耳朵，这样老鹰得重新站在鸡妈妈的前面，游戏就不得不重新开始。而老鹰一旦突破了鸡妈妈的防线，抓住了最后面的小鸡仔，就算是老鹰赢。

这个游戏只要玩下去，胜利一方必属于老鹰无疑。因为主动权完全掌握在老鹰手中，母鸡除了可以防守，毫无进攻之可能，这倒也符合事实。通过这个游戏，使人们体会到母爱的无私、崇高，它是一种付出，也是一种收获。

（十二）打水漂

打水漂是人类最古老的游戏之一，据推测它从石器时代就开始出现了。

这种游戏在中国古代南方的多水域地区较为流行，因当时平民物资匮乏，儿童的玩具和游戏稀缺，这种仅需要薄薄一片碎瓦片或者扁平石块，可单人、也可数人一起玩的，是一种简便易行的游戏方式，受到普通大众的喜爱，广为传播，流传了数百年。时至今日，物资极为丰富，游戏项目和玩具更是花样繁多，这项游戏便逐渐没落，但在某些偏僻的乡村偶尔可见。

打水漂的本义是指用扁形瓦片或石片，在手上呈水平放置后，用力飞出，石片擦水面飞行，石片因惯力原理遇水面后再弹起再飞，石片不断在水面上向前弹跳，直至惯力用尽后沉水。

打水漂要讲究游戏姿势：游戏者身体向后倾斜，手臂与身体大约成45°角。半蹲，瞄准后用臂膀力量发射出去。石片就像飞龙般紧贴着水面弹跳前进，几度穿过河水又露出头来，就像蜻蜓点水似的。同时，打水漂也要讲究游戏技巧：选材料很重要的，要找比较扁的，最好用瓦片。打水漂成功的关键在于用拇指和中指捏住，食指在后，扔出去的时候用食指拔下，让其旋转着扔出。

打水漂的赢输规则是：石片在水面弹跳次数多者为胜，或者飘得远者、打得准者为胜。

（十三）雷公姑放蛋

这是一种儿童集体游戏，游戏规则为：大家手拉手围成一个大圆圈，撒开手，席地而坐，面向圆心，推荐（或抽签决定）一人当“雷公姑”。“雷公姑”手拿一块小石子（表示“蛋”），在大家的背后弯腰绕圈跑动，圈上的人一起拍手唱：“放、放、放蛋”，“雷公姑”将石子放在任何一个坐地者的背后，并继续跑一圈，如果顺利返回放石子的地方，该坐地者就算被“雷公姑”打中而要成为新的“雷公姑”。如果放石子后，坐地者马上摸到，他就要起身持石子追赶“雷公姑”，一旦“雷公姑”在回到坐地者位置前被抓住，“雷公姑放蛋”就算失败，“雷公姑”要表演节目或背诵儿歌。抓不到的话，新“雷公姑”要照样放石子到别人身后。放石子要隐蔽，坐地者可用双手在身后摸索，但不得转头偷看。这个游戏可以锻炼幼儿灵敏性、迅速反应及自控能力，同时锻炼大肌肉群的发展。

（十四）射弹弓

弹弓，是调皮少年常用的玩具。弹弓用叉形树枝做成。其制作手艺比较简单：

先把一个“Y”形的小树杈砍下来，将其去皮修整，使其光滑，树杈的角度在30度为宜，太大或太小均有碍射击。然后在枝丫的顶端处挖两个凹槽，用来固定两条发射用的橡皮带，橡皮盘可取自行车的废内胎或废听诊器的橡胶管，上乘之选是用那种截断后做自行车气蕊的空心橡胶管。再剪一块长6厘米、宽3厘米的柔软的牛皮或猪皮作为弹座，其两头剪两道竖缝，以作包裹弹丸之用。射弹弓的子弹通常是就地取材，用的多是小石头或瓦片。游戏开始前，双方先商定某物（多为小鸟）为射击对象，然后左手握住枝丫下端，右手用拇指和食指捏住裹有小石头的皮质带，瞄准目标，用力一拉，然后松开手，石头就向前飞去。射中目标物者为胜。

（十五）打朴筒

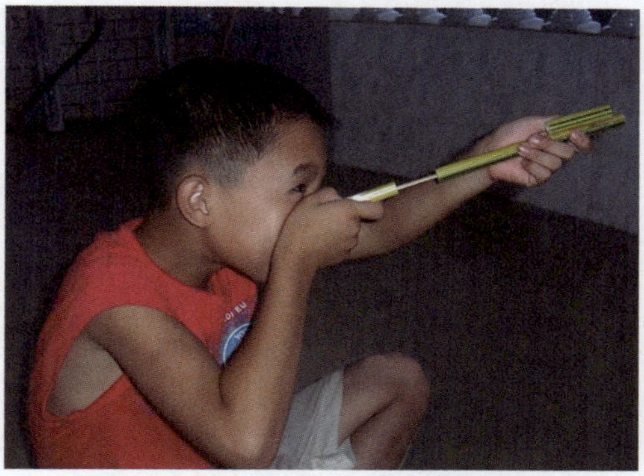

打扑筒，因操作时发出“朴”的声音，故而得名，亦称“打炮筒。”打炮筒是用竹子做成的。制作时，将湿竹子砍下，截取一至两节，其中朴筒部分长15~30厘米，朴筒柄部分用带节的竹子来做，约长3~8厘米，然后把一枝朴筒孔刚好容纳的厚竹肉削圆，插在朴筒柄里作朴箸，朴箸露出的部分要比朴筒短一点。打朴筒的子弹多为黄桑树的籽或浸湿的纸粒。玩耍时将黄桑籽或湿纸粒塞进朴筒中，将朴箸用力一推，朴籽便“朴朴”一声飞出去。另一种类似机关枪可连发数枚子弹的“朴筒”，人们称之为“连环炮”。其做法是在靠近朴筒部分绑上一个直径为3厘米、长5~6厘米的“子弹筒”，筒里可一次性装上几粒朴籽，两者之间有通孔，摇动一下，子弹筒里“子弹”便落入朴筒，煞是好玩的。

（十六）藏痕

“藏痕”中的“藏”并不是宝藏的藏，而是隐藏的藏。

大家先画定双方的地盘，然后双方分别在指定范围内的不显眼的墙壁上，用碎瓦片画上一些小条条，有的先画在砖石等物上，然后放在路边、墙角等不容易被发现的地方。最后，到对方的地盘上寻找，发现的小条条要画掉，未被发现的要逐条计数，条数多的一方获胜。

第九篇
婚嫁民俗

婚嫁是人生中最大的喜事之一，因而隆重热闹，民间约定俗成的婚嫁礼节也是名目繁多，博罗地区婚嫁习俗也可谓多姿多彩，基本有如下这些：

一、说亲

俗话说："天上无云不下雨，地上无媒难成亲。"男大当婚，女大当嫁。怎么完成婚嫁呢？除了双方父母认识，互相友好，结成姻亲，或男女自幼相识，长大成亲外，一般都要通过媒人撮合。

媒人，也称"介绍人"。旧时媒人作为一种社会职业，多是由一些知识浅陋、文化不高的妇女从事。以说媒谋生，充当媒人的，多是年老的妇女，人们以"媒人婆"称呼，以示敬重。媒人说亲一般先"量媒"，即对双方的情况、要求进行摸底，当媒人认为双方条件相当或是"天生的一对、地配的一双"时，媒人就以提亲人的身份分别到男女双方家去提亲（即说媒）。男女双方对上门提亲的人热情接待，媒人也尽力地介绍对方的情况，使他们能达成共识。只要双方父母应允了提亲人的意思，这提亲人就正式成为这桩婚事的媒人，此桩亲事就会有媒妁之言，说亲的程序就算完成。

二、合"八字"

男女双方父母同意了提亲，男方就要请算命先生来合男女的"八字"。合"八字"，即算命先生用天干地支表示人出生的年、月、日、时，合起来就是八个字，"八字"也叫四柱（年柱、月柱、日柱、时柱），每柱两个字，上为天干（甲、乙、丙、丁、戊、己、庚、辛、壬、癸），下为地支（子、丑、寅、卯、辰、巳、午、未、申、酉、戌、亥）。用一个天干和一个地支分别纪年、月、日、时。再根据生辰八字来推算这个人的命运好坏。如果双方八字合上了，这桩亲事就可以定下来；如果合不上，一方的八字缺什么且有解也可以定亲；如果双方八字相克无解，比如，一方“火”猛，一方“水”深，水火不相容，那这桩亲事就因“八字”不合而告吹，可见封建迷信色彩浓厚。随着时代的进步、婚俗的变革，封建迷信色彩浓厚的合“八字”礼俗已被取消。

三、相亲

何谓相亲，有人说：“相亲是一个陌生的男人和一个陌生的女人抱着赤裸裸的婚姻目的互相打量。”实际上，相亲是在媒人介绍的基础上，男女双方（或亲属）通过会面走访，互相审视人品，察看家况，俗称“看新人”及“相睇”、“会面”、“看人家”。

古时民间男女之间的彼此了解主要依靠媒妁之言。若一方欲对对方进一步了解，往往采用“偷看”的方式。偷看多由父母、尊长出面，或趁女子外出之际，悄悄跟踪窥视；或隐瞒真实身份，借口买猪、买牛等，前往对方家中暗暗观察，旁敲侧击。

之后，相亲进入实质过程：双方走访。相亲中的婚姻当事人基本上无权自己作主，多由父母、尊长越俎代庖。主要有两种形式：一种是由男方父母或婶婶、姑姑等出面，择日走访女家。女方家长一般都会让女儿出来露露面，如倒茶、点烟，男方家人乘势打量女子的容貌、身材、体态、举止等。另一种是男子本人由媒婆或尊长带着到女家相亲，在观察女方的同时，也接受女方的审视。男方登门相亲时，女子先隐蔽窥视，若无异议，便出门倒茶，男子乘机瞥上一眼，若表示同意，就接过茶水。每当媒婆带后生仔到女家“相亲”，如果女方家长同意这门亲事，便煮“糖不律”招呼男方。男方看到端上的是“糖不律”，知道这门亲事“律”（甩）不了，于是连吃两碗，以表明好事成双。如果女方不同意这门亲事，就煮腐竹蛋花（打散鸡蛋）糖水，以表亲事“散”了。“腐竹糖水”虽甜在嘴巴，却苦在心上，男方匆匆喝上一口，便告辞而去。

男方上门相亲后，女方也会到男家走走。但女子本人不能去，而由尊长出面。主要是察看男方的家庭情况，如家庭成员、环境、房屋、摆设等，也得看看男子的相貌，男家要设宴款待来宾并赠予礼品。女方若有意于此门亲事，才留下吃饭。

相亲成功后，男女双方就可以自由来往了。

四、定亲

双方相亲后，经过一段时间的来往了解，如果男女双方都满意，女方父母就要择吉日，请男方及男方能代表父母的亲戚到女家来作客，并请自己的堂亲、姑、舅、姨等直属亲戚来陪客人，即“定亲”。男方去时需带上烟酒、猪肉、果品等。为图喜庆和吉利，所带的礼品均为双数，视情况不等。一般情况下，烟为两条，酒为两瓶，也有带 4 条烟、4 瓶酒的；猪肉为 4 斤，也有带 6 斤、8 斤的；果品一般带 24 个，也有带 48 个的。当然，带得多，则被众人视为有钱、大方；带得少了，自然就会被视为人穷、小气。但对女方来说，不成亲是两家人，成了亲就是一家人，也就不计较那么多了。而女方则送男方一双“稳跟鞋”和一条裤带，寓意着这婚姻将男女双方牢牢系在一起。定亲的仪式一般很简单，在媒人的主持下，参加定亲的有男女双方及双方的家长和一些亲人。大家在一起喝喝酒，吃吃饭，拉拉话，认认亲，定亲的仪式就算完了。之后就是过礼、结婚了。

五、过礼

“过礼”是大事，一般婚娶的男方要向女方送一笔聘礼。过礼是博罗民间的一种婚姻礼俗，在订婚仪式中占有重要位置，人们非常重视。只要女家收下财礼，即使没有写婚约证书，人们也认为婚事已定。这种礼俗在现今一些乡村依然存在。

定亲后，女方便开出礼单给男家，须用红纸书写：礼金、首饰分量、礼饼、酒类、猪肉、三牲。礼金、礼品的多少，要视女方的相貌品德和男方的经济状况而定。经过一番讨价还价以后，男方便择日把礼金、礼饼送到女方家中（猪肉、三牲在婚日送至）。在民国初期，一般家庭需礼饼 200 斤，礼金白银 200 元左右。日本沦陷以后，礼金改以稻谷为计量单位，初时需 150 公斤左右，新中国成立前夕“涨”至千余斤。新中国成立初期，聘礼多是“象征性”的礼金数 10 元和礼饼数 10 斤。20 世纪 80 年代以后，分别增加至 300 元和 150 公斤。改革开放以后，聘礼多寡不一，用金饰物或一双情侣手表作为订婚信物，也颇为时尚。

聘礼中的食品，礼饼是绝对不能少的，最常见的礼饼叫酥饼。酥饼有黄、白、红、橙四色之分：黄饼以豆蓉作馅，寓意贵族和皇气；白饼以爽糖或五仁作馅，代表了女方的贞洁；红饼最讲究也最贵，以莲蓉作馅，也有用冬蓉的，寓意喜庆的气氛；橙饼则用豆沙或椰丝作馅，寓意小俩口今后生活金灿灿。有些酥饼中还可加入蛋黄，彰显高贵。据了解，四色酥饼的出现，代表了老百姓对新人、新生活的寄托，也从另一角度看出了新人对长辈们的尊敬。

礼饼送来时，女方家长叫“嫁身”（待嫁姑娘的代称）吃礼饼，算是“食过人家饼礼”，永远不能反悔了。然后把礼饼按亲疏次序订出分量，分赠给亲戚朋友。因此，传统礼饼是婚礼显示隆重的尊贵聘物。

女方收礼后要适当回礼，表示礼尚往来、喜结连理之意。在罗浮地区，在“回礼”的同时，女方要送男方一对“带路鸡”。“带路鸡”由一只小公鸡和小母鸡组成，带路鸡由女方母亲亲自准备，用一条 9 尺长的红色带子绑住鸡脚，带子两端各系一只鸡的双脚放在篮中。其用意是希望女儿嫁出去后和女婿和睦相处，不但永浴爱河、白头偕老，而且要像鸡脚一样，百子千孙，子孙满堂，俗称“好命”。其九尺长之红带子，则因“九”与“久”谐音，所以有长久之意，希望女儿、女婿能“长相厮守”。

“过礼”之后，男女双方即可商定日期，到当地政府办理结婚证，正式确定婚姻关系。

六、择日

择吉日行事是中国人的传统民俗。结婚是夫妻双方一生中的大事，所有环节最好都择吉日进行。如要取舍的话，便应以传统礼仪中迎亲及摆酒的当日为准。选在吉日举行，是因为中国传统始终视这天为真正的婚嫁日。

良辰吉时计算的方法是，用男、女双方的出生日期推算出最吉利的婚嫁时日，这个“吉日”不能与男、女双方的生肖相冲。注意以新娘方的出生日期为主，并参考男方及其他人的出生日期。

选择吉日，日子要比月份重要，月份要比年份重要：首先根据设想的婚礼形式和当地的气候特点选定结婚的季节。同时，还需要考虑亲友参加婚礼的难易程度。其次，吉日最好避免在农历的三月、七月和九月，因这三个月份分别适逢“清明”、“盂兰”和“重公”，均为传统的“鬼节”，不宜办喜事；同时也不宜在四月、五月、六月，俗话说：四穷，五尽，六绝后。而在月最圆的“中秋节”所在月份，即农历八月是最适合办婚礼的月份。

吉日择好后，由男方专程携结婚报期单去女方家相报，俗称“报日”。报日是一种郑重的仪式，一方面，是男女双方对婚日（事）的共同认可和郑重其事，增加婚事的喜庆气氛；另一方面，体现男方对婚事的谦逊态度和对女方家的尊重。

七、送嫁妆

嫁妆，即女方在结婚时带到男方家里的钱、物，亦称“嫁妆”、“妆奁”。嫁妆是女家身份与财势的象征。

送嫁妆是在婚日的“迎娶”，女方“送嫁”中进行的。送嫁妆可分为“送妆”与“迎妆”。“送妆”是女家将嫁妆随“送嫁”队伍往男家送，除了抬妆的人外，女家会请几位亲友跟随照料，人数愈多，代表女方家底愈厚。嫁妆抬到男家后，男家会请亲朋好友出来迎接，这叫“迎妆”。

在新中国成立前，嫁妆以耕牛、农具等生产资料为主；新中国成立后，嫁妆常以衣柜、梳妆台、皮箱、被子、镜子、面盆等生活用品为主，以往，乡间人喜用樟木箱送嫁妆，取其坚固耐用之意；20 世纪 70 年代后，一般出嫁人家讲究三大件：收音机、自行车、缝纫机；进入新世纪后逐渐改变，当代嫁妆中，常见有电视机、电冰箱、空调、小汽车、金银首饰、高档衣服等。因为追逐排场，一些出嫁的人家往往“赔了女儿，又蚀财”。

嫁妆是给新娘子的，是属于新娘子的私人财物，婆家是无权动用和干涉的，如果要动媳妇的嫁妆，就必须得到媳妇的同意，而媳妇如果不同意也是正当的。在古代，侵占媳妇的嫁妆是很恶劣的行为，对婆家的名声很不利。

八、迎亲

迎亲也叫接亲或过门，结婚时日，男方要“迎娶”，女方要“送嫁”，男方将女方接回家中举行婚礼。罗浮地区传统的婚嫁习俗向来以礼节周全、气氛浓烈、场面热闹而备受人们的喜爱。

婚日早上，男家要有10多人到女家去接亲，有鼓手乐队，有放鞭炮的，有抬花轿的，有抬礼品的……接亲的人到女家后，先吃点心，然后由女家在祠堂烧香敬祖，新娘中午或下午到达男家，由男方将新娘牵出轿，然后在大门口“过火堆”，新娘跨过火堆后才能进大门。

随着抬轿迎亲的仪式消失，乡间的迎亲仪式也发生了变化。

接送新娘，有两种形式：夜间接送和白天接送。

博西地区一般在晚上接送新娘。按照当地的习俗，女孩子出嫁，若是初婚，要在半夜时分接送。因为新娘子在路上若是冲撞了孕妇或办丧事的，会非常不吉利，而半夜时分出门，就不会碰上孕妇或抬棺材等不吉利的事。由于接新娘安排在婚日的夜间进行，来男方赴婚宴的客人均见不到新娘，接送的仪式也较为简单，新郎在陪郎和众青年的簇拥下，下半夜时，到半路或新娘家中把新娘接回来就是了。

博东和罗浮山周边的客家地区都是在白天接送新娘的。男方接亲队伍在吉时到达女方家接新娘。在男方到达前，女方娘家的姐妹就会关上门，向男方讨“开门利是”，经过一番激烈的唇枪舌剑，男方给了“利是”方可进入。“开门利是”通常都是399元、999元等，取其好兆头“长长久久”，同时也祝新婚夫妇婚姻生活天长地久。

男方进门后，要找到女方姐妹事先藏起来的一只新娘的红鞋，并且吃完糖水后，才能接新娘走。由媒人撑红伞伴新娘出门，因为当天新娘的地位比谁都大，不能顶头见阳光，而且要边走边撒米，以免鸡啄到新娘。到了男方家里，女方要跨火盆（意为去邪），然后在门口先祭各方的神，才能进屋。

九、婚宴

婚宴是各种宴席中最大型的，男女双方异地举行，男方稍比女方隆重，女家婚宴的主要食材包括猪肉、家禽、米丝和酒等，均由男家以聘礼的形式提供。婚宴一日两餐，菜肴丰盛，客人满座。男家中午的婚宴主要是邀请女家的“送嫁”队伍，包括新娘的娘、婶、姐妹等，新娘未到是不准开席的，新娘接回家后，待“送嫁”队伍入席后，随着爆竹声的响起，婚宴正式开始。男家婚宴的重头戏一般安排在下午至晚上。客家地区的婚宴采用一次同时就餐的方式；而博西地区的婚宴采用流水席，从下午开始，坐满一桌客人就可以开宴，一直持续到晚上。

十、闹洞房

关于闹洞房的来历，民间有两种说法，一种是源于驱邪辟灾，众人在新人结婚时嬉戏说笑，用笑声来驱走邪鬼；另一种是闹洞房源于北方民族的彪悍民风，人们以欺负新娘来考验新郎是否是合格的丈夫。虽然新婚之夜都有闹洞房的习俗，但是闹洞房在道义上和伦理上都受到质疑，一些低俗的闹洞房行为即使是在思想开放的现在也让人难以接受，但在博罗民间的新婚闹洞房总体来说是文明的，是一种“贺婚”的礼俗。

闹洞房，乡俗叫“搅新娘”，闹洞房是婚礼中最为搞笑的环节。村里一些粗俗的青年联合起来，你一言我一语，一唱一和，使出各类新招数，让新郎新娘“坐困愁城”，哭笑不得，也有的对新娘戏弄，戏弄完新娘后，又戏弄伴娘。所以，新郎的父母一般都早早地躲了起来，怕弄进洞房留笑话。为了不得罪客人，新郎新娘还是硬着头皮“挨整”，一班人闹房结束又接着来一班，直到五更。闹洞房结束后，还要让新娘做汤丸消夜，认为可白头偕老、子孙满堂。

博罗西部的龙溪、园洲、石湾地区还有“摸尿塔（缸）糖”的习俗，闹洞房前，新郎的母亲在新娘房间的新尿桶（俗称便塔）上放了糖果。掌灯时分，主人将房门打开，等待已久的孩童冲进房内，摸着漆黑将新尿桶中的糖果捞出，年龄稍长的孩童都是赢家。“摸尿塔（缸）糖”是个很有趣味的环节，在那食品紧缺的年代，吃糖果对于孩子们来说是件稀奇的事情，“摸尿塔（缸）糖”成为孩子们解馋的极好机会，于是，当新娘房间打开的一刹那，他们争先恐后，蜂拥而至……当婚事主人见到这种场景时，心花怒放，高兴得合不拢嘴，因为成群的男孩冲进新房，寓意着新娘早生贵子，多子多福。

十一、斟茶

新婚的第二天早晨，新郎新娘在姑嫂的陪同下，给新郎的父母、哥嫂等献茶，这种仪式称为“斟茶”。斟茶是正式拜见新郎家长、亲戚的一个仪式。献茶时，新娘要随新郎对接茶者的称谓，如新郎献茶给父亲时会说：“爸！请喝茶！”新娘亦同样称呼：“爸！请喝茶！”接受献茶者要给新郎新娘送上红包。

从此，新娘就是家中的一员，随丈夫称呼家中的成员。同时，新娘长辈代表新娘的父母对新郎的父母作些交代：一是感谢他们的热情接待；二是介绍新娘的一些情况；三是对新娘家里的嫁妆办得不全表示歉意；四是要求新郎父母要将新娘当作亲生女儿一样管教。同时，也当面对新娘提些要求，比如，要孝敬老人、夫妻和气等。新郎的长辈也有一个代表发言，对女方父母及其亲戚表示感谢。最后，新郎新娘也要当面相互表态，比如，怎样孝敬父母、互相帮助、把家庭建设好等。

十二、回门

婚礼的最后一项是"回门"，又称"做新女婿"，即回娘家。回门标志着男子开始以新郎的身份进入女家，也是给新娘缓和初为人妻、初为人媳紧张心情的一次机会，女家的亲戚们也往往借此机会来考验新郎。回门之后，两家就转入正常的姻亲关系来往。

婚后的第三天清早，新婚夫妇带着礼品，在新郎的陪同下回新娘娘家。新郎至女家后，参拜祖先及向女方家长等尊辈敬茶、"拜门"等，大致如新娘在夫家所做的那一套。回门时，娘家要在开饭前煮糖丸招待，客人都要吃上满满一碗，以示甜蜜、温馨，吃完一碗后，还要添少许，这叫"添喜"，以祝新娘、新郎早生贵子。

午餐，设家宴2~3席，女方的兄弟、叔伯作陪款待新婿，称为"请新女婿"。席间，新郎会受到一些考验。如把鸡腿放在新郎的碗上，新郎若吃了鸡腿肉，就成了鸡髀仔（当地语：遗腹子）；如岳母端上一块大骨头肉放在新女婿面前，女婿若推让不吃，则会让人笑将来不敢办大事；若啃不干净，也会惹人笑话，说他将来办事不干净利落。

宴后，新郎不管岳父、岳母怎么挽留，也得趁早回家，而且越早越好。因为父母在盼着儿媳早点回来，否则父母的眼睛迟早会瞎。女家以糕点、两对"带路鸡"和写有"百子千孙"红字的灯笼作为回礼。新娘翌日早晨即返娘家，至"满月"时才返夫家。

新娘三朝回门时，母亲要了解女儿的生活情况，就会私下问女儿，有无同房等问题，这些问话在时下人看来似乎是废话，但在夫权决定婚姻的传统社会里，这是一件大事，因为夫妻生活如不正常，往往可能是一方在生理上有毛病。如是女方有病，男方则考虑讨小妾。结婚三朝后即提出离婚者并不鲜见，如果是男方有病，女方则自认命苦。

十三、转外家

每年春节，博罗地区的妇人都有"转外家"的习俗。"转"在博罗方言为

“归”，“外家”即娘家，“转外家”就是回娘家。春节期间“转外家”这一风俗习惯，一则是行孝心，送些好穿好吃的东西孝敬父母，以报养育之恩；二则是在新年伊始，给父母拜年。因此，每年大年初二至初六，马路小道人来人往，大半都是妇女转外家的。

旧社会，乡下人把嫁出去的女人称为“泼出去的水”。加上当时生活困苦，封建陋习多，家务繁重，妇女回娘家不容易，女人嫁出去以后，除了“回门”这个礼节不可少以外，回娘家也很艰难了。

新中国成立以后，革除了旧风俗，婚姻自主、男女平等，女人们也不再是“泼出去的水”。逢年过节，“转外家”蔚然成风。随着社会的发展，“转外家”的礼品也是年年升级、岁岁更新了。

在博罗民间流传着一首民谣：

五十年代转外家，阿妹头上披头帕。
箩格装块冷甜粄，娘儿相见笑哈哈。
六十年代转外家，阿妹头上戴笠麻。
袋里有粄又有肉，父母一见乐开花。
七十年代转外家，阿妹手擎花布遮。
新鲜猪肉剁几斤，孝敬堂上老人家。
八十年代回娘家，阿妹骑上自行车。
酒肉新衣样样有，父母接见笑脱牙。
九十年代回娘家，妹骑摩托到门下。
高级补品敬双亲，又包“利是”老人花。
新的世纪转外家，妹子坐上小汽车。
孝敬双亲齐旅游，天南地北闯天下。

从这组顺口溜中，可以真切地感受到人民生活的巨大变化，也可以看出民间风俗在顺应时代的潮流而发生嬗变。

第十篇
寿诞民俗

寿诞民俗的许多仪式是建立在民间信仰基础上的，了解这些民俗信仰，对于理解寿诞仪式有着不可忽视的作用。

众所周知，每个人在一生中都有必经的几个生活阶段，每个人的生活属性就是由这些重要阶段不断确立起来的。自古以来每个阶段都有一定的仪式来进行表示，以便获得社会的评价和承认。寿诞仪礼的全过程是按人年龄的增长过程显示的，通常以“岁”为单位计算，几乎每年都有一定的仪礼。但是，重大仪礼只是在几个重大阶段出现，因而构成了人类生活中普遍遵循的四大仪礼，即诞生礼、成年礼、婚礼、葬礼。在我国传统中，寿礼也占有比较重要的位置。由于它实质上是每年纪念日的重复，所以随着时间的推移，它逐渐取代成年礼。那么，在博罗地区寿诞礼和寿礼期间通常有哪些习俗呢?

一、诞生礼

在博罗乡间，一个新生命的形成或诞生，尤其是男婴的降临，往往会给讲究“传宗接代”、注重延接“香火”的人家带来无限的欢乐和希望。为表达这种情感，人们常举行一些庆贺仪式，诸如三朝、满月、百日和周岁等，它们统称为诞生礼或贺生礼。在这些仪式中，程序化的礼仪复杂隆重、精彩纷呈。

（一）怀孕

在传统社会里，农村的医疗卫生条件差，人类的繁育基本上还处于原始的自生自灭的状态。妇女对怀孕的认识主要是根据月经或“拣食”去确认。对于一位初婚妇女来说，如果突然发现没有月经，本人往往会觉得奇怪而向她的母亲诉说，一些叔婆伯母看她脸色不同以前，知道“有好事”，会来调弄她说“有了”，让她觉察；此外，如有反常的“拣食”或呕吐，也被确认为怀孕。一旦知道怀孕，就要开始注意禁忌和补养。孕妇的进补因受地理生态环境和风俗的影响，各地习俗不一，基本一致的是进补用鸡肉、猪肉等滋养食物。初婚怀孕后，公公婆婆要烧香拜祖先及龙神伯公，祈求生男丁。

怀孕两三个月后，育龄妇女应婉转地告诉家长，以便家长提前做好各方面的准备，如养鸡、酿酒，还会在劳动安排上给予照顾，尽量安排轻活，或让其休息。

做母亲的会经常来照顾已怀孕的女儿，但不叫女儿回娘家去。母亲去女儿家中探望叫“保胎”，去的时间不能预先告诉女儿，到女儿家时，要是一到家中就见到女儿，则是好的预兆。

（二）接生

在新中国成立之前，西医不发达，不要说剖腹产手术，就连一般的生育手术几乎都没有医生能做，接生也全靠乡下农妇。旧时母亲怀孕生育，特别是初育，就是过生死关。因此，乡间有“儿生母死”之说，往往也会因为像胎儿胎位不正这种现在很容易解决的生产问题，而酿成悲剧。正因为如此，经验丰富的“接生婆”（接生的农妇），就成了准妈妈家最看重的人。

孩子安然生下来后，接生婆就让母婴家里人打来温水，用干净的澡巾和毛巾，给新生儿清洗污垢。然后，用旧棉袄等剪成的大棉垫（俗称“片子”），包裹新生儿，并用粗棉线捆绑起来。这样，对新生儿的处理就算告一段落了。与此同时，婆婆或家里其他人就手忙脚乱地煮下 4 个红糖水荷包蛋，让孕妇吃下，称为“压身子”（意思是生了孩子空腹，需要高营养食物来填充）。食欲不好的孕妇，也须强迫自己吃下；而食欲好的孕妇，还可再吃若干个荷包蛋。当然，招待接生婆的活也是不能马虎的，做一桌丰盛的饭菜，让接生婆酒足饭饱后再离开。至此，接生的过程算结束了。

新中国成立后，农村的医疗卫生条件发生了翻天覆地的变化。此时的接生婆，已大多转为大队赤脚医生，每年进行一到两次的集中培训，让她们掌握基本的卫生知识，并采用新式接生法接生。基本上，一个大队（行政村）都有一个接生婆，而且这些接生婆都配备了接生的基本器械，有的还配备了注射器，用于给妇婴及时注射破伤风疫苗等针剂。随着新式接生法的普及，新生儿“肚脐风”的情况基本上绝迹了。

（三）报喜

在博罗乡间，凡是生下孩子的人家，都要在自家的大门门楣挂上几束干草和红布条，以示吉祥。房间要点上煤油灯，要日夜点燃，这叫给婴儿“开光”，即让婴儿能来到世上见光。同时也告诉外人，这家有人“坐月子”，请不要随便进入，以免“踩”着婴儿。在门楣正中的红布下方，还要挂上一面圆镜子，当地人的说法是，孩子长大后会前程远大、前途光明。

孩子出生后，孩子的父亲须立即前往岳父母家报喜，所持喜物主要有染红的鸡蛋，俗称“红鸡蛋”，鸡蛋的数目因孩子的性别而定：生男孩是偶数，一般有10个或12个；生女孩是奇数，一般是9个或11个。生男孩的还要带上一本书，希望其将来能读书做官；生女孩带上一枝花，希望其将来能长得像花一样漂亮。岳父母看见女婿送来的物品，便能明白女儿生的是男孩还是女孩。

岳母家得知女儿生产的喜讯后，要煮一些鸡蛋，染红后，分送给亲友、邻居，向他们报喜，并约好有关人员探视女儿，并给女儿带来鸡、鸡蛋、红糖、奶粉、红枣之类的滋补食物。孕妇的姐妹、兄弟，得到婴儿降生的消息，也要携带补品前去探望。

（四）做三朝

婴儿出生后，一般用布片子包着。到了第三天，家人采摘艾草等草药煎水，请接生婆为婴儿洗澡，换上婴儿衣服，称为“洗三”，它一是为了洗去污垢，二是为了从小习水性，成长过程中不怕水鬼之类，保一生平安。

“三朝”这天，主人为庆贺自己“升级”（当了爹娘），得了“千金”（指女儿）或“公子”（指男孩），总要大办宴席，用以款待前往祝贺的亲朋，这叫作“做三朝”。民间有“男不赴三朝”之说，故参与“三朝”的客人均为女客，主要是外婆、舅婆等客人。正午座席，来客每人有一个染红的鸡蛋，谓之“吃喜蛋”。有多少客煮多少蛋，都是外婆家送的。酒过三巡，婴儿由奶奶抱出，叩拜外婆家的来客，讨见面礼钱。于是，姨姨、舅母、外婆等人纷纷给红包，少则五角，多则一元。宴席后，外婆家的来客才告辞返家。

（五）坐月子

婴儿出生当天，要宰鸡拜天地，然后把拜过天地的鸡炒姜酒。产妇坐月子，即食用老姜炒鸡的糯米酒，简称“姜酒”，用以补气补血强身子。

初婚女人生孩子后，要守在房间调养，三日之内不准下床，一月以内不许出房门，也不准上街，而只准在室内吃、住，故叫“坐月子”。

坐月子期间，产妇要看护好婴儿，故除接生婆和母亲、家娘外，在7天内，一般人不能去见产妇和婴儿。除日常生活所需外，家中不能大动，尤其是像建房、修房顶之类的活动要坚决禁止。

产妇坐月子，虽白天不出房，但每晚必须洗药浴。给产妇洗澡的“药”，多为枫树叶。将采摘的枫树叶置于大镬中放水煮沸，捞去“渣”，然后舀起盛于桶中，待其自然冷却到适当的温度让产妇洗澡。

坐月子期间，产妇享受最优厚的待遇：周全的服侍、良好的饮食、充分的休息，她成为全家人都围着团团转的中心人物。

民间是比较讲究坐月子的，主要是要照顾好产妇与婴儿的身体，怕闹出月子病来。因而，产妇在坐月子期间一般遵守“十五字原则”：“慎寒温，适劳逸，勤清洁，调饮食，增营养。”

坐月子期间还要注意禁忌，详见第十三篇“禁忌民俗”之“生育禁忌”。

博罗乡间如此重视妇女坐月子，一是为了“传宗接代”，二是因为妇女也是家庭的主要劳动力，必须保证她们坐月子关过好，不要削弱体质，更不要留下病根。正因如此，在罗浮乡间，许多七八十岁的妇女，腰板硬朗，手脚灵便，依然可以从事农村劳动。

（六）做满月

在婴儿出生满一个月时，举行某种仪式或庆祝活动，谓之“做满月”。

小孩满月，要摆酒庆贺，叫“满月酒”，祝贺婴儿母亲平安，谓之“弥月之喜”。场面大的，三亲四戚、左邻右舍都要请来，一般情况下，自己家里人、小孩的外婆家亲戚是一定要来的。来时，红包、礼物当然不能少。满月礼大多是“带路鸡”、衣服、鞋袜、帽子、布料、米酒、红糖、鸡蛋和桂圆等，所以，一场满月酒摆下来，加上生小孩时送来的礼品，那就有可能堆积如山了，光产妇一个人是吃不完的，需全家人一起才吃得完。

直到满月这一天，小孩和产妇才能出房门，这对小孩来说，是第一次接触外人，第一次见到外面的世界，是人生的正式开始。因此，很多大人都十分重视做满月。大人们总喜欢把小孩抱出来，在客人面前走着，虽然他（她）什么也不懂，但大人总要把在座的客人介绍给他（她），客人们也都争着说一些好听的话。

满月礼中，最重要的礼仪是“剃满月头”，亦称“落胎发”。这是新生儿出生后的第一次理发。剃下来的头发不能随便丢掉，要放在一起，用丝线缠好，由母亲挂在床头，据说可以驱邪，保佑孩子平安成长。现在还有人将婴儿发制成胎毫毛笔，留作纪念。人的一生中，只有胎发的顶端呈尖针状，所以，胎毫毛笔十分珍贵。

剃过“满月头”后，妈妈给孩子穿新衣服，戴上新帽，并把外婆送来的梳子、金银锁、镜子挂于婴儿身上。这些小玩意各有不同的含义：梳子能避邪，镜子能照妖，长命锁能保佑孩子长命百岁。

孩子满月后，要随母亲去姥姥家过满月。过满月去孩子姥姥家，除带着孩子的衣物、尿布等用品和点心等礼物外，还要折来一根桃树枝，插在小儿的包被角里，用于路上避邪。这是外甥出生后第一次去姥姥家。住上一段日子后，离开时，姥姥家要给孩子带回一个长命母鸡和锅、勺，锅内还有烙好的油饼，寓意子孙长寿、生活富足。

（七）过百日

婴儿降生100天为“百日”，古称“百晬”，又称“百岁”、“百禄”。旧时，民间认为，婴儿长至百日，基本摆脱早夭之患，有了长大成人的希望，同时，在我国的文化观念中，“百”含有圆满的象征意义，所以民间往往在这一天进行庆贺，叫“过百岁”、“过百日”等。这一天，亲朋好友以衣服（百岁衣不能缺）、帽子、鞋袜、背带、食品、百家锁或百岁衣等相送，表示祝贺，主人家则设宴招待。

小儿若体弱多病，或家长怕孩子将来不长寿，在“过百日”那天用银锁锁在婴儿的脖子上，银锁上刻有“长命百岁”、“长命富贵”等字样。铸银锁的银两还要聚百家钱来置办，故称“百家锁”。

穿“百岁衣”是“过百岁”的另一道风景。“百岁衣”又称“百家衣”、“百衲衣”，由婴儿祖母在孩子出生后到左邻右舍索取各色各样的布头，做成衣服穿在婴儿身上，俗称穿“百家衣”，象征消灾纳祥。

“过百日”，亦称“过百路”。所谓“过百路”，就是在“过百日”那天所举行的祈求婴儿长寿的祝福活动。这一天卯时（上午5~7时），婴儿佩戴“百家锁”，身穿“百岁衣”，由外婆（或祖母）右手抱在怀中，左手拿着线香和小扫帚（有辟邪之意），在村（城）内的长巷走一趟。途中，抱婴儿者不断念叨：“××（婴儿名字）长命百岁”等吉语。

（八）做周岁

周岁也称“周晬”，它是婴儿人生的第一个生日，庆典仪式更为隆重。虽然各地风俗不尽相同，但都表达了祝福、庆祝之含义。

满周岁的婴儿已经有“人”的一些个性或特点：一是能从人群中认出父母、爷爷和奶奶；外公外婆经常来看望宝宝，他们一进门，婴儿就会非常高兴，会拍手欢迎，急着让他们抱；说话早的婴儿，还会一边把手伸过去，一边说“抱……抱……”。当爷爷奶奶抱的时候，婴儿会高兴地跳来跳去，爷爷奶奶有些抱不住了，好像要从怀里窜出来。二是辨别生人和熟人，婴儿不但认识亲人，还能分辨生人和熟人，经常串门的客人，婴儿会一眼认出来，对着他们笑。如果是从来没有见过的生人，或很长时间没有见过面的熟人，则会瞪大眼睛看着他们，会拒绝让生人抱，如果勉强抱过去，可能会使劲挣扎，或许会哭。三是模仿能力很强，如果父母经常亲亲宝宝的小脸蛋，婴儿也会模仿父母，亲亲爸爸妈妈的脸。婴儿已经理解了，这个举动是友好的。教婴儿做过的动作，婴儿也会表演。如皱鼻子作怪相，努努嘴，用食指刮刮脸蛋“羞一个”，左右手食指尖对在一起再分开“飞一个”，用手比画，两手合在一起“谢谢”，问宝宝几岁了，会伸出食指“1岁了”，能指出五官的位置，知道自己叫什么，不管是谁叫他的名字，都会循声望去，找一找“谁在叫我呀”。

根据婴儿的发育特点，婴儿周岁生日这天，不仅要庆贺，而且要进行“抓周”仪式。“抓周”，亦称“试儿”、“试周”，是在婴儿周岁之时预测其性情、志趣、前途与职业的民间纪庆仪式。午时，亲友到齐，主家为婴儿举行“抓周”仪式。“抓周”仪式是以筛置于圆桌上，筛中摆红蛋、书、笔、算盘等多样东西，抱婴儿坐于筛上，任其摸取筛上之物。婴儿第一次摸取的物件，则预示其将来的志向前程，如摸取书笔则预示好崇文，摸取算盘预示好经商等等，以此挑逗婴儿，增添亲友乐趣，亲友酌情给以红包。“抓周”后，大家入席宴饮，尽欢而散。

“抓周”其实就是一种象征，也是家人对孩子的祝福以及将来的期望。现在，尽管很多地方仍存在“抓周”的习俗，但随着时代的进步，人们一般把“抓周”仅仅看作一种娱乐活动，很少有人真正相信这种活动的预测功能。

（九）上灯

博罗乡间“上灯”的习俗已有几百年历史。当年南迁的客家人对血脉绵延极为重视，他们借中原地区传统元宵节的赏灯习俗，以“上灯”谐音“上丁”来庆贺家族添新丁，并形成了客家人别具一格的“上灯”习俗。

博罗乡间上灯的习俗是由“开灯”和“结灯”两个阶段组成的，包含放灯绳、买灯、迎灯、上灯、暖灯和化灯 6 个环节，其间还有锣鼓、八音、舞龙、舞狮、祭祖、饮灯酒等热闹的场面。

从正月初一到十五，是博罗乡间人“上灯”的日子。“开灯”就是男孩出生后的第一个正月初一，凡是上一年有男孩出生的人家，都要买一只写有“新丁”字样的灯笼，挂在祖屋祠堂的上堂，这一天，人们只要到祠堂看一看挂有几个灯笼，就知道这个家族添了几个男丁。一直等到正月十五那天，再将花灯升天，就是“结灯”。“上灯”的晚上，村里的人都会聚集在祠堂里，在一位长者的指挥下，把挂着的灯笼取下来，串在一条长竹竿上。然后，扛着灯笼，打着锣鼓，在各村之间，甚至到附近的镇上游行，这叫作“闹灯”。有的村子大，或添的男丁多，长长的竹竿上挂着一长串灯笼，锣鼓敲得震天响，他们在向人们宣告：“看吧，我们村是多么得人丁兴旺啊！”

透过盏盏红红的灯笼，凝视森森蓝蓝的火苗，感悟出博罗地区蕴藏在生态文化中辉煌的民俗文化之光。在这民间风俗中又能看到许许多多生态文化的影子。

“上灯”不仅有悬灯之喜，还要请上灯酒。而在农村，一般都是在自己家里摆酒，一些至亲帮忙操办，贺客也大都是亲戚朋友。

二、寿诞礼

寿诞礼，包括“过生日”和“祝寿”。

在当地习俗中，“做生日”和“做寿”是有严格区别的。因为“寿”字的本意是指人的年龄大，如《说文》释：“寿，久也。”《广韵》释：“寿，寿考（同老）。”《篇海类编》释：“寿，老年也。”

民间把“五福”俱全视为人生最大的幸福，所谓“五福”就是《尚书·洪范》中所记述的：“一曰寿，二曰富，三曰康宁，四曰好德，五曰终命（即有一个好的人生结局）。”“寿”被推为“五福”之首。正是在这种人生观的指导下，从古至今，人们十分重视各种祝愿和追求长寿的活动，由此也就产生了祝福长寿的礼仪。这种礼仪大都是在老年人的生日时举行的，当地称之为“祝寿”、“拜寿”、“贺寿”、“庆寿”、“做寿”、“过好日子”等，在罗浮山的乡间，称“祝寿”为“做大生日”。

从上述传统观念出发，把幼、少、青、壮年的生日礼仪，叫作“过生日”，而不能叫作“做寿”，俗以为这样叫是会“折寿”、“短命”的。那么，在什么年龄“过生日”才能叫“祝寿”呢？这从来没有统一的规定。按当地民间习惯来说，一是要在60岁以上或是有了孙儿；二是父母已经去世，才能这样叫。一个人如果父母健在，即使已经过了60岁，也不能在家中“做寿”，只能“过生日”，这就是古人所说的“尊亲在不敢言老”。古人把“寿”分为上、中、下，100岁称上寿，80岁称中寿，60岁称下寿。因此，并不是人的每一个生日都可以称作“寿”的。

（一）做生日

做生日礼是指过生日的礼俗，旧时特指给60岁以下的人在其诞辰纪念日举行的贺诞活动。旧时，小孩的生日不受重视，中青年人一般也不过生日。普通百姓的小孩过生日，大多是给孩子添件衣服、吃鸡蛋一类的食物。穷苦人家连饭都吃不上，常常忘记过生日；只有富裕人家才会举行家宴，召集亲友庆贺一番。新中国成立后，群众自觉破旧立新，多数家庭废掉为孩子“过生日”的习俗。后来实行计划生育，提倡“一对夫妻只生一个孩子”，过生日的习俗备受重视。随着生活水平的提高，又由于独生子女备受宠爱和受到西方风气的影响，近年来，特别是城市，越来越多的人时兴为少儿庆贺生日。届时，家人往往要给孩子购置新的衣服、用品和玩具，为之举办生日宴会。按西方的做法，宴会中需准备生日蛋糕，且需插上数目与孩子年龄相等的小蜡烛，燃烛后由孩子自己吹灭，意味着告别旧龄，新增一岁，预祝将来健康、活泼、快乐。有的还邀请亲戚、邻居、幼儿园或学校里的一些小伙伴前来参加，大伙一道唱歌、跳舞、猜谜、讲故事、做游戏，充满了欢乐气氛。

青年人过生日，形式就更加多样，内容更为新颖，或主办生日宴会，或组织生日舞会，或安排郊游野餐，或向电台点播自己喜爱的歌曲，或到卡拉OK歌舞厅包场聚会，随人喜欢，各具特色。

中年人过生日，喜欢邀朋友来家打牌、搓麻将、喝茶、聊天、看碟片。有的喜欢与爱人或朋友一起外出旅游，领略大自然的风光。

（二）做寿

旧时，60岁以上的人过生日叫“做寿”（祝寿、庆寿）。一般人家做寿，不设寿堂，不行寿礼，只是由寿者的子女发起，请亲朋好友相聚家宴，以示祝贺，内亲则送寿面、寿饼、衣料、布鞋、三牲等。双亲若健在，布鞋要送两双。知情人自行送礼，上门祝贺，先贺后请。不少地方，70岁以上高龄、子孙多、家境较好的老人做寿，要举行拜寿仪式。

在博罗乡下，一般是“男做齐头女做一”，即男逢60岁、70岁、80岁、90岁、100岁等，以此类推，做大生日；女逢61岁、71岁、81岁、91岁、101岁等，以此类推，做大生日。

有的地方更有特点，选在66岁、71岁、73岁、84岁时进行。

（1）66岁生日。

“六十六做好木（棺木）。”民间传说，66岁是人生的一个坎，本年凶多吉少，66岁“做寿”，能够化凶为吉、长命百岁。老人66岁生日时，女儿携带6.6斤猪肉，和寿面、寿饼、衣料、布鞋、三牲、酒类等礼物前往祝寿，俗称“六十六，吃块肉”，以祝老人延年益寿。

（2）71岁生日。

“人活七十古来稀。”老人活到70岁即为大寿了，本地人大都在老人71岁生日时为其祝寿。因有“七十一，吃只鸡”之说，女儿和亲朋前来祝寿必备鸡1只，馒头、扁食各70个（或71个）。

（3）73岁生日。

俗语说“七十三，不死鬼来缠”，为度此劫，又讲“七十三，吃个鲤鱼猛一窜”。老人吃条鲤鱼，即可渡过生死关。因此在老人73岁生日时，女儿和亲朋都备鲤鱼1条及馒头、扁食各73个来为老人祝寿。

（4）84岁生日。

84岁属于高龄，过去有此高寿的不多，所以人们有云：“七十三，八十四，阎王不请自己去”。遇此高寿，一般都要大办祝寿。

(5) 88 岁生日。

能活到 88 岁的就更少了，所以说“八十八，吃只鸭”。儿女多给老人买鸭子送贺。

有的地方还做“双寿”。翁妪（老年夫妇）都在的，子女将父母的“祝寿”以老翁的生日举行同庆，俗称“做双寿”。一般是父母寿期相近，而且母亲又是父亲的原配夫人，家境比较好的子女才有这种举动。

第十一篇
丧葬民俗

丧葬礼可以说是博罗乡间礼仪中最为烦琐复杂的一种，它的仪式较多，是其他礼仪所不及的，同时，这种礼仪也是最庄严、最隆重的。传统文化中许多突出的方面，如孝道、宗法制等，都在博罗乡间的丧葬习俗礼仪中体现出来。同时，由于长期的流迁以及与当地土著的交流和融合，使得博罗地区的丧礼形成了自己独有的新特点，这些特点体现在乡间丧礼中，显得既温情脉脉，极富人情味，同时又有几分严苛和冷峻。罗浮乡间的丧葬习俗大致分以下几个步骤：

一、送终

60 岁的老人若身故，都算寿终，称之为“喜寿”，则白事当作红事办，也就是人们所说的“白喜事”。对于这种正常死亡，家人在心理上、物资上早有准备，当老人病重服药无效时，家人都意识到他将辞世，于是特别照料，供给病人最爱吃的和最好的东西，派专人侍候着。老人若无法起床，则为他洗身喂饭、换衣梳头、处理排泄物，经常临床问候，极尽孝道。若子女在外地工作，须设法（如派人通知、写信、打电话、发电报等）把他们召回。子女闻讯后，必须尽快赶回侍候老人，即使远隔重洋，在异国他乡，也要尽可能地回家为老人送终，以尽为人子女的孝心。若病危老人是女性（如母亲、媳妇），还要及时通知娘家，不然会受到埋怨甚至发生纠纷。

少数地方将临终老人放在自家屋的大厅或村中的祠堂，儿女子孙都要在那日夜守候，由家主或长者呼唤将亡者，让他醒一醒，并大声对他说：“我们都在这儿啊！你放十二条心走吧！”并不断地重复着。有的将亡者，微睁其目，或微动其唇，表示会意，有的则毫无反应。但人们并不认为他已死去，于是不断地用棉签蘸着清水为其润唇，以免其“上路”口渴。老人临终之际，人们便将事先准备好的“寿衣”给老人穿上，人一断气，子女立即烧纸钱，放声悲哭，披麻戴孝，是谓“送终”，同时还要赶往亲友家中报丧。

二、报丧

报丧即丧家向亲戚、邻里族人或“八里”（埋葬工人）报告死讯、丧期和葬期。一般由族人向亲戚报丧，报丧人不能进入亲朋家里，只能在门口呼叫后告知，亲朋舀一碗冷水给报丧人喝，一般喝一口，然后在门口倒掉。向“八里”报丧的必定是死者的亲人（一般是长子），报丧时要在“八里”面前跪下，请求帮忙安葬亲人。在罗浮丧葬中，一家有丧事，众人相帮，完全是义务的，不计报酬。

三、设孝堂

人死后，尸体的摆放很有讲究，按照男左女右的规则，男性放在厅的左边，女性放在厅的右边，盖上旧被或挂上旧蚊帐。尸体停放一定要头朝内、脚朝外，希望死者“眼望天神”，祈求天神引渡彼岸。孝家要在遗体的头部一端点上一盏长明灯，此灯火不能熄灭，一连点七天七夜，寓意为死者赴黄泉之路照明。供上一碗干饭，饭上插一双筷子，放在死者的头部上方或脚的下方，俗称“枕头饭”，又称“走路饭”。在遗体的脚部一端安摆香桌，放香炉；点上冥香，香桌下方放一“火砵”，守孝者要不间断地一张一张地焚纸钱，俗称招魂和为死者送行。

四、守灵

亲人死后，孝子们要到族中长辈面前哭求有身份、有治丧经验的族人去料理后事。孝家把钱交给理事人，由他们去操办丧事。另外，乡俗有言：“爷死听‘屋跨’，娘死听外家”，即父死由族内主权治丧，母死则要听从母亲娘家的意见治丧。孝家的孝子、孝孙、孝妇们应对外家以礼相待，特别是对死者生前不孝的子孙尤其要注意。旧时大姓姑婆去世时，外家会对那些不肖子孙百般刁难，刁难的方法是让他们在大门口长跪，甚至有破坏家私等行为。

在丧礼中，孝家成员要办好守灵的角色。家眷日夜守护在遗体旁，以表孝心。男不剃头，女不梳发；守孝者不准穿鞋、红衣服、花衣服，穿着要朴素，以示沉痛哀悼。在近现代，大多在遗体旁铺些稻草，守孝者食、睡在那里以便守护。在旧时风俗之中，因要择日安葬，短则两三天，长则七八天，守孝者要受各种折磨，以表示对丧者的孝心。

五、哭丧

亲人去世，孝眷悲痛，以哭声来表达哀悼之情，称为哭丧。

哭丧是祭奠古人的最高形式。老人去世后属喜丧，悲喜各半。哭丧分几个类型：真哭，一般是子女和近亲属；假哭，一般是街坊邻居。俗话说："儿子哭得惊天动地，女儿哭得死去话来，媳妇哭得三心二意，外人哭得毫不在意。"这样形容有它一定的道理，但据笔者所见也不完全是这样。

哭丧通常是边哭边诉说死者生前的劳绩和对死者的眷念之情。有些地方哭丧时有一定的音调和内容，音律低沉，句末往往有拖腔拔调的韵律和装饰音，许多妇女尤其是四五十岁以上的农村妇女能根据这种调式，随口填词编唱，或寄托哀思，或诉说身世，或发泄心事。

旧时，在罗浮山南麓讲本地话的龙溪、龙华等地称哭丧为"苦娜（嗵）"，它形式多样、内容丰富。

买水娜，即买水时哭的娜词。如："打响铜锣去买水，锣响三声人到齐……清水买归娘（爷）洗面，洗干洗净上桃园……"又有："瓦盘一个捧在手，为爷（娘）买水双泪流，买水返来洗爷（娘）面，洗净眉目上天庭。"

安葬娜，即棺木下土时哭的娜词。如"好时好日娘（爷）座位，啊娘（爷）座位好时辰，新买锄头安新柄，锄开金土葬爷娘……"

六、买水

寿终正寝的老人的丧葬首先要"洗脸"（或"浴尸"），孝子由族亲引路，拿着瓦盘到河边去向所谓的河神买水，买水时要向河神祈祷，并要付钱，旧时付钱都是向河里掷几枚铜板，现在买水都要向河里掷几个硬币。当洗脸水买回来后，孝子用块白布，拿一只木梳，跪在死者的头边，先为死者洗脸，洗脸时要喊"××亲人，儿子为你洗脸"。洗脸讲究按顺时针方向擦三遍，然后再为死者梳头，同时也要喊"××亲人，儿子为你梳头啦"。梳头讲究梳三下，梳完用力把木梳在棺材盖上敲断后扔掉。

七、接棺

棺材抬入孝堂时，击鼓鸣锣，爆竹齐鸣，孝男孝女哭跪着到门外迎接，称为"接棺"。

"棺材"两字与"官财"谐音，寓意升官发财，乡间人有为官的传统，学而优则仕的思想浓厚，在农村，几乎每位农民死后都会用棺材装殓尸体，其寓意深远，因此在棺材的制造上也颇为讲究。一般使用杉木制造，家境富裕的人家大都选用老杉树接近根部的一段，尽可能大。按用木料的大小来分类，棺材有好几种类型，用4根木料做的棺材，称为"四格"，即盖板、底板和边板用整块的木料做成；此外，还有由6根、8根木料做成的"六格"、"八格"棺材。中等富裕人家一般做"十格"棺材，选用的木料比"八格"略小；一般人家做"十二格"棺材，即由12根木材做成，比"十格"木料稍小，造价便宜一些。富足的人家在老人死前早就准备好棺材在家中放着，穷的人家常常在亡者将死的前几天赶制棺材，材料和制作都不太讲究。

八、入殓

时辰一到，就要把尸体放入棺材里面，俗称“入棺”。此时，全体子孙和外家人都要在场，要击鼓鸣锣、放鞭炮。在入棺时，先在棺材底部垫上几层布，然后将尸体抬入棺中，并在亡者头部用白纸包着三片瓦片当枕头。棺内还放着亡者生前喜爱的小物件，撒上若干枚硬币，还可以放进一些新衣服或再盖上几层白布。这些物件的多少以家庭的经济状况和棺材空间为度。此时，家属要围绕棺柩俯伏爬行一周，叫“爬棺”，以示告别。然后再把棺材盖上，此谓盖棺定论。盖棺后择时下钉，每下一钉，都要说一句吉利话。据说入殓“煞气”很重，一般子孙都不敢正面看，旁人更是“退避三分”。

盖棺安钉后，孝眷将死者生前日常用品（如草席、床头板、脚尾灯、旧衣物）扔到野外，俗称“送脚尾”或“送草”。

九、出殡

盖棺安钉后的仪式是出殡，即将棺材从孝堂抬至村前或空旷处，棺材用麻绳兜住扛出，棺材不能接地气，把棺材放在两条板凳上。抬棺者用麻绳将棺材固定在“长龙”（一条与棺木平行的长杉木）之下，“长龙”的两端各用大横杠绑住，横杠的两边再垂直绑上小横杠。这样，棺木、“长龙”和大小横杠组成了一副灵柩。与此同时，孝眷跪在棺材前恸哭，俗称“辞灵”。辞灵毕即启灵。灵柩由多人抬，一般为 8 人（多者有 16 人、32 人），俗称“八大金刚”（即八里）。抬棺者由本村结过婚的男性担任，跪请的棺者不得推脱。起棺时，抬棺者要用棺绳使劲朝棺材上甩三下，俗谓告诉死者要启灵了，实际上是提醒悲痛欲绝的亲人不要拉住棺材不放。启灵时，棺材头部都是朝向出殡的方向。出殡时，敲铜锣、放鞭炮。在送葬队伍中撒纸钱者居先；次为挽轴、幢幡之列；接着为灵柩和家属亲眷执杖扶柩的队列；后为哀乐队和亲友送丧者。亲友、外家、女眷送殡至村外后另路折回。

送葬路上，如遇到特殊情况或休息时，棺材不能放在地上，要放在两条板凳上，或用上端有丫的木棍撑住，抬棺者忌说很重，孝子们须跪在灵前，哭声不断，直到重新抬起为止。送葬队伍即使走错路，也不能回头，忌走重复路线，只能绕远路。墓地一般在荒山野岭，道路崎岖，抬棺者在领头人的指挥下，遇山翻山，逢水涉水，步履整肃，甚为壮观。旧俗以为墓地风水的好坏，会直接影响子孙后代的兴衰祸福。

棺材抬至墓穴，落棺入穴后，子孙绕墓穴跪绕一周，一边跪行，一边用手抓把泥土撒向棺木，说声：“×××，安息吧！”之类的话，其他人则一起埋土成坟。下葬后，孝子们沿原路线返回。

丧葬结束后，主家要办宴席酬谢送葬宾友。少则十多桌，多则几十桌。丧宴在露天席地进行，所有菜肴一次盛完，绝不能加菜。

十、头七

葬礼虽毕，灵位尚存。人死至七日称为“头七”，然后逢七日有“二七”、“三七”、“七七”或“十七”。民间认为每七日死者要过一阎罗，故请僧道诵经、焚楮，以为“超度”。解放后，“做七”的习俗大为简化，一般做“头七”，“二七”、“三七”和“七七”等全部取消。

在博罗乡间，一般都认为，头七是人死后前七天，灵魂到处飘荡。到了头七这天，死者魂魄返家，丧家要举行祭奠，孝子孝孙戴孝备牲酒哭拜，请僧道（或男巫佬）诵经拜忏，做法事超度亡灵，焚化纸钱、灵屋（纸屋），最后设灵座，供牌位。至此，丧家的孝男孝女脱孝，丧事告一段落。

十一、捡金

死者安葬数年后，择定日子（一般在农历八月初一），在太阳未出之前，挖开墓穴，将骸骨按人体的结构装入“金埕”（特制的陶瓮），俗谓“捡金”，然后重新安葬，立上墓碑，俗称为“地”，这才是逝者永久的墓穴。

博罗乡间的丧葬习俗充分体现了博罗人对逝者的尊重、对祖先的崇拜，是祈求祖先庇护子孙后代的重要仪式，是古代文明礼仪的一种体现。当今，移风易俗，推行火葬，丧葬烦琐的习俗礼仪，已逐渐被改革、简化。

第十二篇 信仰民俗

信仰民俗，也称民间信仰，是指民众自发地对具有超自然的精神体的信奉与尊重。它包括原始宗教在民间的传承、人为宗教在民间的渗透、民间普遍的民俗信仰以及一般的民众迷信。它是一种非官方的文化习俗，与民间的生产劳动密不可分。

罗浮山是中国十大道教名山之一，汉朝史学家司马迁曾把罗浮山比作“粤岳”。罗浮山不仅风光旖旎，更蕴含着深厚的文化底蕴，特别是它的宗教文化颇有特色。它是一处道教与佛教并存、共同发展的名山胜地。因此，博罗地区的宗教信仰、风俗习惯的形成具有得天独厚的环境。

一、宗教信仰

在中国有着悠久的历史且流传甚广的宗教为道释二教。在博罗地区，佛教思想影响最深，道教亦甚活跃，然而长期以来二教通行，互相渗透，根深蒂固。公元16世纪末以后，基督教、伊斯兰教又传入罗浮，虽然它们有不同程度的发展，且基督教曾发展得较快，但均不可与前二教相比拟。

（一）道教

道教，以黄老为祖，融合民间流传的各种方技、术数、神仙、鬼怪、神话和谶纬等内容，杂取儒家、墨家、阴阳家、养生家和神仙家等多种学说，通过清修养性、积精炼气、金丹服食、符箓科教等方法，追求长生成仙。道教兴起于东汉，由张道陵所创立。道教为中国土生土长的宗教，最初叫“五斗米道”或“天师道”。南北朝时期，道教的宗教形式逐渐完备，奉李耳为教祖，尊称“太上老君”，以《老子》、《正一经》和《太平洞极经》为主要经典，奉玉皇大帝为最高神，道教演变为比较完备、成熟的宗教，从民间宗教转变为官方认可的正统宗教，成为与儒、释鼎立的中国宗教文化的重要组成部分。

道教传入罗浮甚早。根据史籍记载，罗浮山自秦汉以来号称仙山。它以秀丽的大自然环境和丰富的中草药资源吸引着历代的神仙方士在此修炼和隐居。早在中国道教正式创立之前，就有不少方术之士逾岭来到罗浮山采药并进行传道活动。据传，最早在周灵王时，浮丘公偕王子晋上嵩山，后于罗浮得道成仙。

至秦朝，安期生卖药东海，曾游览罗浮，采山涧菖蒲服之，时称千岁翁。秦时还有桂父、霍龙；汉时，朱灵芝、阴长生、华子期、东郭延年等在罗浮修道，其中，朱灵芝治“朱明洞天”、华子期治“泉源福地”，后来皆得道飞升。

汉魏之际，罗浮山由神仙名山发展成了岭南道教的中心，已被人们视为五岳之外的第一名山，《南方草木状》引陆贾《南行记》中记述的司马迁说的话：“大荒之内，名山五千。其在中国有五岳作镇，罗浮、括苍十山为之佐命。”

秦汉时代，南越巫觋活动盛行，罗浮山以其海天变幻、独特神异而与汉魏道教神话结下了不解之缘。《汉武帝外传》记载了齐国临淄人李少君学道遇著名的方士安期生，“安期生将李少君来至赤诚，南之罗浮”。

岭南在汉末三国时已有道教活动，道士不断地涌入罗浮山。

从东晋开始，罗浮山的道教进入了葛洪道教的文化时代，具有划时代的意义。东晋著名的道教理论家、医学家、炼丹术家葛洪文武兼备，为求炼丹修身，弃高官厚禄，携妻带子，两度隐居罗浮。在山积年，优悠闲养，著作不辍，以丹鼎生涯终老。关于葛洪之死，《罗浮山志》称：“葛洪至日中，兀然若睡而卒。视其颜色如生，体亦柔软，举尸入棺，甚轻如空衣，世以为尸解得仙云。”葛洪隐居罗浮，著述颇丰，名声卓著，成为罗浮山仙文化和宗教文化的代表。

隋唐时，罗浮山已建起一批宫观，最早者，当推冲虚观。

宋元时期也有大批道士在罗浮山修行，知名道士亦不少。著名道士隐居罗浮山，使其队伍不断扩大，这种兴盛的势头一直保持到明清时期。

自唐宋以来，每年都设国醮于罗浮山。这些每年都要举行的国醮是为了祈祷“国家太平、皇权巩固、人寿年丰”。每逢醮日，罗浮山地区的乡民至罗浮山迎神出游，罗伞幡旗，八音锣鼓，道士列队而行，乡绅随尾，乡民踵而行之。浩浩荡荡的打醮队伍，到各村绕场，称为出“老君”（也有传说为菩萨）。所到之处，乡民设酒肉、香烛以祀，是为迎“老君”，以求风调雨顺、五谷丰登、平安吉祥。

对此，宋代诗人李昴英作有《罗浮国醮》诗，诗曰：

霓氅蹁跹拜玉宸，发挥道德五千文。
步虚夜半千山月，朝斗空中五色云。
风雨若时昌国运，乾坤齐寿祝吾君。
贤侯方寸精诚积，散作丰湖叶气薰。

虽然这种国醮多有道教色彩，但是，随着佛教在当地的传播和扎根，这些国醮不再是纯道教色彩，其佛教的味道亦越来越浓。

罗浮地区历来既有常居道教宫观的道士，也有散居于民间的火居道士，他们以打醮坐坛为职业，以符水禁咒为手段，崇祀“三清”尊神及各界天神、地祇、人鬼的神仙谱系，可以为人祈福、祛风、压邪。所以有老人亡故或病患的人家，包括佛教信徒们，常常请道士打醮做法事。据说，有些道士所念的咒经许多来自佛教经典，道士打醮和诵经的高潮皆有“坐坛”一节，似乎佛道两教多有合流。许多乡间人信奉它的目的是希望受到庇护，得安康，也就未必认真考虑单是求道还是求佛了。

（二）佛教

罗浮山不仅是道教名山，也是佛教名山。二教兼容，和谐共存。实际上，佛教在东晋时就进入罗浮山了，仅比道教晚二十至三十年。至南北朝，罗浮山上寺院建筑接踵而起，成为岭南佛教一处的发祥地。隋开皇中，禅宗三祖僧璨游罗浮，度沙弥道信为四祖，付以法衣后返故居。

唐朝是罗浮山佛教活动发生和传播的兴盛时期。罗浮山先后兴建了十八间佛寺（入明之前，罗浮山旧有九观十八寺二十二庵之说），与道教平分天下，盛极一时，并涌现出一批高僧大德。如唐代著名佛经翻译家怀迪（惠州人），就是其中之一。

唐朝以后，在佛教中国化的进程中，罗浮山的佛教担负起重要角色。一方面，直接参与全国性的“会昌灭佛”的运动；另一方面，禅宗南派在这里扎根酝酿，发展壮大。佛教得天时地利之优势，扬万物灵长之辉煌，在一千五百多年的宗教活动中，经历了几多风雨，赢得了几度的辉煌。

在信佛的问题上，罗浮山的信民崇拜观音菩萨、文殊菩萨、普贤菩萨和地

藏王菩萨。过去，乡间人最为崇拜的是观音菩萨。观音菩萨在罗浮山家喻户晓，妇孺皆知。“家家有弥陀，户户有观音。”观音菩萨，又称作观世音菩萨、观自在菩萨、光世音菩萨等，从字面解释就是“观察（世间民众的）声音”的菩萨，是四大菩萨之一。他相貌端庄慈祥，经常手持净瓶杨柳，具有无量的智慧和神通，大慈大悲，普救人间疾苦。当人们遇到灾难时，只要念其名号，观音菩萨便前往救度，所以被称为观世音。人们信仰观音是因为他能救人于水深火热之中，给人带来福运；但其实旧时乡间人，尤其是妇女，崇拜佛教中的观音，在很大程度上是因为相信观音能够送子。

二、俗神信仰

罗浮地区属岭南，在上古时期与江南一样，同属越人文化圈，其民情风俗与江南有相似之处。罗浮地处岭海之间，河网纵横，土民以商贾为主。秦统一岭南之后，至唐宋时期，由于国君和地方大臣推行汉化及移民南下等政策，中原人口、文化南下，对岭南地区的社会风俗起了熏陶渐染的作用。罗浮地区的民俗文化不可避免地传承了本地的文化，又继承了中原的文化，相互促进，共同发展。南北相互交融，信俗方面的原始崇拜、图腾崇拜、鬼魂崇拜等，对后来的民间信仰产生了深远的影响。到唐宋时期，罗浮山地区逐渐形成自己多元共存的独特的民信风俗，而且这种独特的民信风俗一直在博罗地区蔓延。

一是拜土地神。博罗的原始先民对与自己生活戚戚相关的自然环境，都有着浓浓的依赖、深深的恐惧和敬畏之情。他们无不将天上的飞禽走兽，地下的爬虫鱼蛙、草木土石，以及山川河流、天地日月、风云雷雨，视为神灵凭附或化身，因而对土地神、大树神等崇拜。古时，由于人们对土地的崇拜，上至天子，下至庶民，都得封土立社。博罗人对土地的崇拜，已从对自然神的崇拜转化为对保护神的崇拜，称土地

神为“公王”、“社官”、“龙神伯公”、“福德伯公”等。“伯公”的神位随处可见，伯公宫或伯公庙的对联是：“神恩施大化，厚德载群生。”走在乡间的小路上，只要稍作短暂的停留，环视四周，你就可以看见在村头庄尾、田间路旁、山边河畔都有“伯公”的踪迹：一个土堆、一块石头、一潭水、一棵树、一间屋，都可以被指认为社神依附之所，作为崇拜物，甚至有的只在树干上贴一张红纸，在香炉里或地上插着几炷香，那里供奉的就是乡间人最直接的守护神“伯公”。这些崇拜物很受人尊重，是土的不能搬，是水的不能填，是树的不能砍，是屋不能拆，也不能在这些地方乱扔杂物和大小便。这种崇拜现象，至今还时有出现。

在诸多的神中，土地神职位是最低的，但为人守土，乐施好善，最贴近老百姓生活，受祭祀的程度非常高。在住宅内也设有伯公神位，主人早晚上香供茶。俗民们在从事生产或其他活动之前，总要先敬伯公。如每年农事之始，首次下田时要备果品、香烛和茶水，在路边、树旁或石壁等处，祀奉伯公；播种时要在田头烧纸，禀告土地伯公。直到现在，罗浮山地区的不少居民在屋门前摆上一个香炉，每逢农历初一、十五，分别在早晚插上三支香火，以这种极为简单的方式，怀着非常虔诚的心态，表达对土地神的崇拜。这种崇拜已不再是农民的专利，在城市中也随处可见了。他们以这种方式来祈福避灾，而不再是求五谷丰登。

二拜财神爷。拜财神爷是博罗民间一种重要的崇拜方式，也是博罗地区民间信仰的一大进步，这是民间信仰与佛教融合的一种最直观的表现。自古以来，博罗地区几乎家家户户都拜财神爷。这位财神爷就是佛教的观音菩萨，他们把保佑发财的希望寄托在观音菩萨身上。过去博罗地区建有不少观音庙，各家各户都把观音像请进家里，逢年过节，每月的初一、十五要烧香膜拜。

三拜关公，或拜关帝。拜关帝与拜财神爷一样，也是博罗民间崇拜的方式。财神爷，是指文财神爷，而关公是指武财神爷。博罗一带以拜关公为盛。

论历史之显赫，关羽岂能和曹操、司马懿、司马炎等相比，但是，浪花淘尽显英雄，只剩下一个关羽被供奉在神坛上，成为关圣帝君，广为中国人供奉，连西藏密宗也不得不把关圣帝君纳为大护法。究竟关圣帝君有什么大功德，竟可作为大众供奉的对象？罗浮山人认为关圣帝英勇无敌、义气压邪，可以保佑平安。在古代的时候罗浮山下，建有很多关帝庙，现在罗浮山下的龙溪镇宫廷村的关帝庙，已有千年历史了。春节拜关帝的习俗一直延伸到今天，每逢春节，家家户户都把关帝像当作守门神贴在大门上，祈求平安。

四拜仙姑。罗浮山是一座仙山，神仙的故事家喻户晓，崇拜神仙自然成为他们独有的一种精神寄托。在崇拜神仙的问题上，主要崇尚拜女仙——何仙姑。

何仙姑崇拜在罗浮山一带，颇为流行。何仙姑是道教八仙中唯一的女仙。有关传说记载最早见于北宋，当时道教的八仙尚未定型，何仙姑是一个民间神，还未列入八仙的序列。而有关其籍贯说法不一，至少有六七处。传说罗浮山的何仙姑最为正统。

五拜黄大仙。黄大仙，是海外华侨很崇拜的仙人。

关于黄大仙的故事，在博罗地区有不同的传说版本，但总是与黄野人挂上钩。黄野人，葛洪弟子，亦是居于罗浮较早的道士。葛洪在罗浮山炼仙丹时，黄野人一直跟着他。葛洪仙去后在柱石之间留下了金丹。黄野人从外面回来，服食了一粒金丹，结果成为地行仙。《罗浮志》卷四云："黄野人，葛稚川之弟子也。稚川栖山炼丹，野人随之。葛既仙去，留丹于柱石之间，野人自外至，得一粒服之，为地行仙。"（陈梿，《罗浮志》卷四，《黄野人》）

关于黄野人成为罗浮山地行仙之事，嘉靖《惠州府志》亦有记载："黄野人，葛洪弟子也。或云洪之隶。洪既仙去，留丹于罗浮柱石间。野人得一粒服之，遂为地行仙。常在人世，人或有遇之者。"（嘉靖《惠州府志》卷一十四，《外志·仙释》）

可以肯定的是，黄野人与葛洪有长期的师徒关系，他得道后开始传播葛洪的道法仙术，是葛洪的得意门徒之一。"黄野人"又称"王野人"，因为"黄"与"王"在广府方言中发音相同，所以在一些文献上也有通用。然而，在关于黄野人为何人的问题上，民间有所争议。一是，黄野人是不是黄初平？有人认为黄野人就是黄初平，亦有人认为黄野人与黄初平毫不相干；二是，谁是黄大仙，有人认为黄野人即黄大仙，亦有人认为黄初平就是黄大仙；三是，三位一体说，黄野人，即黄初平，亦即黄大仙。

黄大仙原来是我国东南一带的区域神，后来逐渐走向海外，成为侨居海外的华夏名神之一。在内地，对黄大仙的礼拜走向衰微。而在我国香港、澳门，黄大仙则受到特殊的礼遇。香港有黄大仙庙，香烟缭绕，香客不绝。黄大仙极得香港百姓的崇拜。

黄大仙乃何方神圣？从相关记载来看，黄大仙的原身有二说。

一是黄初平说。为了后面叙述的方便，笔者兹将葛洪《神仙传》中（周国林，《神仙传全译》，贵州人民出版社，1998 年版，第 35 页）有关黄初平的资料抄录如下：

黄初平者，丹溪人也。年十五，家使放羊，有道士见其良谨，便将至金华山石室中，四十余年，不复念家。其兄初起，行山寻索初平，历年不得。后见市中有一道士，初起召问之曰："吾有第名初平，因令牧羊，失之，四十余年，莫知生死所在，愿道君为占之。"道士曰："金华山中有一牧羊儿，姓黄字初平，是卿第非疑。"初起闻之，即随道士去求第，遂得，相见悲喜。语毕，问初平羊何在。曰："近在山东耳。"初起往视之，不见，但见白石而还。谓初平曰："山东无羊也。"初平曰："羊在耳。兄但自不见之。"初平与初起俱往观之，初平乃叱曰："羊起。"于是白石皆变为羊数万头。

初起曰："第独得仙道如此，吾可学否?"初平曰："唯好道，便可得之耳。"初起便弃妻留住，就初平学。共服松脂茯苓，至五百岁。能坐在立亡，行于日中无影而有童子之色。后乃俱还乡里，亲族死终略尽，乃复还去。初平改字为赤松子，初起改字为鲁班。其后服此药得仙者数十人。

阅览葛洪《神仙传》卷二《黄初平》，谜底便可以揭开，黄初平应该是生活在葛洪之前的人，与葛洪弟子黄野人，完全是两个不同的人。

另外，《太平广记》第一册卷七有《皇初平》一节，而该节摘录自葛洪《神仙传》，行文悉如所出。又仅以康熙《金华府志》卷二十二《仙释》中的一段相关资料作为对照：

晋，皇（黄）初平，兰溪人，牧阳遇道士，将至金华山石室中。兄初起寻之四十余年，一日逢道士，引入山相见。问羊安在？初平曰：在山之东。初起视之，但见白石。初平叱之，石皆成羊。初起遂绝粒，服松柏、茯苓，亦得仙。后还乡，其族尽亡，乃复去。初平别号赤松子云。

赤松山为黄初平牧羊之地，叱石成羊演道之处，黄初平自号"赤松子"，故山以此得名。

赤松山传为安期生、黄大仙登仙之地，黄初平成仙后遗有仙影踪迹，像丹灶、石室洞（朝真洞）、炼丹山、卧羊山、大賁山、螺蛳岩、丹井、清水潭、鹿田湖，以及药类佛手、龙胯草、巨胜（也称胡麻）等。唐诗人曹唐有诗道：“白羊成队难收拾，吃尽溪边巨胜花。”

明初，朱元璋曾驻跸金华，游黄初平幼年牧羊山，朝拜其神像，感慨地写下了《牧羊儿土鼓词》：

群羊朝牧遍山坡，松下常吟乐道歌。
土鼓抱时山鬼听，石泉濯处涧欧和。

金华谁识仙机密，兰诸向知道术多。
岁久市中终得信，叱羊洞中白云过。

为了奉祀黄大仙，东亚的赤松宫鼎盛于南宋，曾有“黄大仙祠”等多种名称，但随着朝代的兴衰而兴衰。有些黄大仙的庙宇随着时间的推移而消失，但黄初平是同金华山一起被载入典籍的。

现在全国各地有许多观庙主祀“黄大仙”，因为被尊奉为“黄大仙”的黄初平，别号赤松子，所以各处黄大仙庙的前面往往都有“赤松”二字，称为“赤松黄大仙祠”。金华山在浙江省金华之北，是黄初平得道处。金华有赤松观，是黄大仙的祖庙。

今日大家公认最负盛名的黄大仙庙为香港黄大仙区的“啬色园赤松黄大仙祠”，它门前有一个石门坊，石坊正中题有“金华分迹”四个大字，意为此庙是浙江金祖庙派生出来的分庙。透过“金华分迹”这几个字，我们可以看到黄大仙在人们的心中不仅仅是一位神仙，而且是海外华侨寻求民族文化的“根”，这种神仙信仰既有民族的凝聚力，又包含着对祖国的爱。

二是黄野人说。《仙佛奇踪》记载：“黄野人，葛洪弟子。洪栖山炼丹，野人常随之。洪既仙去，留丹于罗浮山柱石之间。野人得一粒服之，为地行仙。后有人游罗浮宿石岩间，中夜见一人，无衣而绀（稍微带红的黑色）。毛覆体，意必仙也，乃再拜问道。其人了不顾，但长笑数声，声振林木，木复歌曰：‘云来万岭动，云去天一色。长笑两三声，空山秋月白。’其人归道。其形容即野人也。”这是说，黄野人道行不浅，可以让树木作诗唱歌，有人认为，黄大仙就是这位黄野人。

然而，《仙佛奇踪》也有对黄初平的记载：“黄初平，晋丹溪人。年十五牧羊，遇道士，引至金华山石室中，四十余年。其兄初起寻之，不获。后遇道士，善卜，起问之，曰：‘金华山中有一牧羊儿。’初起即往见初平，问：‘羊安全?’曰：‘在山东。’往视之，但见白石磊磊（累累）。初平叱之，石皆成羊。初起亦弃妻、子学道，后亦成仙。”从《仙佛奇踪》一书的记载可以看出，黄野人与黄初平不是同一人。

时至今日，黄大仙的传说在广东一带广泛流传。就地理而言，广东与黄大仙信仰发源地——浙江金华有不短的距离。或许因为这样，广东流传着与金华等地不同的传说，也延伸出许多新的内容版本。因此便有了黄初平驾乘白鹤南下，到罗浮山拜见葛洪为师之传说，深得珠江三角洲一带居民的信仰。所以清末，广州又增添了“叱羊传晋代，骑鹤到南天”的故事。

众所周知，对于认识区域社会文化而言，分析该区的民间信仰，是一项严肃和重要的课题。神话传说往往都是经过后代的渲染，不断地添加新的情节或成分。传说的故事总是愈传愈精彩，但是，黄大仙的传说都是一种民间的信仰。黄大仙的原型是黄初平也好，是黄野人也罢，他身上都有着黄初平、黄野人两位神仙的影子。黄大仙的法力应该是两位神仙之和。因此，黄大仙的法力就格外大，黄大仙的崇拜者在心理上都希望得到他的庇护。礼拜黄大仙，求福、求子、求财、求药，不一而足。广东、香港、澳门的百姓推崇黄大仙，就不足为怪了。

由于黄大仙本人在罗浮山的“名气”大，长期以来，黄大仙祠香火十分鼎盛，名声也远扬开来。每年都有不少善男信女从珠江三角洲和港澳等地来此求神上香，求医者、求财者、求子者、求福者众多。每逢农历初一、十五都有善男信女前来拜祭，春节期间，进香者更加犹如潮涌，络绎不绝。

三、兴祠建庙

博罗民间的原始崇拜、图腾崇拜、鬼神崇拜，以及尊神仙方术等的形式和内容，都要通过一定的载体来展现。这种形式除了一个土堆、一潭水、一棵树、一间屋外，还有专门的场所用来供奉和朝拜，于是建宗祠、庙宇，从春秋到清朝一直没有停止过。真所谓：村村有庙宇，户户有神坛，姓姓有宗祠。博罗地区在一村之中各族姓，聚族而居，必有世族祠堂，自唐宋以来就大兴土木。这些祠堂的建设，以大、小家族（房）为基本单位，建有分房祠堂和大祖宗祠堂。祠堂所祀，有的是始祖阖祖的族孙共属，有的是支祖分支以下的子孙共属。资金来源，或是靠合众凑钱，或是族公田租金开支。一般来说，祠堂的功能有四：一是摆设祖宗的灵位；二是族内的家族“挂灯”；三是族宗活动；四是祠祀活动。

每年，乡民都会在自己的宗祠多次进行活动。凡遇喜庆事，宗祠

设香案，堂内陈摆红枣、瓜子、柿饼、水果等。特别是“上灯”日，宗祠是族氏上灯日的主要场所。博罗民间“上灯”习俗已有几百年历史。当年南迁的客家人对血脉绵延极为重视，他们借中原传统的元宵节赏灯习俗，以“上灯”谐音“上丁”来庆贺家族添新丁，并形成了罗浮山人别具一格的“上灯”习俗。“丁日”那天，添男孩的同宗家族，要在宗祠挂点着灯的灯笼，同宗十八岁以上的男性都要到宗祠“贺丁”宴飨。一顿“贺丁”酒，就把同族人的心拴在一起，无论是天塌地陷，还是天灾人祸，都要同舟共济、勇往直前、义无反顾。

博罗各乡堡必立神庙，有流传“博罗多庙”的说法。《博罗县志》（民国版《博罗县志》卷五《文化二·宗教》，1988 年内部刊，第 331 页）中有记载：

孝女祠（龙华寺），在龙华，大同二年，诏萧祠祀之。宋淳祐加“孝诚英烈龙华感应”八字。东岳庙，在浮碇冈；一在石湾，一在横河，一在水东坡蓝坪。文武二庙，祀文昌关帝。一在福田，一在石麟市。三帝庙，在苏村。关帝庙，祀后汉关羽。市祀有朵祠，官祠在城东（民国曾改为官岳祠）。潭仙庙，在观前桥市。一在泊头，一在苏罗（酥醪）。七圣宫，在县城内米仓巷口。鹿湖官，祀神农，在公庄梅州围。华光庙，在县城西北隅兴仁坊。明魏校改为豫章祠。明末毁，清建复杂。一在礼村圩。真武、医灵二帝庙，在县城小西门内。武当庙，即北帝庙。在县城外，渡元坊花园。一在獭子圩，一在苏村。医灵庙，在县城内。玄坛庙，祀玄坛神，在县城南。上帝庙，在石湾。三界庙，在西城下。三官庙，在县城外江东村。嘉济庙，在县城外江东村。痘神庙，在县城外江东村。白鹤庙，在城外水西存村。龙母庙，一在金鸡沥口，一在福田西山。牛王庙，在银岗毛姓山上。康王庙，在县城西。天后庙（擢桂坊），一在石湾名天后庙，一在忠勤门外，一在礼村圩左，一在獭子圩旁。乌凤大王庙，在欧阳洞，一在黄田社。洪圣王庙，一在河边，一在广田约。金鸡神祠，在白马山金沙洞。黄田社神，在罗阳溪。白家天子庙，在金沙洞。

这些庙宇的作用是：以神设教，补王法之不足；立庙为界，作为地界之标志；作为公共场所，在道德教化上更起着潜移默化的作用。

值得一提的是，这些神庙，每三五年，或者十年，必修醮事。每个神庙都开道场，延僧礼忏，礼拜诸佛菩萨祈福祥，这种形式在当地谓之太平清醮。一些经济条件好的神庙，其醮事非常隆重，“高搭彩棚，刻镂金壁，万灯照夜，千花绕坛，极庄严游观之至”（民国版《博罗县志》卷五《文化三·风俗》，1988 年内部刊，第 337 页）。

四、尊神仙方术

古代罗浮山瘴雾疠气，因而开化稍晚，曾盛行巫风，神仙方术和祭祀之风由来已久。李商隐当年就感叹过越人“家多事越巫”，足见喜巫觋、重卜筮风气之浓厚。据《博罗县志》记载：“博罗火耕水耨，食鱼稻，信鬼神，好淫祀，常以鸡骨占年。”（民国版《博罗县志》卷五《文化三·风俗》，1988年内部刊，第333页）

神仙方术是罗浮山早期的民俗，其中最为突出的是巫术。巫术是企图借助超自然的神秘力量对某些人、某些事物施加影响或给予控制的方术。古代施术者女称巫，男称觋。从巫术的性质角度进行分类，可以把它分为黑巫术和白巫术。黑巫术是指嫁祸于别人时施用的巫术；白巫术则是祝吉祈福时施用的巫术，故又叫吉巫术。从巫术的表现形式，可以把它分为占卜、祭祀、咒语和符箓。关于巫术的表现形式，作者在东樵文化丛书之《问道罗浮》已作论述，故不累赘。下面介绍其主要形式和目的：

（1）祈求帮助。指人们以一定的方式，祈求自然力或鬼神来帮助自己实现某种目的。如求雨，就会祭拜龙王，拜祭不成时，便要施巫术，逼迫龙王下雨。如抬龙王游街，曝晒龙王，把井水掏干等。

（2）招魂。指用巫术把失落的灵魂招回来。形式有二：一是“喊魂”。如小孩病了，往往以为是灵魂失落在村外，祖母或者外婆等老年人就常会拿着小孩的衣服，拖着树枝，去村外呼喊小孩的名字，边走边口中念念有词：“×××（小孩的名字），不用怕，快点归来咯……”企图把孩子的灵魂招回来。二是“喊惊”招魂。在乡间，如果孩童被什么东西吓着了，祖母或外婆等老年人就常会一把拉过孩子，先将手往口里沾些唾液，点在孩童的耳根里捏一捏，口中念念有词：“啊妹（对男女孩童的统称），转来嘞（回来吧）！三魂七魄齐齐转嘞！×××（名），唔使（不用）惊，唔使狂（不用怕）！”这就是喊惊。

如果孩童不小心失足跌入水中，让人救起，大人除了喊惊之外，还要用箕畚在孩童跌倒的水中不断地舀水，意思就是将失足者的灵魂舀起来；如孩童被大声吓着，大人就会摸摸孩童的头，念道：“大声细声，菩萨保佑，吓不！”总之，各种情况因人而异，念词多为即兴发挥。

（3）诅咒。它是借助语言的魔力，达到加害对方的目的。最常见的形式是面对面或背对背地诅咒，用“不得好死、千刀万剐”等言语来咒骂对方，通过诅咒对方达到施行巫术的目的。

（4）驱鬼。它是指对鬼施行的一种攻击性巫术。在生产、建房、治病或丧葬中经常使用，这是民间巫师最主要的工作。古时，罗浮山地区常见的咒语是驱鬼咒，指的是驱使、驱赶神鬼的咒语。相传，其方法大致有十招：第一招：

佩玉驱鬼；第二招：倒放扫帚驱鬼；第三招：破中指驱鬼；第四招：红线捉鬼；第五招：挂钟馗像驱鬼；第六招：古钱驱鬼；第七招：挂八卦驱鬼；第八招：斩鸡头驱鬼；第九招：大喊救命驱鬼；第十招：泼猪血驱鬼。

（5）避邪。它是指利用一定的物件来防止邪鬼，是一种消极巫术。避邪物一般装饰在建筑物、交通工具和生产工具上，也有佩戴在身上的。

（6）治病。通过符箓的心理作用与气功相结合，牵动人的积极心态，催发人体的防御或克制功能。

由此可见，罗浮山的俗信是在长期以来巫鬼信仰的流俗中浸染而成的，罗浮山的特定地理环境、热带气候、特产以及族属因素等，又给罗浮山俗信增添了种种个性色彩，使其截然有别于内地方术。这种看法至少在唐宋之际就已形成，当时的人们已意识到罗浮山俗信的独特性，而将其称为“南法”。

第十三篇
禁忌民俗

禁忌也是一种民俗。所谓“禁忌”，我国古籍早有记载，如论述秦汉以前各种礼仪制度的儒家经典《礼记·曲礼》中记载：“入竟（境）而问禁，入国而问俗，入门而问讳。”而《汉书·艺文志·阴阳家》中的“及拘者为之，则牵于禁忌，泥于小数，舍人事而任鬼神”，大概是对“禁忌”一词最早的记载。禁忌包含两方面的意义：一是对受尊敬的神物不许随便使用，因为这种神物具有“神圣”或“圣洁”的性质，随便使用是一种亵渎行为，违犯这种禁忌会招致不幸，遵循这一禁忌，会带来幸福；二是对受鄙视的贱物和不洁、危险之物，不许随便接触。违犯这种禁忌，同样会招致不幸。可见，禁忌是一种信仰习俗或迷信习俗，它常被强调为禁止或抑制，也就是说，一切被禁忌的事物，同时也是具有危险的事物，谁违犯了禁忌，或迟或早会受到制裁和惩罚。

一、衣食礼节禁忌

（一）衣服禁忌

衣冠忌穿着随便，尤其忌异常穿戴，如反穿衣、反悬冠等，民间有亲人死后反穿衣的习俗。许多地方，给死人穿寿衣，并不直接穿在死者身上，而是先让孝子或亲属反面层层穿好，再剥下来一次穿到死者身上。于是，平日里就特别忌讳将衣服反穿。否则，就意味着在诅咒自己的亲人死去。旧时，又有人死后反戴帽子的，据《无何集》云：“毋反悬冠，为似死人服”，可见反悬冠也是凶相，所以忌之。

穿戴不能随便，还包括忌穿别人穿过的衣服。在衣服与本人有着同一性的思想观念下，或者认为衣服上会附着本人的魂灵，那么穿上别人穿过的衣服，自己的灵魂就会不得安宁了。

忌讳晾晒干的衣服不收下叠好放一段时间就直接穿在身上，俗以为这样人会变成“竹竿鬼”。因为过去当地人晾晒衣服是用竹竿把衣服撑起来，看上去像是一个竹竿人穿着衣服似的。如取下衣服来直接穿在自己身上，怕自己也受到那竹竿人灵魂的侵扰而成为一个“竹竿鬼”。而收下衣服，再折叠一下，放一段儿时间，就起到了化解的作用，不会再有什么不吉祥的事了。

民间有许多习俗都认为双数吉利，单衣服的扣子忌讳用双数，俗话说“四六不成材”，双数会影响穿衣人的运气，认为扣子双数会影响到穿衣人事业的成功，等等。

在服装的款式上着重“男不露脐，女不露皮”。古人对身体的暴露有着严格的忌讳，“男不露脐，女不露皮”一直被奉为金科玉律，规范着人们的形体审美。相比之下，可能是出于对男性干重体力活时太热的照顾，也可能是出于男性上体无性刺激敏感特区的考虑，所以对男性上体的裸露限制尚不太严格。对于女性，要求的严苛是惊人的。旧时，一般平民良家妇女，从幼年起就深藏闺阁，所谓“大门不出，二门不迈”，整天待在家里。这意思不外乎是要将难以包裹的脸、手都隐藏起来，不让外人看到。

（二）饮食禁忌

博罗的饮食文化，除了存在有形的文化表现外，还反映在饮食行为的禁忌与象征意义中。

（1）有形饮食的禁忌。

博罗人待客一定要杀鸡，做熟后按照活鸡的样子斩件摆在盘内，端上桌时鸡头一般要对准坐在上座的长辈；吃时不许吃鸡头、鸡尾。

年初一吃斋，禁吃荤，意思有二：一是来年不杀生，干干净净，图日子平安吉利；二是“斋”与“灾”同音，吃斋意味着将一年的灾难都吃掉。

平时吃豆腐不能说吃“白豆腐”，只能说“吃豆腐”或“煮豆腐”，这是由于只有在老人过世时才吃“白豆腐”。

过年不能专门吃蛋，认为“蛋”与“完蛋”发音接近，很不吉利。

患过顽疾或正患上顽疾的人，不宜吃狗肉、公鸡、虾子、鲤鱼、黄牛肉、番鸭、四季豆之类，人们认为这些食物吃了都会难治愈或“翻旧病”。

不让小孩吃鸡爪，怕长大以后手指弯弯的，写不好字；也不能让小孩子吃猪尾巴，因为猪尾巴一甩一甩的，写字时手会抖，字写不好。

（2）用筷的禁忌。

除了食品及其制作的禁忌外，饮食行为——用筷的禁忌也是一个重要的方面。

中国人饮食习俗的一大特点是使用筷子。筷子，古代叫“箸”，在中国有着悠久的历史。《礼记》中曾说：“饭黍无以箸。”可见至少在殷商时代，已经使用筷子进食。自古以来，乡间人就很在意筷子的使用，正确地使用筷子是对他人的一种尊重。在使用筷子时，忌讳使用下面的用筷动作。

长短筷（忌三长两短）。请客人吃饭，每双筷子应一般齐，不可一长一短，因为这样容易令人想起“三长两短”不吉利的话语。“三长两短”意指棺木。棺木是由六片木板拼装而成的。棺盖及棺底俗称为天地，左右两片叫日月，这四片是长木板；前后两端的两块四方形的木板叫彩头和彩尾，所以整个棺木共四长两短，但因为棺盖是人死后盖上的，因此只称作“三长两短”，以此作为死的别称，后来也指意外的灾祸或事故。而用餐时筷子不一般齐，一长一短，会让人产生这种不吉的联想。用餐前或用餐过程当中，将筷子长短不齐地放在桌子上，这种做法是不吉利的。

指人筷（忌仙人指路）。拿筷子时食指伸出，用大拇指和中指、无名指、小指捏住筷子，在乡间人的眼里，这叫“骂大街”。因为在吃饭时食指伸出，总在不停地指别人，像在责怪别人。所以，吃饭用筷子时，不能伸出食指，不然就是对别人的不礼貌。

吸螺筷（忌品箸留声）。它指的是把筷子的一端含在嘴里，用嘴来回去嘬，像吸田螺一样发出咝咝声响。这种行为被视为一种下贱的做法。因为在吃饭时用嘴嘬筷子本身就是一种无礼的行为，再配以声音，更是令人生厌。这种做法会被认为是缺少家教的表现，同样不被允许。

叮当筷（忌击盏敲盅）。它指的是在等待就餐时，不能坐在餐边，一手拿一根筷子随意敲打，或用筷子敲打碗盏或茶杯。用筷子敲击碗盘是乞丐讨吃的手法，也是逗狗猫等畜生进食的讯号。这种作为被视为极其下贱的做法，被他人所不齿。这种行为被看作是乞丐要饭。民间有句俗语“敲碗敲碟，无吃无揶”，即用筷子敲碗敲盘会没有饭吃。

挑食筷（忌关公巡城）。在用餐过程中，已经举起筷子，但不知道该吃哪道菜，这时不可将筷子在各碟菜中来回移动或在空中游弋，不知从哪里下筷为好，有时夹住了一种菜肴又放下，去挑另外一种。这动作就像关公巡城，处处俱到一样。此种行为是典型的缺乏修养，且目中无人的表现，极其令人反感。

铲刀筷（忌迷箸刨坟）。它指的是用筷子不住地翻动菜肴，以寻找猎物，像盗墓刨坟一般。这种做法同“挑食”相近，都属于缺乏教养的做法，会令人生厌。所以，用餐夹菜时，不能用筷子在菜盘里挥来挥去、上下乱翻，遇到别人也来夹菜时，要有意避让，谨防“筷子打架”。

流汁筷（忌泪箸迷珠）。指用筷子往自己盘碗里夹菜时，手不利落，将菜汤流落到其他菜里或桌子上。这种做法被视为严重失礼，同样是不可取的。

颠倒筷（忌颠倒乾坤）。用餐时将筷子颠倒使用，好像饥不择食，以至于都不顾脸面将筷子颠倒，这种做法是被人看不起的。

上香筷（忌当众上香）。盛饭时盛得太满，像一个突起的小山包，又把一副筷子插入饭中，无疑被视同于给死人上香一样，属大不敬。所以说，把筷子插在碗里是绝对不可以的，传统上为死人上香时才这样做的。

交叉筷（忌交叉十字）。这一点往往不被人们所注意，在用餐时将筷子交叉放在桌上，在饭桌上打叉子，是对同桌其他人的全部否定，就如同学生写错作业，被老师在本上打叉子的性质一样，不能被他人接受，也是对自己的不敬，因为古代只有在打官司画押时才打叉，这也就无疑是在否定自己。

落地筷（忌落地惊神）。用餐时筷子掉落在地上，也是严重失礼的一种表现。古人认为祖先们全部长眠在地下，筷子落地会惊动祖先，不应当受到打搅，筷子落地就等于惊动了地下的祖先，视为大不孝，这种行为也是不被允许的。若筷子落地，得诙谐地说一句“筷落地，吃不及”，主人听后会很高兴，因为这趣话既破了忌讳、讨了口彩，又巧妙地夸奖了主人的菜肴丰盛，客人来不及吃，忙乱地连筷子都落地了。用餐时，若不小心将碗盘和调羹等摔在地上打碎了，忌说“完了、完了”等不吉利话，碗盘落地要自嘲性地说一句“落地开花，财源到家”！这样主人才会高兴。

牙签筷（忌筷子作牙签）。它是指将筷子放在嘴里乱掏乱歪，摇头晃脑，搅出牙缝中的食物残渣，又在公共菜盘子里夹菜吃，继而别到嘴里剔牙缝，真是让人恶心。

飞舞筷。用餐时，不要把筷子当作刀具，在餐桌上乱舞；也不要在请别人用餐时，把筷子戳到别人面前，这样做是失礼的。

抢先筷。它是指先下手为强。在正式的宴席上，客人入座后，切不可忙着动筷。只有等主人或席中长者先握筷，向大家比画一下，以筷邀宾客说“诸位不用客气，动筷”之后，客人方可动筷。每道菜上来后，须等长辈先动筷后，其他人才能动筷。

杂色筷。它是指一双筷子中一根筷子的颜色与另一根筷子不一致。杂色筷意味着家人不和睦，经常闹别扭，对主客双方都是大忌讳。

(3）礼节的禁忌。

一是忌“翻船”。请客人吃饭，主人在上鱼时，一般把鱼腹对着客人。主要是因为鱼腹刺少，肉嫩味美。当鱼吃完一面，主人不动，客人不能主动翻转过来，俗话说“客不翻鱼”，因“鱼”与“余”同音，客人翻鱼，会把主家的余福带走；如果客人先翻鱼身，则是对主人不尊重。并且翻时不语或曰“正过来”。尤其是在船员、司机家中吃饭，更不能翻鱼，翻鱼代表着翻船、翻车，也不能说“翻过来”。这样，来年他们行车、撑船才“顺风”安全。

二是要“食不言”。吃饭时，一般要遵循老子的名言“食不言”，即吃饭时尽量少说话或不说话。多人同桌聚餐时大家都边吃边说笑，弄得唾沫星子满天飞，很不文明，也不卫生，损害个人形象是其次，更大的危害还在于，边吃边说很容易造成食物呛入气管里，引起吸入性肺炎，事就大了。

三是要尊长者。客人赴宴要讲究礼节，入席时，不能捷足先登，要让主人或长者坐在上座，宾主要相互谦让。长幼同席，长者上座，不必谦让，同辈人同席，按年龄长幼分座次。开席时，不能先下手为强，晚辈一定要先请长辈起筷，长辈说“起筷”后，大家也一起说“起筷啦”，然后才能动筷。席间，要热情主动而不盲目地给长者夹菜，最好用公用筷子，也可以把离客人或长辈远的菜肴送到他们跟前。按我们中华民族的习惯，菜是一个一个往上端的，如果同桌有领导、老人、客人的话，每端上来一个新菜时，就请他们先动筷子，或者轮流请他们先动筷子，以表示对他们的尊敬和重视。给长辈和客人端茶、盛饭，必须双手捧给，而且不能从客人面前递，也不能从背后递给长辈；先吃完的要逐个对长辈、客人说“慢吃”再离席；晚辈不能落在全桌人之后吃完饭。

四是要食不乱。进餐时不要打嗝，也不要发出其他声音，如果出现打喷嚏、肠鸣等不由自主的声响时，就要说一声“真不好意思”、“对不起”、“请原谅”之类的话，以示歉意。吃到鱼头、鱼刺、骨头等物时，不要往外面吐，也不要往地上扔，要慢慢地用手把它拿到自己的碟子里，或放在紧靠自己的餐桌边，或放在事先准备好的纸上。要适时地抽空和左右的人聊几句风趣的话，以调和气氛。不要光低着头吃饭而不管别人，也不要狼吞虎咽地大吃一顿，更不要贪杯。最后离席时，必须要向主人表示感谢，或者就在此时邀请主人以后到自己家作客，以示回谢。

古人云：“站有站相，坐有坐相，吃有吃相，睡有睡相。”这里说的饮食禁忌就是进餐礼仪，就是指吃相。吃相优雅，既符合礼仪的要求，也有利于我国饮食文化的继承和发展。

二、出行禁忌

（一）慎选出门吉日

出门办事忌逢“三煞日”、“空亡时”，有“逢七不去，逢八不回”之说，因为含有“七生八死”、“七衰八败”之意。

人们出远门，一般不选带有“四”和“七”这两个数字的日子，“四”和“七”均是不吉利的数字。“四”与“死”同音，意味着不吉不顺；“七”与“凄”同音，象征着不顺利，丧事中还有“做七”之习俗。因此，人们不愿意选择带有“四”和“七”这两个数字的日子出门，尤其是不愿意选择“初四”出行，因为“初四”谐音“出事”。

出远门也要避开带“三”数字的日子，乡俗谓“初三、十三、二十三，外面有钱莫去贪”。最典型的是大年初三称为“穷鬼日”，不外出，不宴请。“十三”与“失散”谐音，婚姻嫁娶也不选择“十三”。

另外，如果已经选定好出行日，但临行前或刚起步有不好的预兆，如踩死小鸡、小孩跌倒、踢破脚趾头等，则要改期出行，否则不吉利。

乡俗初一、十五是敬神祭鬼的日子，因此，探望病人忌在初一或十五。以下六个日子还称“亡人日”，即壬午、庚午、甲午、甲寅、乙卯、己卯。亡人日即代人亡之日，绝不能择此时日去探望病人。

（二）路上行走的禁忌

在行走途中，特别是在山路上、胡同里或夜间行走，突然听到有人叫自己的名字，在未弄清楚之前，切勿随口答应，也不能回头看，俗以为这可能是鬼魅在呼唤。

行走时，突遇旋风从对面刮来，要吐几口唾沫避邪，民间认为旋风是鬼，鬼怕唾沫，唾之则避。

行路时，忌讳遇上送葬的，俗以为不吉利；如遇之，要将帽子或衣服脱下，在身上扑打数次，以散晦气。

“夜不前行，昼不后行”，在数人同行时，走夜路要走在后面，如前面遇险，可速避之；而白天要走在前面，路有遗钱，可先拾之。

“出门观天色，进门观成色”，出门在外要格外小心，不轻易和生人攀谈，以免坏人摸清底细，造成不测。日出出行，黄昏投宿，紧关门户，预防意外；最怕的是歇在“黑店”或上了“贼船”；睡觉忌风，吃饭忌冷；忌随便吃生人的东西、抽生人的烟，防止被蒙汗药麻翻或食物中毒。

“出门千里，不吃枸杞。”枸杞为壮阳药材，这句谚语就是在含蓄地告诉男人出远门要特别注意控制自己，忌拈花惹草、寻花问柳。

忌贪占他人便宜，谨防上当受骗。谚语曰“有钱难买回头望”，出店时，要清点行李，以免遗落。

“出门三辈低”，出门时要百般忍让，忌争强好胜、拌嘴斗殴。

“出门不露白，露白会失财”，忌夸口炫耀钱财、裤裆里藏钱、袜筒里别珍，至今沿袭。

三、婚嫁禁忌

（一）婚期禁忌

忌女方主动提出婚期。

忌“盲年”结婚。“盲年”，即无立春之年，俗称“盲年”，有些地方称之为“寡年”。“寡年”的“寡”字是结婚时的大忌，会令人想到“寡妇”、“寡居”、“鳏寡”等词语，这显然是不吉利的。

忌同年内一家举办两次婚事，同屋不能有进有出。一家乃至同一屋的几家，不能在这一年中又嫁闺女又娶媳妇，否则会被认为不吉。

忌孝期内结婚，否则据说将来会子女稀少，不易长大成人，家运不好。

忌讳男女双方在二十四、三十六、四十八岁等特定年龄结婚。

忌在青黄不接或农忙季节的四月、五月、七月、九月间结婚。

但如今，随着未婚先孕者越来越多，“忌月”已被打破。眼看着孩子要出生，在夏日炎炎的七月也要结婚。

（二）迎娶禁忌

婚礼的前一天，男女两家大人不宜见面。

忌新妇婚日来潮。妇女的经血在古老的传统中被认为含有“血污”、“脏”、“不洁”、“崩”、“破”等多种忌讳的语意，在喜庆之日，是不宜出现的，所以要忌讳。

在迎娶途中，如遇到另一队迎娶车队，叫“喜冲喜”，会抵消彼此的福气，所以必须互放鞭炮，或由双方媒人交换花朵，以化解之。

新娘坐在花轿内不能够移动，以示“四平八稳”。不能够回头，有“不回头，不后悔”之意。

忌结婚贺礼用鸭子。因为“鸭”与“押”同音，恐不吉利。

婚礼过程中，迎亲人忌讳恼怒，否则于亲事不吉。

忌寡妇、孕妇送亲。尤以孕妇送亲为最忌——孕妇使人产生新娘有未婚先孕的不贞洁的行为的想法；寡妇更使人有一种“守寡”的感觉；送亲也忌属相相冲者参与。

在举行结婚仪式时，忌讳小孩子和戴孝的人进入结婚厅堂。因为小孩子常常会哭，而结婚是件喜事，被小孩子一哭一闹，很败兴，不吉利。戴孝的人有阴气压身，不能让阴气冲压喜庆。

新娘进男家门时，忌脚踏门槛，应要跨过去。

凡是生肖属“虎”的人或寡妇，不可观礼及进新房。

新婚之日，新娘入门时，公婆要躲避。

忌讳“先奸后娶”，原因是未婚女子还没有进行净化仪式，身子不洁，这样会使男人事业无法成功，女人未婚失贞，有道德不良的嫌疑，在世人面前抬不起头来。

村内两人同日出嫁，送嫁不能走同一条路。走同一条路时，谁先谁后，事前都要商量好，一般都是让夫家路远的先走，以避免先行者将“风水”带走。

出嫁人忌在娘家过年，女儿女婿在娘家忌同床睡觉。

此外，送嫁妆忌讳讲究：①女方得派一近亲男童（一般为新娘胞弟或近亲族弟）“押嫁妆”。②所有陪嫁物品以及送嫁妆用的各式车辆工具一律系以红绸布，以示吉庆。③忌陪送床、锅、钟。④被褥、脸盆、面镜、茶杯、枕巾、椅凳、花瓶等，宜为双数。

（三）婚宴禁忌

酒菜要双数，忌讳单数。

忌讳寡妇、孕妇及戴孝者参加婚宴，否则不吉。

吃完喜酒，收拾盘碟时，忌讳将空盘相叠，以免犯了“重婚”之讳。

忌不小心打破了碗碟、茶杯等器皿，认为器皿打破是不完整的兆头，新人会不顺。破解之法是：将碎片收拾起来，用红纸包好，放在神桌上，等到新娘回门后扔掉。

夫妻喝交杯酒时，忌酒杯同仰或同合。若酒杯一仰一合，则表示大吉，象征天覆地载；男俯女仰，象征阴阳和谐，婚姻美满。

（四）闹洞房禁忌

闹洞房时，不论谁说了什么嬉闹的话，新娘新郎都不许恼，忌翻脸生气。

寡妇、孕妇、产妇、婴儿、戴孝者、属虎的或生辰八字与新娘新郎相克者忌参与。

洞房花烛夜点燃的灯烛忌吹灭，要一夜长明。相传，新婚夫妇谁要先把灯烛吹灭，谁就先过世。

参与闹洞房的人尽量远离新床，尤其不能坐在新床上。

新娘不可随意躺在床上，否则据说会长病在床。

洞房内忌摆生花（鲜花），因为生花易枯萎，恐不吉利。

忌讳床与桌椅柜橱的尖角相对，否则会夫妻不和。

（五）回门禁忌

结婚后的第三天，新婚夫妇携礼回娘家，即为“回门”。但切记当天需在天黑前赶回夫家，忌讳在娘家过夜。

席间，新郎忌将娘家人放在碗上的鸡髀（鸡腿）吃掉，否则，就会成鸡髀仔（当地语遗腹子）。

忌正月初一、正月十五、冬至节回门。

四、生育禁忌

（一）孕妇禁忌

(1) 食物禁忌。

忌吃生姜，生姜形如手指，据说，如果孕妇吃了，将来出生的婴儿就会多长手指。

忌吃甲鱼，认为甲鱼的头经常伸缩，吃了以后容易难产。

忌吃白萝卜，因为白萝卜性冷，吃了有害。

忌吃苦瓜，据说，吃了苦瓜，将来婴儿的皮肤会很粗糙。

忌吃虾类，否则，孩子长大后会经常流泪或者患红眼病。

忌吃蟹类，以免婴儿会像“手脚无时停”般顽皮；也传说吃螃蟹会使胎儿横生难产。

忌吃贝类，否则小孩吃奶时会咬乳头。

忌吃兔肉，否则会生下兔唇婴儿。

忌食狗肉，狗肉是“化气”的食物，民间认为“化气”食物会“化胎气”，易流产。

忌食生冷食物，也不能喝凉水，否则会闹肚子，影响胎儿生长。

忌食葡萄，谓“食葡萄要生葡萄胎”。

忌食喜物，出于避免冲犯的考虑，孕妇忌食诸如礼饼、喜糖、酒菜等有关嫁娶的喜物，以防“喜冲喜”，对人对己都不吉利。

（2）行为禁忌。

孕妇不能去其他孕妇的房间，据说这样可能引起换胎，最怕把自己的男胎换成女胎。

孕妇的房间不欢迎寡妇，否则，男孩有可能打单身，女孩有可能做寡妇。

孕妇忌接触嫁娶，由于孕妇不洁的观念与“喜冲喜”的忌讳，孕妇不能参加别人的婚礼，不能观看嫁娶，不能到新娘身边，忌摸新娘的轿子、嫁妆，忌到洞房里，忌坐新人的婚床，忌出席喜宴。

孕妇也不能接近丧葬之事，见到棺材、祭祀、做功德等都会与胎儿相冲。

孕妇忌讳接触神事，忌参与祭祀，忌入寺庙，忌坐锅台、窗台、磨台，否则孕妇的晦气会污染这三个地方，使全家都倒霉。

若遇亲人去世，送葬戴孝时孕妇腰身不缚麻皮，以免束伤胎气。

忌属虎的人闯入孕妇房间，否则会暗伤胎儿。

孕妇忌烧焦食物，否则孩子将来会在身上留下疤痕，或者在脸上长黑痣。

孕妇忌参与搬家，怕动了胎神，实际是保护孕妇的一种措施，以防劳累过度流产。

孕妇忌站在门口看人，伸头缩头，否则婴儿出生时会伸伸缩缩，不能顺利地生产。

孕妇及家人忌钉钉子，否则，出生的孩子会缺唇，或者会瞎眼、没屁股眼。

孕妇忌跨过秤杆，以免怀孕期延长。

孕妇忌跨过牵牛绳，因为牛的怀胎期是 12 个月，孕妇怀孕期也会延长到 12 个月。

孕妇忌跨过扁担，否则会难产。

孕妇忌在坟墓旁方便，否则被认为玷污了山神伯公，出生的孩子会畸形。

孕妇忌夜晚不归，在外露宿，因为夜晚室外多鬼祟，恐胎儿被鬼煞的邪气伤害，尤其忌雾夜在外露宿。

（二）分娩禁忌

产妇生产的时候，忌闲杂人或人员过多，以免引起产妇难产。在生产前的一个月内，忌生人进入产房（孕妇的房间），特别是忌讳孕妇、寡妇、未出阁的姑娘、未生过小孩的新婚妇女、属虎的新娘子、信佛教神灵的、戴孝的人进入产房，以避免产房阴气太重，造成产妇难产，并且会使孩子命苦，生男的成单身汉，生女的成寡妇。忌带铜、铁等金属器物进入产房，尤其忌带钥匙进入产房。

产妇心情容易紧张，特别是生第一胎时更是如此，民间俗信，分娩前想什么，往往会有一种兆示作用，而且很灵验，所以，忌讳产妇心情紧张、忧郁，想一些不该想的事。忌用生冷冰寒的水为产妇接生。

产妇分娩后要注意保暖，不能受凉，如果被风吹着，或者被冷水淋着，会落下病根，一辈子受罪，所以产妇分娩后，要避免得“产后风”。

产妇不能吃生冷的食物。因为产后体质较差，生冷食物吸收不好，容易影响身体恢复和通过母乳影响婴儿的肠胃。

产妇临盆，分娩时的污水最忌随意乱倒、乱泼，俗信认为会污及接生婆神或其他神灵鬼煞，从而遭到其谴责或报复。

分娩时用过的纸张和布，忌讳随便乱扔，应及时把它们抛进厕所或用土掩埋，如果让他人无意看到，就会使其惹上晦气，这些人就会咒骂产妇一家，或者请巫师把晦气移回到产妇和婴儿身上；另外，如果污及送生奶奶或其他鬼神，则会遭到他们的报复。

产妇分娩时留在地上的污血秽物等痕迹也应立即清除，如长时间留在产房里，恐怕会招来恶鬼邪神，对产妇和新生儿不利。

民间最忌产妇产后未满月就到别人家去串门，俗信认为产妇坐月子期间，“血污”未退完，晦气重，如果进入他人的家门，就会“产妇冲宅”，为不祥之兆。

产妇忌见产妇，两个分娩未满月的产妇忌互相贺喜，恐犯“喜冲喜”之讳。

（三）育婴禁忌

婴儿出生后第一件事是断脐，断脐时，民间忌讳用刀剪，如果非用不可，也应在怀里暖一会儿，否则，婴儿有中“脐风”的可能。断脐时，一般是先沐浴，后断脐，忌讳先断脐，还忌讳包裹孩子太紧、太厚，忌尿浸湿，忌风寒邪气。古时，人们还不知道剪刀消毒法，但已经注意到脐带对一个新生儿的重要性，这是民间祖祖辈辈育儿经验积累的缘故。

民间忌讳给孩子喂食喂得太饱，以防积食，“若要小儿安，常带三分饥和寒”。若婴儿吐奶，则是喂得太饱的缘故。

哺乳期母亲的健康和生活情形对婴儿有直接影响。孙思邈在《千金翼方》中谈到，民间忌讳乳母在寒、热、怒、醉、房事时乳儿；同时，忌讳母亲在生病、精神不愉快、大喜大悲时喂乳，不然，婴儿将会受到伤害。

民间在育儿过程中，注意给幼小的孩子一个安宁、稳定的环境，以免孩子受到外界的惊扰。禁止100天之内的婴儿出门，生客也禁止进入产妇门探视婴儿，民间认为婴儿见到生人会“犯冲”，对婴儿不利，严重的甚至会导致婴儿死亡。

此外，民间忌讳大人高声喊叫，如忌在房内大声喧哗，忌器物碰撞，忌光线过强，忌讳小儿熟睡时，在孩子脸上用笔或颜料涂抹。万一孩子被吓着，多采取轻轻抚拍的办法，有的则用手轻轻触摸婴儿的耳垂使婴儿镇定下来。这些做法最终目的是不让孩子受到惊吓。

五、丧葬禁忌

忌恶死。恶死包括溺死、上吊、雷击、遭杀等。忌把在外恶死者直抬回家里和厅堂，一般抬到村外荒野处治丧，谓之“野死鬼不能进屋”。

年少身亡者，尸体棺柩忌入村中厅堂。因为年少身亡者俗称“短命鬼”。

忌病人在原来睡的床上死去。一般要搬临危者到正厅上打一个地铺。据说，若病故于高床之上，亡灵就“下不了坎”，这给他上天堂带来不便；或者说，若病故于高床之上，亡者会放不下阳间的事情，以致死不瞑目。

忌在由孝男给死者穿寿衣时使用偶数，恐双丧。同时忌“九”件衣，因客家语“九”与“狗”同音。

忌入殓时，与死者相同属相冲克者在场观看。

忌入殓时啼哭，或将眼泪滴在死尸上；或人影照入棺材内。恐啼哭使死者不忍离去。眼泪滴在尸体上，死者留恋而不走，且不得超生。人影入棺，盖棺时会将灵魂关在里边。

忌出丧时抬棺者说棺重，会导致大家抬不动，抬杆断裂。

忌棺木入坑时，孝男孝女人影照入坑中。

出殡前停尸守灵，忌猫近前或从尸体上越过，恐诈尸。

孝子孝女在丧后百日内不许参加宴会和从事文娱活动，不能穿绸缎华服和艳装，不得戴金珠头饰。过去礼俗是，男发留至百日，不得参加科举考试，在官任职者应辞官回家守孝三年。

不许外人（包括亲友）穿孝服进入住宅。家里死人，送葬后不许在家哭，否则又会招致死人。

六、祭祀禁忌

（一）祭者禁忌

禁忌不洁净的人（包括来月经的妇女、孕妇、产妇、婴儿、戴孝者）参加祭祀活动。

祭祀的时候，人们不能随意说话、咳嗽，不能随意行动、抓痒，不能随处大小便，便后一定要洗手。

祭祀期间，男女不得单独幽会，禁忌房事，忌食荤腥。

（二）祭时禁忌

忌不应时。祭祀应时，是自古以来的规矩。祭祀一定要持之以恒。若不按时日，是对神灵的不恭敬、不笃诚，就会得罪神灵，神灵会怪罪下来的。当一个人灾难临头了再去求神灵保佑的话，神灵是不会对其施恩的，“临时抱佛脚”是没用的。

忌不准时。在忌日、时节里祭拜神灵或祖先，俗认为不能推迟日期，提前数日举行是可以的，但是禁忌切勿推迟三天或以上，否则祖先等了三天，还不见有祭品供奉，就会对儿孙失望，不免叹气而去。而这口叹气，是“穷气”，这个家很有可能会被这口叹气叹穷了。

（三）祭地禁忌

忌妇女进入祭祀神灵的地方，这是受了重男轻女的思想及女人不洁等观念的影响。一般外族、外姓和外地的人也忌讳闯入祭地、神坛。

忌讳在祭地随便动土、砍伐、钉楔，因为神龛、供台上方的山坡、土坎是“龙脉”，是神灵的所在地，神圣不可侵犯。忌讳在祭地大小便，祭祀重地是很神圣庄严的，是人和神灵交流的场所，忌讳用任何方式亵渎祭地。

（四）祭品禁忌

忌用人不食用的物品献祭，若是用人都不稀罕吃的食物来献祭，是对神明的大不敬。

忌用神不食用的物品来献祭，有些东西，虽然人可以吃，但是神不可以吃的，故不能用来祭祀。忌用同类祭祀，“六畜不相为用”，忌用某畜类为牲来祭祀此种畜类的神明，俗认为自食其类是不道德、不仁义的。

忌用不全的鱼献祭，祭祀神灵忌把鱼打鳞去鳃，剪头去尾。俗认为，不用全鱼献祭，神灵会怪罪祭祀的人不全心全意。忌用无鳞无皮的鱼献祭，如鳗鱼、鳝鱼等；忌用黄鱼、勒鱼等海鱼作祭品；不能用牛肉、羊肉祭祀，但整只羊是可以的。忌用苦瓜和冬瓜祭神。俗认为用苦瓜祭神，会带来苦命；而冬瓜菜汤清淡，用来祭神则嫌敬意不够，恐招神灵生气，使拜祭者的生活变得清淡而无油水。

祭品的菜肴数目忌为单数。祭祀的食物，忌先被人食用过，祭品如果不先给神灵享用，而让神吃人的“剩菜”，那么就是对神灵最大的不敬了。献祭过的东西不能再用于献祭，道理与前一条相似，神明不能吃“剩菜”，否则一定会生气的。祭祀时，纸钱要折好或割好、放好，不能整张随意地放在供桌上作祭品。

（五）祭仪禁忌

祭祀时，忌用手指神像。俗认为用手指神像，就好像是指着神明的鼻尖数落神明似的，有轻蔑之意，恐对神明构成不敬之罪。如果不小心违犯了这个禁忌，要立即跪地，叩头谢罪，焚香烧烛，以免遭神灵追究。

祭祀时，禁人声喧哗，发出笑声、放屁声。

七、语言禁忌

（一）称谓禁忌

晚辈要“为长者讳”，不能直呼祖先或长辈的名讳，否则被视为不敬长辈。凡长辈的名字与某种东西相同的，则晚辈称呼这一东西的时候要改称别的。晚辈称呼长辈时，要以辈分称谓来代替名字称谓，如阿公（爷爷）、阿嬷（奶奶）、阿叔（叔叔）、阿舅（舅舅）、阿丈（姨丈或姑丈）等。不但不能直呼长辈的名讳，也不能直呼师父的名讳。俗话说得好：“子不言父名，徒不言师讳。”

乡间常以普通禽畜、用物、水果、蔬菜的名称或形态作为一个人的乳名，如阿猪、大牛、狗仔、阿桃、烂柴、阿肥等，这些乳名伴随着他们长大，并为村里人所熟知。但是当这些人有了后代子孙之后，子孙们便要忌讳和长辈乳名相关的东西，不能直呼。

给孩子起名时，绝对不能与长辈的名字相同，或有同音字、谐音字。谈亲事时，如果对象的名字与祖先或长辈的名字同字、同音，则要慎重考虑。

在人际交往中，出于礼貌和对对方的尊敬，也一般不直呼其名，而在名字后面冠以“兄”、“姐”、“姨”、“伯”、“叔”等称谓。

取名字时，忌与命相八字相克相冲，如命中缺金，则忌以火或火字旁的字来命名，一般缺什么补什么，会以金或金字旁的字来命名。

（二）岁数、属相禁忌

岁数忌73、84，据说这与孔孟的终年有关，孔子73岁过世，孟子84岁过世，因此人们把这两个岁数当作人生的两大关口，连圣人也避不过，更何况普通人，所以很是忌讳。俗话说：“七十三、八十四，阎王不请自己去。”

属相可以表明一个人的年龄，而且指代此人的本命，所以有一些关于属相的禁忌，如属羊的忌杀羊，忌吃羊肉；属牛的忌说与牛有关的污言秽语等。

（三）凶祸词语禁忌

亲人亡故，忌说“死”，一般称“走了”、“去世了”、“过世了”、“故去了”等。

忌讳说“棺材”，而要说成“寿材”等。殡葬时，棺材进门的时候，要说“材来了”，以破不祥。

与渔民打交道，忌说“翻”、“沉”、“破”、“漏”等字。渔民在海上，如果遇见尸体，不能叫“死人”，而要称为“水货”。

（四）破财词语禁忌

做生意的忌说“蚀本”，因“蚀”与“舌”字谐音，要把“舌头”改为“脷”，如“猪脷”、“牛脷”。

买神像时忌说“买”，要说“请”；卖者忌说“卖”，而要说“送”。

婚礼、生日、入宅等喜庆活动时送礼，如果送了时钟，忌说“送了钟”，因为“送钟”与“送终”谐音，要改口说“送了个计时器”。

八、节日禁忌

“节”是植物的关键部位，节外才会生枝。时间也有节，也是一年四季的关键部分。人们把时间分为平常时间和非常时间两部分。节属于非常时间，是最容易出事的时间。所以，为了避免“节外生枝”，博罗人遵守各种节日禁忌。

（一）春节的禁忌

春节是一年中最重要的节日，因此禁忌也特别多。

正月初一出门时，禁忌遇到和尚、尼姑、寡妇。俗语云：“初一遇和尚穷得叮当响”、“碰到尼姑，逢赌必输”。甚至还有“新年遇寡妇，必定做鳏夫”等更迷信的说法。

大年初一忌杀生。杀生必见血光，为不祥之兆，会引起口舌、凶灾等灾祸。

大年初一忌打破碗、镜子等玻璃、陶瓷器物，以防破财运，若真是不小心打破，补救方式就是用红纸包起来，先放置在神桌上，默念“岁岁平安”等吉祥话语，等到过完正月后再扔掉。

大年初一忌洗澡、洗头、洗衣物、倒垃圾，以防将财富与财运洗掉。

大年初一忌向邻居借火种，认为火意味着红火，家庭红火即财气旺。初一向人家借火意为把别人家的火种借走，会伤别人家的财气。

大年初三忌出门访友，此日有客上门，则客为“穷鬼”。

大年初四忌出远门，这一天是民间习俗中的接神日，迎接众神明、灶王爷与家神回来守护家人，灶王爷会点名，所以不宜外出。

大年初五一定要将过年期间所制造的垃圾清扫干净，谓之“送穷”，否则会带来穷困。

大年初七，为七煞日，诸事不宜，尤其是出远门。

大年初九为天公生日，为玉皇大帝的圣诞，忌晒衣服，也不能挑肥粪。

（二）端午节的禁忌

端午节毒气伤人，需要插艾草、挂菖蒲、喝雄黄酒等，以驱毒避邪。

端午节祭祀难免伤心，需要结伴郊游，或与家人团聚，以调节身心健康。

端午节邪毒伤身，需要严禁房事。女子归宁父母，是最好的避灾方法。

（三）中元节的禁忌

中元节为“鬼节”，忌夜行，更忌游泳，传说中“水鬼”会找人当替死鬼，以便投胎。

晚上睡觉或天黑以前，要把晒在外头的衣服收回来，以免被鬼借去穿。忌带小孩出门，小孩运数不足，碰见鬼会被鬼捉住；忌杀鸡，鸡有利爪，会扯烂水鬼衣服，触怒水鬼，只能以鸭代之。

九、农耕禁忌

农耕禁忌，有些虽为忌，但往往与气象有关，用现代的环境气象知识可以解释那些禁忌。

忌日食、月食，认为是天狗把日、月吃掉，征兆灾年。

忌晚虹，认为“朝红水洒，晚虹裂瓦”，是旱象。

忌见蚯蚓爬路，蚯蚓爬路预示水灾。

忌见萤火虫高飞，农谚云：“萤火高飞，晒死蚂蚁”，萤火虫高飞预示旱灾。

忌砍“伯公树”，伯公树是神圣不可侵犯的，侵犯了“伯公”必定是灾年。

十、性别禁忌

在封建社会中，性别歧视十分严重。女性常常受到男性的压制，男女是不平等的。有些俗语听起来是尊重妇女的，比如，“男不同女斗，鸡不同狗斗”、“男人不问女人疾”等，实际上仍是一种大男子主义的表现。遵从这种信仰的人并不是为了尊重女性，而是怕失去了男子的权威性、优越感，是鄙视妇女的表现方式，其对妇女心理上的伤害、侮辱则更甚。

忌妇女走路时抬头挺胸，否则便以为女子属“桃花克夫”型的，会压男人一头，克子克夫。只有男人才能挺胸抬头，女人则要低头细步，最好是靠墙根，躲着男人走，把男子的夫权再推至高峰。

要求妇女“目不斜视、走不露鞋、笑不露牙、言不露齿、外不露面”。

忌女人睡觉打鼻鼾。妇女不但行动、言笑受到拘束，连睡着了也有忌讳。俗语说：“男人鼾田庄，女人鼾空房”，即忌讳女人睡觉打鼻鼾的。男人打鼾不要紧，非但不要紧，还会打来田地庄园；女人打鼾就不吉利了，是要打死丈夫的象征。

忌讳男在女下或女在男上。比如，假如男人在楼下，妇女忌上楼。必须上楼时，要示意男人避开，否则是很不吉利的。

忌讳女人从男人使用的工具如扁担、锄头、犁、耙、刀、枪、马鞍子、马鞭、套马杆等器物上跨过，更不能用脚踏在上边；男人的衣、帽、行李等，女人也不能踏踩或跨过，更不能坐在上边，否则对男子不利，就像女人从男人的身上跨过一样，会发生不祥的事情。男人们也忌讳从晾晒着的妇女的衣裤下走过，那样如同女子从男人的头上跨过，是男人的耻辱和不幸。

女人专用的洗澡桶不能放在灶台；换洗下来的衣服放入洗衣桶时，女人的衣服要放在下面；洗女人的衣服时要到水源的下游；晾衣服也是，女人的裤子必须用专用的竹竿晾在低处；折叠衣服时，女人的衣服也不能压在男人的衣服上。

男子忌在晒有女人裤子的竹竿下行走；也忌收女人晾晒的衣物，收则有秽亵倒霉之嫌。

然而，随着时代的变迁，上述的性别禁忌已经消失了。

十里不同风，百里不同俗。地处南国边陲的博罗地区，在漫长的历史发展进程中形成的民俗，既明显受到中原民俗的影响，亦有浓郁的本地特色。

后　记

经过近一年的采写和修改，《博罗民俗》终于和读者见面了，本书首次较完整地介绍了博罗县的民俗风情，并对其进行了系统的分类。由于博罗位于“岭南第一山”罗浮山境内，其历史悠久、源远流长、底蕴深厚的民俗风情都占有罗浮山之“仙气”，使罗浮山文化与其千年古邑融为一体。

俗话说：“一方水土养一方人”，这就是说某一地方的人在漫长的岁月中形成有别于其他地方的风俗民情，并世代相传。博罗民俗文化内涵丰富，其广泛与深奥，不是笔者所能完全把握的，笔者只是从“生于斯，长于斯，工作于斯，而奉献于斯”中，有所感受，忠实地付诸文字，和大家一起分享其多姿多彩。由于笔者思考力度和理论功底有限，书中难免有些错漏，谨望读者提出宝贵意见。

本书的出版得到了政协博罗县文史委员会的鼎力支持，特此致谢。书中的部分图片由博罗县青年摄影家协会提供，在此表示感谢。

毛锦钦

二〇一四年四月